面向"十三五"
学前教育专业
规划教材

学前儿童社会教育

周　瑞　主　编
龙　琴　陈晓雪　高文静　副主编

清华大学出版社
北京

内 容 简 介

本书在编写时以精品课程建设为依托,以实践性和创新性为原则,结合学前教育专业学生的实际情况编写而成。本书以提升学前儿童人际关系和社会适应能力为主要教学内容,着眼于提升学前教育专业学生的社会教育教学能力和活动设计能力。本书共十章内容,分别从基本理论、学前儿童社会教育内容以及活动设计三个方面进行详细论述。本书每个章节都附有幼儿园教师资格证考试真题和学前儿童社会教育课例视频,使用微信扫一扫二维码即可免费观看学习,体现了理论与实际之间的联系。

本书可供高等院校、幼儿师范院校学前教育专业教学使用,也可作为幼儿园教师的在职培训教材。

图书在版编目(CIP)数据

学前儿童社会教育/周瑞主编. —北京:清华大学出版社,2019(2021.1重印)
(面向"十三五"学前教育专业规划教材)
ISBN 978-7-302-53231-6

Ⅰ. ①学… Ⅱ. ①周… Ⅲ. ①学前儿童-社会教育-幼儿师范学校-教材 Ⅳ. ①G611

中国版本图书馆 CIP 数据核字(2019)第 129360 号

责任编辑:张 弛
封面设计:于晓丽
责任校对:袁 芳
责任印制:宋 林

出版发行:清华大学出版社
   网 址:http://www.tup.com.cn,http://www.wqbook.com
   地 址:北京清华大学学研大厦 A 座   邮 编:100084
   社 总 机:010-62770175   邮 购:010-62786544
   投稿与读者服务:010-62776969,c-service@tup.tsinghua.edu.cn
   质量反馈:010-62772015,zhiliang@tup.tsinghua.edu.cn
   课件下载:http://www.tup.com.cn,010-83470410

印 装 者:三河市吉祥印务有限公司
经 销:全国新华书店
开 本:185mm×260mm   印 张:12.25   字 数:275 千字
版 次:2019 年 8 月第 1 版   印 次:2021 年 1 月第 3 次印刷
定 价:39.00 元

产品编号:082653-01

序

　　《国家中长期教育改革和发展规划纲要(2010—2020年)》和《幼儿园教师专业标准(试行)》颁布以来,各个高职高专院校的学前教育专业工作者都在思考并探索如何从社会发展需要出发,培养新时期高质量的幼教师资。无疑,《教师教育课程标准(试行)》和《幼儿园教师专业标准(试行)》等文件为教师培养提供了最有利的帮助和指引,而国家幼儿园教师资格考试制度的实施和推进,将更加有力地推动学前教育专业课程和教学的改革,能否培养符合国家幼儿园教师专业标准的毕业生,以及高职高专学前教育专业的毕业生通过国家幼儿园教师资格考试的情况,将会成为衡量学校教育质量的基本指标。

　　本系列教材正是基于上述背景,以培养学生从事学前教育必备的专业素养为目的,帮助学生掌握学前教育的基本知识和基本技能,引导学生形成正确的儿童观与教育观,注重学生在探究中发现问题、解决问题、适应社会能力的培养,注重学生获取科学知识、科学方法、科学能力的培养以及科学态度的养成。在教材编写筹备阶段,编委会就确定了以实践应用为导向的原则,在内容和体系上凸显实用特色,注重实践应用能力的培养,充分关注学生的专业能力和思维能力培养。

　　教材在编写过程中体现以下几个主要特点。

　　(1) 整体结构布局体现综合性和延伸性,有机地将教学目标、教学内容、教学对象和教学策略统整起来,关注学生的兴趣和经验,给学生充分的实践空间和创新空间。有关内容以发散性的思维方式与正文中难以涵纳的内容相连接,引导学生向与之相关的各个方向和层面延伸拓展,便于学生拓宽教育视野,密切关注学生的后续发展。

　　(2) 结合当前学前教育实际,突出科学性和实用性。教材内容上避免从理论到理论的论述,切合学前教育工作的实际需要,适应高职高专学前教师教育人才培养模式和规格要求;同时,面向教育实践,教材中提供丰富的各地幼儿园和早期教育案例供学生参考分析,编入不少贴近时代的阅读及讨论材料,引发深入探讨,借以培养学生的岗位职业能力。

　　(3) 逻辑体系上融知识与能力为一体,体现开放性和前瞻性。采用案例、能力拓展、项目导学等方式将教、学、做相结合,按照课程内容与幼儿园教师专业标准、教学过程与工作过程相对接的原则,突出培养学生的技能和创新创业能力。同时,体系上采用梯度式、循序渐进式的问题导向学习方法,参考借鉴国家幼儿园教师资格考试纲要相关内容,便于学生联想应用,真正让教材为学生服务,以学生为中心。

　　教材的编者全部是长期从事学前教育专业教学的教师,既有丰富的教学经验,又致力于学前教育的改革研究,具有一定理论高度。本套教材的出版将为当前学前教师培养和培训注入新的活力,并对学前教师教育课程体系和教材建设起到积极作用。

前　言

《学前儿童社会教育》是学前教育专业的必修课程，为幼儿园五大领域之一的社会教育。学前儿童社会教育旨在促进学前儿童社会情感、社会认知和社会行为的全面协调发展，从而帮助学前儿童积极地适应社会。

本书作为省级精品课程建设的成果，主要服务于学前教育专业学生和一线的幼儿园教师。希望能够通过本书促进学前儿童社会教育质量的提高，并拓宽学前教育专业学生和一线教师的专业视野。

本书的主要特色有以下三个方面。

1. 创新性

本书的内容逻辑是基于现有的学前儿童社会教育教材，结合目前学前教育专业学生的实际情况，增添了其他教材所没有的政策分析；此外，本书尽最大可能涵盖了学前社会教育的所有内容，包括人际关系、社会环境、社会行为规范、社会文化、自我意识、情绪情感和问题行为，在内容方面具有创新性。在学习方法方面，本书也具有创新性。本书结合课堂学习和线上线下练习两种方式，不仅有助于学生掌握课堂知识，同时也拓宽了学生的学习方式。

2. 实践性

学以致用，知识重在实际的运用和操作。本书在学前儿童社会教育的内容讲解时，都附上了至少三个以上的活动设计案例，同时也针对这些案例进行了专业的点评和分析。此外，本书向学生提供了幼儿园中学前儿童社会教育的微课资源，这不仅有助于学生能够在实际过程中进行有效的操作，同时也帮助学生掌握学前儿童社会教育的教学方法和课堂管理方法。

3. 应试性

目前要成为一名幼儿教师，首先需要取得幼儿教师资格证，而学前教育专业学生在通过笔试和面试之后才能获得该职业的资格证书。为此，本书在编写过程中将以往的真题进行整理，并对这些真题进行了分析，学生通过使用微信扫二维码的方式进行巩固练习，有助于学习者在学习过程中重点掌握高频考点，提升应试能力。

本书由周瑞任主编，龙琴、陈晓雪和高文静任副主编。第一～三章和第十章由周瑞负责编写，陈晓雪负责编写第四章、第五章，巴晓鲜负责编写第六章，崔慧慧负责编写第七章，龙琴负责编写第八章、第九章。来自一线幼儿园的高文静老师则提供了本书所需要的案例、图片和微课视频，同时也为本书的编写内容提供了参考意见。

本书适用范围广泛，在使用过程中，建议学习者采用理论学习与实习指导相结合、参观学习与直观演示相结合、校园内学习与幼儿园实训相结合、专职教师教学与兼职教师评析相结合的方法,层层递进,既可增进学习者的理论思辨素养,又提升了一线教育教学能力和活动设计能力。

　　由于编者水平有限,加之本书的编写过程很多都是基于教师们实际教学的手稿,难免存在各种不足和疏漏,敬请广大同行和使用本书的师生们提出宝贵意见。

编　者

2019 年 2 月

目 录

第一章
学前儿童社会教育概述

📍 本章导航

✏️ 学习目标

1. 了解学前儿童社会教育的学科性质及特点。
2. 理解学前儿童社会教育的发展历史。
3. 掌握学前儿童社会教育的研究方法。
4. 理解学前儿童社会教育的意义。

✦ 引导案例

小刚的吻

　　花花老师正在中班观察小朋友们的区角活动，走到建构区时，朵朵小朋友哭着扑到了她的怀里，对她哭诉：小刚在玩耍的过程中一下子扑到了朵朵身上，吻了她的脸，并大声对朵朵说："我爱你！"朵朵被吓哭了，反过来把小刚推倒在地，刚好遇到了花花老师。花花老师询问小刚为什么要扑到朵朵身上吻朵朵,小刚理直气壮地说:"妈妈每次说爱我都会吻我,我也喜欢跟朵朵玩,我俩是好朋友,我也要吻她!"

如果你是花花老师应该怎么做呢?

案例解析:

案例中很显然小刚想表达对朵朵的喜欢,但他效仿妈妈的表达方式又有失妥当。朵朵老师如果能够正确地引导小刚去表达对小朋友的喜欢,将会很好地引导小刚以后的社会行为。同时,对这一行为的教育和引导也有助于培养幼儿正确的社会情感与行为。

幼儿之间的社会交往是学前儿童社会教育的重要内容。一线的幼儿教师应该如何实施对幼儿的社会教育? 学前儿童社会教育的内涵和性质是什么? 学前儿童社会教育又经历了怎样的发展历程,本章将一一解答。

第一节 学前儿童社会教育的学科性质

一、学前儿童社会教育的内涵

目前对学前儿童社会教育的内涵没有统一的界定,不同的学者从不同的视角对学前儿童社会教育进行了界定和阐述。具体包括以下几种观点。

李生兰从社会性的视角,将学前儿童社会教育界定为:是指对幼儿进行社会认知、社会情感、社会行为等方面的教育,具体来说是指帮助幼儿正确地认识自己、他人和社会(社会环境、社会活动、社会规范、社会文化),形成积极的自然情感和社会情感,掌握与同伴、成人相互交往以及与周围环境相互作用的方式,以使幼儿能有效地在社会中生存与发展的教育。[①]

徐明则简单地将学前儿童社会教育表述为:幼儿社会教育是教育者按照社会的价值取向,通过多种途径不断向幼儿施加多方面教育影响,使其逐渐适应社会环境的过程。[②]

甘剑梅从课程实践角度出发,将学前儿童社会教育定义为:以儿童的社会生活事务及其相关的人文社会知识为基本内容,以社会及人类文明的积极价值为引导,在尊重儿童生活,遵循儿童社会性发展规律与特点的基础上,由教育者通过创设有教育意义的环境和活动等多种途径,陶冶儿童心灵,最终实现培育具有良好社会理解力、社会情感、品德与行动能力的完整、健康儿童之目的的教育过程。[③]

2012 年 10 月 9 日教育部正式颁布《3~6 岁儿童学习与发展指南》,其中指出:幼儿社会领域的学习与发展过程是其社会性不断完善并奠定健全人格基础的过程。人际交往和社会适应是幼儿社会学习的主要内容,也是其社会性发展的基本途径。幼儿在与成人

---

① 李生兰.学前教育学[M].上海:华东师范大学出版社,2006:110.
② 徐明.幼儿社会教育[M].北京:中国劳动社会保障出版社,1999:24.
③ 甘剑梅.学前儿童社会教育的内涵、性质与课程地位[J].学前教育研究,2011(1).

和同伴交往的过程中,不仅学习如何与人友好相处,也在学习如何看待自己、对待他人,不断发展适应社会生活的能力。良好的社会性发展对幼儿身心健康和其他各方面的发展都具有重要影响。

基于以上不同的研究视角,本书将学前儿童社会教育定义为:在学前教育阶段,通过各种活动培养 3~6 岁儿童健全的社会认知、社会情感、社会意志和社会行为的教育过程。

二、学前儿童社会教育的学科性质

学前儿童社会教育是学前教育学的分支,也是学前教育专业学生的专业基础课,具有理论与实践技能相结合的性质。具体性质体现在以下四个方面。

1. 社会性

幼儿的成长是一个逐渐从自然人走向社会人的过程,在这个社会化的过程中,社会性的发展就是其中最重要的核心内容。甚至有学者提出"作为一门课程,幼儿社会教育主要研究幼儿社会性发展的现象、规律及其教育原理、方法与途径,从而促进幼儿的全面发展"。[①] 社会性是指个体在发展过程中为适应社会而表现出来的心理与行为的总和。

学前儿童社会教育最大的特征就是促进幼儿社会性的发展,帮助幼儿积极适应社会,从而形成良好的社会认知、社会情感、社会意志和社会行为。

2. 综合性

学前儿童社会教育是一个综合性的课程,它以儿童发展心理学和学前教育学为基础,融合了社会学科和人文学科的所有领域。因此,该课程在实施过程中,要坚持综合性原则,鼓励家庭、幼儿园和社会共同努力,为幼儿创设温暖、关爱、平等的家庭和集体生活氛围,建立良好的亲子关系、师生关系和同伴关系。

学前儿童社会教育资源的选择也应坚持综合性原则,积极借鉴人文社会学科的理论前沿,开发具有综合性的课程资源,从而促进幼儿的全面发展。

3. 游戏性

美国心理学家霍尔提出游戏是对祖先生活的复演,是重复祖先的进化过程;德国生物学家、心理学家卡尔·格罗斯则指出,幼儿时代的游戏是对未来生活所做的最好的预备。这些理论都表明游戏有助于促进幼儿社会性的发展,有助于幼儿更好地适应社会。

因此,游戏是幼儿活动的核心,学前儿童社会教育在实施过程中应该以游戏开发为主,鼓励幼儿在游戏中享受,在游戏中成长。

4. 实践性

学前儿童社会教育是一门实践性的课程。作为五大领域之一,幼儿园教师需要在幼

---

① 李贵希.幼儿社会教育与活动指导[M].北京:北京师范大学出版社,2013:2.

儿园的课程体系设置中体现学前儿童社会教育领域,需要在实际活动中帮助幼儿形成正确的社会认知、社会情感、社会意志和社会行为,从而更好地适应社会生活。

作为实践性较强的课程,不仅需要学前教育专业人员具备良好的学前儿童社会教育理论基础,同时也应具有较强的学前儿童社会教育课程的开发和建设能力。

三、学前儿童社会教育的课程地位

2001 年,教育部颁布《幼儿园教育指导纲要(试行)》(以下简称《纲要》),其中提出幼儿园的教育内容是全面的、启蒙性的,可以相对划分为健康、语言、社会、科学、艺术五个领域,也可作其他不同的划分。各领域的内容相互渗透,从不同的角度促进幼儿情感、态度、能力、知识、技能等方面的发展。学前儿童社会教育作为社会领域的主要课程与其他四大领域之间有着密切的关系。

1. 学前儿童社会教育与健康教育的关系

促进幼儿健康是幼儿园工作的首要任务,同样在课程体系中健康教育也是最基础的教育活动。因此健康教育为学前儿童社会教育提供了一定的基础,幼儿只有在健康的基础上才能够更好地适应社会,培养自身良好的社会认知、社会情感和社会行为。只有具备健康的体魄,幼儿才能参加各种各样的社会活动,才能在这些社会游戏中更好地认识自己,认识他人,认识社会。

与此同时,学前儿童社会教育也为健康教育提供了一定的资源和途径。《纲要》中指出,在社会方面,要积极引导幼儿参加各种集体活动,体验与教师、同伴等共同生活的乐趣,帮助幼儿正确地认识自己和他人,养成对他人、社会亲近、合作的态度,学习初步的人际交往技能。这些指导内容也为健康教育提供了一定的途径和教育资源。二者在学前儿童社会教育中相互渗透,相互促进。

2. 学前儿童社会教育与语言教育的关系

语言是人类交流和发展的重要工具。语言能力是在运用的过程中发展起来的。发展幼儿语言的关键是创设一个使他们想说、敢说、喜欢说、有机会说并能得到积极应答的环境,学前儿童社会教育就为学前儿童语言教育提供了这样一个良好的环境,而幼儿语言的发展又为学前儿童社会教育活动的实施和开展提供了有力的保障。幼儿语言的发展与其情感、经验、思维、社会交往能力等其他方面的发展密切相关。

3. 学前儿童社会教育与科学教育的关系

学前儿童科学教育主要是科学启蒙教育,重在培养并激发幼儿的科学兴趣和探究精神。因此科学教育要密切联系幼儿的实际生活,利用身边的事物与现象作为科学探究的对象。科学态度、科学兴趣和科学探究精神的形成有助于幼儿更好地认识社会,认识世界,从而促进幼儿社会教育的实施和开展。同时,幼儿社会教育活动的开展也为学前儿童科学教育提供了较为丰富的课程资源。

4. 学前儿童社会教育与艺术教育的关系

学前儿童艺术教育的重点在于培养幼儿的审美能力,激发幼儿表现美、创造美的情趣。艺术来源于生活,因此需要让幼儿接触周围环境和生活中美好的人、事、物,感受生活和艺术中的美。同时,幼儿的创作过程是他们表达自己的社会认知和社会情感的重要方式。因此,学前儿童艺术教育对学前儿童社会教育具有重要的补充和促进作用;学前儿童艺术教育是社会教育的重要表达方式和途径,二者相互促进、相互联系。

第二节　国内外学前儿童社会教育的发展

一、国外学前儿童社会教育的发展

(一)美国学前儿童社会教育的发展

20 世纪三四十年代,美国引入了欧洲儿童教育,出现了保教机构和幼儿园。美国一直非常重视学前教育。1987 年,全美幼儿教育协会(NAEYC)针对早期教育质量,颁布了《发展适宜性实践》,休布里特坎普在《0~8 岁儿童早期教育项目中的发展适宜性实践》中提出发展适宜性包括年龄适宜性和个体适宜性。1996 年修订为年龄适宜性、个体适宜性和文化适宜性三个方面。[①]

针对学前儿童教育,美国主要侧重对儿童社会能力的培养,主要开发幼儿的各种社会情感学习。其中先后出现了针对贫困儿童的"开端项目",提高儿童问题解决能力的"路径项目",加强家校合作的"佩里项目"等,这些方案主要解决儿童问题以及培养儿童的各种能力。许多研究证明,儿童时期的偏执、对抗和攻击性行为是造成其成年后斗殴、暴力和吸毒的早期表现,儿童时期的发展困境也成为研究失业、暴力和犯罪等诸多社会问题根源的逻辑起点。早期阶段介入,尤其是基于行为层面的预防性干预,可以帮助儿童建构合理的社会认知与行为模式,缓解或降低儿童成长过程中的风险和威胁,促进成年后积极社会功能的形成。这些技能对长期的学校和生活的成功、学生身心健康水平的提高、学习成绩的提高、社会化程度和社会成就感的获得,促进儿童的全面发展以及推进素质教育的落实都有积极意义。

因此,2003 年,促进社会情绪能力学习合作组织(Collaborative for Academic, Social, and Emotional Learning, CASEL)组织研究评估出了通过社会情感学习侧重提高学生社会能力的六个优秀项目,分别为"促进选择性思维策略""创造性解决冲突与合作学习""第二步""关爱学校团体""多种冲突解决"及"强建儿童"课程项目。

"强大开端"项目在"强健儿童"项目中的学前阶段极具代表性,该项目是专门培养孩子的社会情感能力,是美国学前社会情感能力培养项目中得到赞誉最多、成果受到广泛认可的项目。项目通过社会情感学习培养学前儿童的社会能力,直接教授孩子具体的行为,并为他们提供一个安全的环境,让他们练习所学的知识,从学习环境创设、家园合作、基于

---

① 秦也雯.美国学前儿童社会能力培养研究——以"强大开端"项目为例[D].延边:延边大学,2018:30.

学校的教学课程提供培养学前儿童社会情感能力的实例。该项目具有课时简短、目标明确、高结构化、易复制、低成本等特点。作为干预型项目,其效果得到很多实证研究的支持,已为学生、家长、学校和社会所接受。[1]

李生兰研究美国儿童社会领域教育的主要特征,总结出其具有最重要的五个特征:①意义性,即要求当社会领域教育的内容和形式是儿童感兴趣的、和儿童的生活经验相联系的、对儿童来讲是重要而有意义的时候,才能达到社会领域教育的目标;②综合性,为了保证儿童社会领域教育的综合性,国家社会领域研究会社会领域教学标准工作小组(NCSS)要求教师给儿童提供多种角度、不同学科领域认识概念的机会并同时整合那些对儿童来讲重要的、真实的生活经验;③挑战性,这是儿童社会领域教育所表现出来的外部特征;④基础性,社会领域教育是以知识(knowledge)、技能(skills)、态度和价值观(attitudes and values)为基础的,并促进儿童在这几个方面得到发展;⑤主动性,社会领域教育的主体是儿童,如果没有儿童的主动性,社会领域教育的目的就不可能实现。任何发展的、适当的、有效的社会领域教育,都要给儿童提供主动的、直接的参与机会。[2]

(二)英国学前儿童社会教育的发展

1816 年 1 月 1 日,欧文将为 1～6 岁儿童创办的公共学前教育机构幼儿学校(Infant School)合并在"性格形成学院"(Institute for the Formation of Character)中,成为英国乃至世界上第一所幼儿学校,在这个学校的教育内容中,欧文提出通过集体主义精神的培养来加强道德教育。塞穆尔·怀尔德斯平在 1816 年以后开始从事幼儿教育工作,在其幼儿学校中首次开设了社会教育课程,社会教育主要包括地理、历史以及一日生活中的事情。[3]

2000 年,英国出台了《基础阶段课程指南》,特别针对教育机构中 3～5 岁幼儿的教学做了六大基本学习领域的规定。2008 年,英国政府又出台了《儿童早期基础阶段》,仍将《基础阶段课程指南》作为幼儿教学的主要依据,成为当今英国学前教育的重要理论指导。

英国学前教育界一直把幼儿的性格塑造、社会交往与情感发展放在首位。如 19 世纪上半叶,创办幼儿学校的欧文就认为学校的责任便是使幼儿养成能够增进幸福的情感和习惯。雷迪也认为教育就是要在与他人的交往中帮助学生发展自己的兴趣,找到自我归属感,同时帮助学生建立协作意识,注重培养孩子们的集体荣誉感。尼尔心中幸福的儿童也是热爱生活的,父母和教师应给予适当的引导,而情感教育是最有效的手段,教育的重要任务就是让儿童感受到爱和学会去爱。[4]

英国学前教育课程包括六个领域:①有关个性、社会性和情感发展的课程;②有关交流、语言和读写的课程;③有关数学能力的课程;④有关认知和理解世界的课程;⑤有关

① 秦也雯.美国学前儿童社会能力培养研究——以"强大开端"项目为例[D].延边:延边大学,2018:10-11.
② 李生兰.美国儿童社会领域教育的特征[J].山东教育(幼教刊),2006(18):11-13.
③ 江玲.英国近代幼儿学校运动研究[D].上海:华东师范大学,2011:21-28.
④ 梁斌.英国学前教育课程的设置及其启示[J].学前教育研究,2015(7):61-63.

身体锻炼的课程；⑥有关创造力培养的课程。其中有关个性、社会性和情感发展的课程鼓励教师可以通过小组活动来开展教学，在玩乐中开发幼儿的学习兴趣，并为幼儿创造更多交流、合作的机会。同时，家长要在学校之外帮助幼儿建立起生活自理的好习惯，社区应多举办公益活动，邀请家长带着孩子一同参加，让幼儿了解当地文化，逐渐熟悉家人和朋友，从而为幼儿创造一个充满亲切感和安全感的生活环境。

延伸阅读

欧文与世界第一所幼儿园①

罗伯特·欧文（见图1-1）(Robert Owen，1771年5月14日—1858年11月17日)，威尔士空想社会主义者，也是一位实业家、慈善家，现代人事管理之父，人本管理的先驱。同时，罗伯特·欧文是历史上第一位创立学前教育机关（托儿所、幼儿园）的教育理论家和实践者。

图1-1　罗伯特·欧文
（图片来源于360百科）

欧文的管理思想中，教育制度占有很大比重。为了普及教育，他主张建立教育制度，实行教育立法。欧文认为，"教育下一代是最重大的课题""是每一个国家的最高利益所在""是世界各国政府的一项压倒一切的紧要任务"。他的教育理念是："人们在幼儿时期和儿童时期被培养成什么样的人，成年后也就是什么样的人。现在如此，将来也是如此。"在这一理念的指导下，欧文非常重视儿童教育。他禁止他的工厂雇用10岁以下的童工，并于1816年耗资1万英镑在他的厂区建立了第一所相当接近现代标准的公共学校——"性格陶冶馆"，这所学校是新拉纳克的中心建筑，为2～14岁的少年儿童提供良好的教育，另外还附设成人教育班。欧文制订的教学计划侧重于儿童性格的培养以及儿童职业能力的提高。他的宗旨是"为了培养儿童的优良情操和实用技能，使他们能够成为有用的幸福的人而对他们进行教导"。他把"读、写、算、说"当作学生必须学习的项目。欧文的教学思想、教学理念和教学计划在新拉纳克取得了巨大的成功，公共学校同时也成为对公众开放的社交和休闲中心。除了学校外，欧文还举办劳工食堂，创建工人消费合作社，设立工人医疗和养老金制度等。新拉纳克由此成为英国的模范社区，没有流浪汉，没有小偷小摸行为，几乎是资本主义"罪恶泛滥"中冒出来的一方净土。

1813年左右，欧文根据自己的亲身实践总结出了一整套学前教育理论，并把它反映在自己的著作《新社会观》（又名《试论性格的形成》）里。这部著作引起了国内外学术界、宗教界乃至政界人士的注意。在该书中，正像马克思评论的那样："罗伯特·欧文接受了唯物主义启蒙学者的学说，认为人的性格是先天组织和人在自己的一生中、特别是在发育时期所处的环境这两个方面的产物。"欧文说：形成人的性格有两种因素，这就是"天赋的

---

① 百度百科 https://baike.so.com/doc/5726702-5939440.html.

能力"和"出生后就对这些能力产生影响的环境"。人的品质、感情、信念和行为,"这一切东西始终是上述两种因素之一的产物,或是两者的共同产物。"欧文关于人的环境和教育产物的学说具有唯物主义的因素,对社会有过积极的历史意义,但也存在很大的片面性。马克思认为,欧文把人看作环境的消极产物是不正确的,因为人在革命实践的过程中,改变着社会关系,同时,也改变着自己的本性。

　　　　(资料来源:https://baike.so.com/doc/5726702-5939440.html)

(三)日本学前儿童社会教育的发展

　　第二次世界大战之后的日本为了适应新的时代要求,先后于 1964 年、1990 年、2000 年和 2008 年修订并颁布了四个《幼儿园教育要领》。其中 1964 年的《幼儿教育要领》中有关社会领域的教育内容注重幼儿良好生活习惯和社会适应能力的培养,并指出社会领域的教育内容应分别从幼儿个人、幼儿与他人和社会、幼儿对社会现象的认知三个角度展开,强调幼儿园教育内容与小学学科教育内容的衔接和统一。到了 1990 年,在《幼儿园教育要领》中将"社会领域"改成了"人际关系领域",着重突出对幼儿良好人际关系的培养,着眼于培养幼儿与他人的交往能力以及与他人相处中的自主性,并使幼儿逐步养成社会生活中的良好行为习惯和态度,这次的修订强调从幼儿主体发展而非学科的角度出发,建构社会领域课程目标和内容。[①]

　　进入 21 世纪,2000 年《幼儿园教育要领》中"人际关系"领域教育内容呈现新发展,更加注重幼儿主体学习的主观感受与体验。而到了 2008 年的《幼儿园教育要领》中,人际关系领域的内容有 14 项,围绕"养成自立能力,培养与他人交往的能力,亲近他人,相互支撑、共同生活"的目标而设定,以便能够与方方面面的人友好往来。其中涉及了"体验""感受"的内容,如"积极与朋友交往的同时,共同感受喜悦和悲伤"等。

　　日本学前儿童社会教育的主要特点体现在以下几个方面。

1. 以游戏为核心

　　日本的学前教育机构很重视儿童在游戏的体验中学习,随着孩子年龄的增长,同伴一起活动的时间会逐步增多,但仍然以游戏为主。当然,重视儿童的游戏并不等于放任不管,学前教育机构会根据幼儿的身心发展规律合理地布置环境,从而鼓励幼儿在游戏中得到提升和学习。

2. 强调幼儿的主动性

　　不管是《幼儿园教育要领》,还是《保育所保育指针》,都强调要重视儿童自身的各种感受,并且其课程设置将"学科"改为"领域",更多的是从幼儿主体发展而非学科的角度出发,从而使课程内容能够更加符合幼儿的身心发展特点和规律,体现幼儿的主动性。

---

　　① 于开莲.日本幼儿园社会领域教育思想演进——以日本《幼儿园教育要领》为例[J].学前课程研究,2007(4):45-48.

3. 重视人际关系的建构

自 2000 年以后,日本学前教育课程将"社会"改为"人际关系",更加适应社会发展需求。重点突出人际关系、人际交往能力的熏陶和培养,这种变化体现了日本社会发展变化对幼儿园社会领域教育提出的新要求。[①]

二、我国学前儿童社会教育的发展

嵇珺在其博士论文《我国幼儿园社会领域教育研究》中提出:自 1903 年我国创办了第一个官办性质的幼儿教育机构——湖北幼稚园起,我国幼儿园社会领域教育在近 110 年的历程中,曲曲折折地经历了以下几个关键阶段。即:①20 世纪初是我国幼儿园社会领域教育的萌芽时期;②20 世纪 30 年代是我国幼儿园社会领域教育的独创时期;③20世纪 50 年代是我国幼儿园道德教育代替社会教育阶段;④20 世纪六七十年代是幼儿道德教育的混乱与停滞——政治教育取代道德教育阶段;⑤20 世纪 80 年代,幼儿道德教育初设独立的课程科目阶段;⑥21 世纪以来,"社会"正式成为幼儿园课程的独立领域阶段。具体划分如图 1-2 所示。[②]

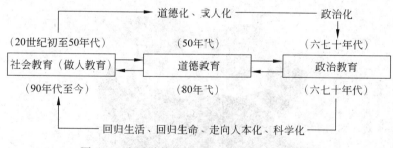

图 1-2 我国学前儿童社会教育历史发展脉络

如图 1-2 所示,20 世纪以来,我国学前儿童社会教育的发展历程经历三个大的阶段。

(1) 20 世纪初至 20 世纪 50 年代,重视人的教育。这一时期的学前儿童社会教育主要以陶行知、陈鹤琴的人格教育为主要理论基础。在陈鹤琴的活教育理论体系中,他把做人、做中国人、做现代中国人作为活教育的目标,提倡对人的社会性—情感发展的培养和提升。

(2) 20 世纪 50 年代至 90 年代,政治教育和道德教育并重的阶段。1975 年 7 月,我国颁布了新中国成立后的第一个幼儿园课程文件《幼儿园暂行教学纲要(草案)》,在这个课程文件中,主要从德育的角度对幼儿提出了相应的目标和任务。随后经历六七十年代的教育停滞期后,1981 年 10 月教育部制定并发布了《幼儿园教育纲要(试行草案)》,这里特别将思想品德独立为一个科目,并对各年龄阶段的教育内容和要求做出了比较详细的规定。

---

① 王幡. 论日本学前教育中的"五个领域"[J]. 外国教育研究,2014,41(1):84-92.
② 嵇珺. 我国幼儿园社会领域教育研究[D]. 南京:南京师范大学,2012:37.

（3）20 世纪 90 年代至今，社会领域课程逐步成形阶段。教育部于 2001 年 7 月制订并发布了《幼儿园教育指导纲要（试行）》（2001），在这一文件中正式将幼儿园的教育内容相对划分为健康、语言、社会、科学、艺术五大领域。此外，文件中提出社会领域的目标："能主动参与各项活动，有自信心；乐意与人交往，学习互助、合作和分享，有同情心；理解并遵守日常生活中基本的社会行为规则；能努力做好力所能及的事，不怕困难，有初步的责任感；爱父母长辈、老师和同伴，爱集体、爱家乡、爱祖国。"这里的社会领域目标包括两个维度，即社会关系维度和心理结构维度。

【案例 1-1】

日本幼儿的微笑①

在天涯社区中一位网友总结了在日本幼儿园游学期间的所见所闻，其中博主指出日本幼儿园的孩子们没有课本，只有每月一册的绘本。学习的重点居然是教孩子们学会笑眯眯（见图 1-3）和说"谢谢！"虽然没有多少知识性教育，神奇的是三年幼儿园生活，孩子往往能在音乐、美术、阅读等方面有更大的进步。

图 1-3　日本孩子的微笑

（图片来源：http://bbs.tianya.cn/post-university-1073226-1.shtml）

第三节　学习学前儿童社会教育的意义

学前儿童社会教育是幼儿园课程的五大领域之一，目的在于将幼儿培养成为能够适应社会的社会人。学习学前儿童社会教育这门课程不仅对于即将走上工作岗位的幼儿教师具有重要的价值和意义；对于幼儿本身的成长也具有重要的作用。具体包括以下几个方面。

---

① 天涯社区 http://bbs.tianya.cn/post-university-1073226-1.shtml.

一、掌握学前儿童社会教育的基本理论

不管是对于未来的幼儿教师,还是培养幼儿的父母和社会机构,基本理论的学习和掌握都是必不可少的。心理学、教育学和人类学的发展都为学前儿童社会教育提供了丰富的理论基础,其中以人本主义心理学、行为主义心理学、认知发展心理学和社会文化发展理论为主要理论基础。

人本主义心理学是 20 世纪五六十年代在美国产生的心理学流派,以马斯洛和罗杰斯为主要代表,主要研究人的尊严、价值和本性。其中马斯洛提出了人的需要层次理论,即人的需要由高到低分为生理需要、安全需要、归属和爱的需要、尊重的需要和自我实现的需要。人本主义心理学从幼儿主体出发,对学前儿童社会教育的内容和方法的选择具有重要的参考价值。

行为主义心理学是 20 世纪初产生于美国的一个心理学流派,以华生、巴甫洛夫、斯金纳、托尔曼、桑代克和班杜拉为主要代表。其中,华生的联结理论、巴甫洛夫的经典条件反射、斯金纳的操作性条件反射、托尔曼的认知地图和桑代克的学习定律,这些经典的行为主义心理学理论都对幼儿行为的发展和培养提供了坚实的理论基础。

20 世纪二三十年代,心理学家皮亚杰提出了儿童的认知发展阶段理论,由此创立了认知发展心理学理论流派,以研究儿童的认知发展规律为核心内容。通过对儿童的认知研究,得出儿童认知发展的四个阶段,即感知运动阶段、前运算阶段、具体运算阶段和形式运算阶段。此外,皮亚杰还以"对偶事件"为依据来研究儿童的道德发展阶段,从而得出儿童道德的发展经历了从他律到自律的发展阶段。总之,认知发展心理学的发展为研究幼儿社会认知提供了一定的理论依据。

社会文化发展理论以苏联儿童心理学专家维果茨基为主要代表,维果茨基提出人的心理发展是从低级心理机能向高级心理机能的转化过程,其中个性起源于社会交往,是社会关系内化的产物。维果茨基指出"儿童文化发展中的一切机能都是两次登台的,都表现在两个方面:起初是社会方面,后来才是心理方面;起初是人们之间的属于心际的范畴,后来才是儿童内部的属于内心范畴"。[①] 社会文化发展理论为幼儿的社会性发展提供了重要的理论依据。

二、提升幼儿教师学前儿童社会教育教学能力

本书的第四章至第十章分别对学前儿童人际关系教育、社会环境教育、社会行为规范教育、社会文化教育、自我意识教育、情绪情感教育和不良社会行为的矫正与教育进行了详细的论述,并且提出了相关儿童社会教育活动的设计指南和案例。这些设计指南和案例能够帮助未来的幼儿教师迅速掌握学前儿童社会教育的教学方法,有效的提升幼儿教

---

① 维果茨基. 维果茨基儿童心理与教育论著选[M]. 龚浩然,译. 杭州:杭州大学出版社,1999:182.

师的学前儿童社会教育教学能力和活动组织能力。

三、促进幼儿积极的社会化

儿童从出生开始就接触社会,同时也开始了自己的社会化进程。个人的社会化是一个长期的、连续的过程,幼儿期是社会化的开始阶段,因此在该阶段对幼儿进行社会教育至关重要。进入幼儿园的幼儿能否在教师的指导下融入集体生活? 能否处理好与老师和其他小朋友之间的人际关系? 能否很好地树立规则意识? 这些都需要幼儿教师利用学前儿童社会教育的相关理论知识对幼儿进行有效的社会引导,从而提升幼儿社会化的质量和进度。

四、提高学前儿童社会教育质量

2018 年 9 月 10 日,习近平总书记在全国教育大会上指出"在实践中,我们就教育改革发展提出一系列新理念、新思想、新观点,主要有以下几个方面:坚持党对教育事业的全面领导,坚持把立德树人作为根本任务,坚持优先发展教育事业,坚持社会主义办学方向,坚持扎根中国大地办教育,坚持以人民为中心发展教育,坚持深化教育改革创新,坚持把服务中华民族伟大复兴作为教育的重要使命,坚持把教师队伍建设作为基础工作"。这"九个坚持"为我们的教育事业指明了方向,学前儿童社会教育如何在这"九个坚持"的指导下提升质量? 这本书的九个章节将分别为我们提供学前儿童社会教育活动的设计方案,目的在于提高一线幼儿园的学前儿童社会教育质量。

延伸阅读

学前儿童社会教育的内涵、性质与课程地位[①]

甘剑梅

把握学前儿童社会教育在幼儿园课程体系中处于什么地位,它与相关课程领域有什么样的联系,如何处理好它们之间的相互关系,也是我们领会学前儿童社会教育的实质,进行有效教育实践的重要基础。

(一) 学前儿童社会教育与相关课程领域的关系

相对于学科强调知识的系统性与完整性,领域强调学习者的学习行动,课程领域就是以学习者的学习内容与行动来规划课程的一种思路。作为课程领域的学前儿童社会教育是在综合与变革以前的幼儿园社会常识教育与幼儿德育基础上出现的一个新的课程领域。它指的不是一个具体的学科,而是一个学习领域,在这一领域中儿童

① 甘剑梅.学前儿童社会教育的内涵、性质与课程地位[J].学前教育研究,2011(1).

主要学习的是如何协调自我、人与人、人与环境之间的互动关系,并习得与人和环境互动应有的知识、能力、态度与行为技能等。这一课程领域主要关注的是儿童的社会性发展,包括社会认知、社会情感、社会行为技能以及道德品质的发展,最终帮助儿童形成参与社会生活的基本能力与善待世界的基本态度。人无时不处在与他人和环境的互动中,这决定了学前儿童社会教育无法决然独立于其他领域,相反它和其他领域必然有着非常密切的联系。《纲要》也指出幼儿园的教育内容是全面的、启蒙性的,健康、语言、社会、科学、艺术五大领域的划分是相对的。各领域的内容相互渗透,从不同的角度促进幼儿情感、态度、能力、知识、技能等方面的发展。同样,各领域应从不同的角度共同促进儿童社会性的发展。

1. 学前儿童社会教育与健康教育的关系

健康是所有幼儿园课程体系都需要关注的领域,它包括身体的健康、情绪与心理的健康以及道德的健康,其中幼儿情绪与心理及道德健康也是社会领域关注的问题。当孩子有良好的师生与同伴关系时,他就能获得安定与愉快的情绪,并形成安全感与信赖感,这是良好社会情感形成的基础。同时,体育活动有助于培养幼儿坚强、勇敢、不怕困难的意志品质和主动、乐观、合作的态度。可见社会教育与健康教育是相互渗透、相互促进的。但社会教育在关注儿童情绪与心理健康时,更注重它的社会发展性。如对环境的良好适应是心理健康的重要标准,从社会教育的角度来看,社会适应并不仅仅表现为对社会环境的无批判顺应,如果社会环境是不好的,就要用积极的、好的价值引导孩子去变革社会环境。如社会流行说谎,投机取巧,从个体角度看,适应这种规则,个体能获得更多的发展机会,但从群体角度看,这种风气是不利于社会进步的,作为个体则有矫正与变革这种风气的责任,所以我们还是要教导孩子诚实。社会教育的责任是倡导先进的文化价值观与态度行为,这是一种社会意义上的健康。

2. 学前儿童社会教育与语言教育的关系

语言是儿童进行社会化的重要工具,通过语言,儿童才能与人沟通。由此,语言教育是社会教育的重要基础。但从社会教育的目的看,幼儿园教育不能止步于教会孩子说话,还要教会孩子善于倾听,并说礼貌的话、温暖的话、善良的话、优美的话。当孩子接触优秀的儿童文学作品时,他们感受到的不只是语言的丰富和优美,还有作品中人物的丰富心灵,让孩子从作品中体会到善与恶的争战、美与丑的较量。社会教育无法离开语言、故事与文学,故事与文学是进行社会教育非常重要的资源与途径。孩子对故事的钟爱,也使故事成为一种非常有力的心灵滋养方式。另外,如果语言教育没有了美与善的灵魂,就会成为抽象的没有生命的符号教育。在这种教育下,孩子可能会很流利地说有益于人、温暖于人的话,但也可以很流利地说伤害于人的话,这全看教育者如何引导他们在利人利己的立场上来运用语言。可见,语言的内容以及运用语言的方式都在塑造儿童的社会性品格。

3. 学前儿童社会教育与科学教育的关系

引导孩子探索与认知世界是科学教育的重要任务,但我们探索与认知世界的目的并不仅是为了更好地利用世界,还要学会更好地保护世界。要让孩子们意识到如果没有周围一切有生命与无生命的事物,人类可能连一天也生存不下去。科学的技术如果没有仁慈之心的支持,也有可能变成伤害人类自身的利剑。如我们发明了更先进的捕猎方法,带来的是越来越多的物种濒临灭绝;我们有了更多征服自然的方法,带来的是环境的日益恶化。为改变这种现状,我们就必须认识到引导孩子学会认知与探索世界的最终目的是让孩子养成对待世界的仁慈之心,让他们在亲近大自然的同时,学会爱护动植物,关心周围环境,珍惜自然资源,形成初步的环保意识。如对水的学习,不应只是将它作为一种物质来认识,更要认识和感受到水的社会意义、文化意义和水对生命的意义;不仅要从自然科学的角度让幼儿获得对水的物理性质和化学性质的抽象认知与概念,还要将水作为人赖以生存的条件之一,让儿童认识现实生活中的水如何与自己的生活密不可分,了解水如何被开发和利用,有什么样的水利设施和水处理设备等。而水的缺乏或污染或泛滥对生活的影响以及引起的灾难、人们对水的各种赞美和恐惧等,也无不与社会和道德有关。

4. 学前儿童社会教育与艺术教育的关系

孔子认为人的学习与完善必须"兴于诗,立于礼,成于乐",意思是说:"读《诗》使我振奋,学礼使我立足于社会,音乐使我得以完成自身修养"。其中"礼"是社会教育的内容,"乐"是艺术教育的内容,可见在人的发展中社会教育与艺术教育是相辅相成的。艺术对性灵的陶冶具有特别的作用,艺术教育的价值也正在于它能够展示生命的美,畅想生命的自由,弘扬生命的价值,维护生命的尊严和张扬生命的个性。它的目的是要培养能够运用艺术语言表达丰富美好的情感和进行心灵交流的健康个体。当孩子学会用画笔或是音乐表达出他内心美好的体会和感动时,艺术就产生了。同样,当感受到美与善时,孩子就已经接受了社会教育。由此,教育要尽可能用艺术化的方式让孩子体会到各种美与善。这些美与善会随着孩子年龄的增长,不断成为丰富孩子内心世界的养料,一个感受到美与善的人去作恶的可能性就很小,这正是艺术教育对儿童社会性发展的重要意义之所在。学前儿童社会教育需要艺术的支持,更需要艺术化的教育。

(二) 社会教育在学前儿童整体发展中的课程地位

1. 学前儿童整体发展的课程架构

陈鹤琴将幼儿园课程的五大领域比喻为人的五指,息息相关,并指出活动的五指是活的,可以伸缩。依据儿童身心发展的特征,五指活动在儿童生活中结成一张教育的网,它们有组织、有系统、合理地编织在儿童的生活中。相对于陈鹤琴提出的五指课程的比喻,我们更主张用身处无意识环境影响的完整的人来表达这五大领域的关系(见图 1-4),因为幼儿教育的最终目标是培养完整的儿童,为儿童一生的完整发展奠基。儿童的完整发展既受到有意识的教育的影响,也受到无意识的环境的影响。

在图 1-4 中,人体与圆圈中的空白标示着影响儿童发展的无意识环境,它渗透在儿童所处的所有环境中。整个人体部分代表有意识的五大领域,其中头部标示的是

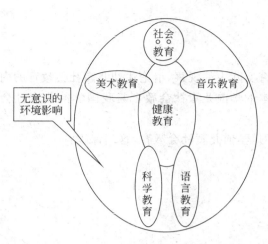

图 1-4 社会教育在学前儿童整体发展中的课程地位

社会教育,它为学前教育提供价值的指引。没有价值指引的学前教育是盲目的,无助于人类进步的教育价值指引则是无益的,因而学前教育的第一步是根据儿童的身心发展规律和社会健康发展的需要,思考我们要培养什么样的儿童。身体躯干是健康教育,它是幼儿教育的主体,学前阶段所有的教育都需要考量它是否有益于幼儿的整体健康,违背幼儿整体健康发展的价值、知识与能力都是不具有教育性的,也是不值得提倡的。右手是美术教育,左手是音乐教育,它们是帮助幼儿体验世界之美的两种途径。左脚是科学教育,右脚是语言教育,它们是帮助幼儿认知与表达对世界的理解与体验的两种有力途径。从它们各自的功能来看,这五大领域对于幼儿的完整发展来说都是不可或缺的。

2. 学前儿童社会教育在幼儿园课程体系中的导向性地位

虽然这五大领域的教育共同作用于儿童的整体发展,但其中学前儿童社会教育起着导向性作用,为其他领域提供方向与价值的指引。如前所述,一切教育的最终目的都在帮助孩子建立与世界的一种恰当关系,学会做一个人格健全,并有益于人类的人。在幼儿科学教育中,我们不仅要让儿童学会科学地认知与探究客观世界,还要认识到人类与客观世界的关系,以及人类对客观世界所承载的责任;幼儿语言教育也不仅仅是教孩子正确与流利的表达,还要教孩子学会表达真诚与善意;幼儿艺术教育也不仅仅是让孩子学会欣赏美与创造美,还要让孩子体验与领会人性之美。这些都是社会教育的内容,可见社会教育规定着所有课程领域的价值方向,即培养有益于促进人类社会健康发展的人。

本章小结

本章主要介绍了学前儿童社会教育的学科性质、国内外学前儿童社会教育的发展和学习学前儿童社会教育的意义。

 **思考与练习**

1. 结合幼儿园教育实际中的观察,请论述幼儿园社会教育的内涵及外延。

2. 美国、英国、日本的学前儿童社会教育与我国学前儿童社会教育的区别与联系有哪些?

3. 如何有效地学习《学前儿童社会教育》这门课程?

第二章
学前儿童社会教育的政策分析

本章导航

学习目标

1. 掌握《3~6 岁儿童学习与发展指南》中有关学前儿童社会教育的政策内容。

2. 理解《幼儿园教育指导纲要(试行)》中有关学前儿童社会教育的内容。

3. 了解《幼儿园工作规程》的相关规定及内容。

引导案例

谁 之 过

2017 年 6 月 1 日召开的最高人民法院新闻发布会上,最高人民法院首次公布了一起幼儿园教师因虐待儿童被判刑的典型案例。

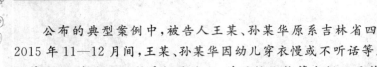

公布的典型案例中,被告人王某、孙某华原系吉林省四平市铁西区某幼儿园教师。2015 年 11—12 月间,王某、孙某华因幼儿穿衣慢或不听话等原因,在幼儿园教室内、卫生间等地点,多次恐吓所看护的幼儿,并用针状物等尖锐工具将肖某某等 10 余名幼儿的头部、面部、四肢、臀部、背部等处刺、扎致伤(见图 2-1)。

图 2-1 幼儿教师伤害幼儿

(图片来源:360 个人图书馆)

吉林省四平市铁西区人民法院经审理认为,被告人王某、孙某华身为幼儿教师,多次采用针刺、恐吓等手段虐待被看护幼儿,情节恶劣,其行为均已构成虐待被看护人罪。依照刑法有关规定,以虐待被看护人罪分别判处被告人王某、孙某华有期徒刑两年六个月。宣判后,王某、孙某华提出上诉。吉林省四平市中级人民法院经依法审理,裁定驳回上诉,维持原判,判决已发生法律效力。

(资料来源:http://www.360doc.com/content/17/0603/13/30159286_659526748.shtml)

之所以出现上述案例中的事件,除了幼儿教师的法律意识淡薄之外,更重要的是他们缺乏一定的幼儿教师职业理念和职业道德。幼儿教师应该如何教育幼儿?又该如何遵守相关的规定提升幼儿社会教育的质量?本章将以《3～6 岁儿童学习与发展指南》《幼儿园教育指导纲要(试行)》和《幼儿园工作规程》三个文本为主,分析学前儿童社会教育的内容、目标以及实施策略。

第一节 《3～6 岁儿童学习与发展指南》

2012 年 9 月教育部颁布《3～6 岁儿童学习与发展指南》(以下简称《指南》),从健康、语言、社会、科学、艺术五大领域描述幼儿的学习与发展,通过提出一整套幼儿各领域学习与发展的目标体系,及具体明确、可操作性强的教育建议,将正确的儿童观、教育观、发展观自然地渗透其中,引导幼儿教师、家长、社会建立对儿童发展的合理期望,以符合儿童学习和发展特点与规律的方法支持幼儿的全面、可持续发展。

一、《指南》简介

《指南》中的五大领域按照幼儿学习与发展最基本、最重要的内容划分为若干方面。每个方面由学习与发展目标和教育建议两部分组成。目标部分分别对 3～4 岁、4～5 岁、5～6 岁三个年龄段末期幼儿应该知道什么、能做什么，大致可以达到什么发展水平提出了合理期望，指明了幼儿学习与发展的具体方向。教育建议部分列举了一些能够有效帮助和促进幼儿学习与发展的教育途径与方法。此外，文件中提出实施《指南》应该把握好几个方面的问题。

1. 关注幼儿学习与发展的整体性

儿童的发展是一个整体，要注重领域之间、目标之间的相互渗透和相互整合，促进幼儿身心全面、协调发展，而不应片面追求某一方面或某几方面的发展。

2. 尊重幼儿发展的个体差异

幼儿的发展是一个持续、渐进的过程，同时也表现出一定的阶段性特征。每个幼儿在沿着相似进程发展的过程中，各自的发展速度和到达某一水平的时间不完全相同。要充分理解和尊重幼儿发展进程中的个别差异，支持和引导他们从原有水平向更高水平发展，按照自身的速度和方式到达《指南》所呈现的发展"阶梯"，切忌用一把"尺子"衡量所有幼儿。

3. 理解幼儿的学习方式和特点

幼儿的学习是以直接经验为基础，在游戏和日常生活中进行的。要珍视游戏和生活的独特价值，创设丰富的教育环境，合理安排一日生活，最大限度地支持和满足幼儿通过直接感知、实际操作和亲身体验获取经验的需要，严禁"揠苗助长"式的超前教育和强化训练。

4. 重视幼儿的学习品质

幼儿在活动过程中表现出的积极态度和良好行为倾向是终身学习与发展所必需的宝贵品质。要充分尊重和保护幼儿的好奇心和学习兴趣，帮助幼儿逐步养成积极主动、认真专注、不怕困难、敢于探究和尝试、乐于想象和创造等良好学习品质。忽视幼儿学习品质培养，单纯追求知识技能学习的做法是短视而有害的。

二、《指南》中有关社会领域的内容

幼儿社会领域的学习与发展过程是其社会性不断完善并奠定健全人格基础的过程。人际交往和社会适应是幼儿社会学习的主要内容，也是其社会性发展的基本途径。幼儿在与成人和同伴交往的过程中，不仅学习如何与人友好相处，也在学习如何看待自己、对待他人，不断发展适应社会生活的能力。良好的社会性发展对幼儿身心健康和其他各方面的发展都具有重要影响。

家庭、幼儿园和社会应共同努力，为幼儿创设温暖、关爱、平等的家庭和集体生活氛围,建立良好的亲子关系、师生关系和同伴关系,让幼儿在积极健康的人际关系中获得安全感和信任感,发展自信和自尊,在良好的社会环境及文化熏陶中学会遵守规则,形成基本的认同感和归属感。

幼儿的社会性主要是在日常生活和游戏中通过观察与模仿潜移默化地发展起来的。成人应注重自己言行的榜样作用,避免简单生硬的说教。

（一）人际交往

人际交往的目标包括:愿意与人交往(见表 2-1)、能与同伴友好相处(见表 2-2)、具有自尊、自信自主的表现(见表 2-3),以及关心尊重他人(见表 2-4)。

表 2-1　目标 1　愿意与人交往

3~4 岁	4~5 岁	5~6 岁
1. 愿意和小朋友一起游戏 2. 愿意与熟悉的长辈一起活动	1. 喜欢和小朋友一起游戏,有经常一起玩的小伙伴 2. 喜欢和长辈交谈,有事愿意告诉长辈	1. 有自己的好朋友,也喜欢结交新朋友 2. 有问题愿意向别人请教 3. 有高兴的或有趣的事愿意与大家分享

教育建议。

（1）主动亲近和关心幼儿,经常和他一起游戏或活动,让幼儿感受到与成人交往的快乐,建立亲密的亲子关系和师生关系。

（2）创造交往的机会,让幼儿体会交往的乐趣。例如:

① 利用走亲戚、到朋友家做客或有客人来访的时机,鼓励幼儿与他人接触和交谈。

② 鼓励幼儿参加小朋友的游戏,邀请小朋友到家里玩,感受有朋友一起玩的快乐。

③ 幼儿园应多为幼儿提供自由交往和游戏的机会,鼓励他们自主选择、自由结伴开展活动。

表 2-2　目标 2　能与同伴友好相处

3~4 岁	4~5 岁	5~6 岁
1. 想加入同伴的游戏时,能友好地提出请求 2. 在成人指导下,不争抢、不独霸玩具 3. 与同伴发生冲突时,能听从成人的劝解	1. 会运用介绍自己、交换玩具等简单技巧加入同伴游戏 2. 对大家都喜欢的东西能轮流玩、分享 3. 与同伴发生冲突时,能在他人帮助下和平解决 4. 活动时愿意接受同伴的意见和建议 5. 不欺负弱小	1. 能想办法吸引同伴和自己一起游戏 2. 活动时能与同伴分工合作,遇到困难能一起克服 3. 与同伴发生冲突时能自己协商解决 4. 知道别人的想法有时和自己不一样,能倾听和接受别人的意见,不能接受时会说明理由 5. 不欺负别人,也不允许别人欺负自己

教育建议。

（1）结合具体情境,指导幼儿学习交往的基本规则和技能。例如:

① 当幼儿不知如何加入同伴游戏,或提出请求不被接受时,建议他拿出玩具邀请大家一起玩;或者扮成某个角色加入同伴的游戏。

② 对幼儿与别人分享玩具、图书等行为给予肯定,让他对自己的表现感到高兴和满足。

③ 当幼儿与同伴发生矛盾或冲突时,指导他尝试用协商、交换、轮流玩、合作等方式解决冲突。

④ 利用相关的图书、故事,结合幼儿的交往经验,和他讨论什么样的行为受大家欢迎,想要得到别人的接纳应该怎样做。

⑤ 幼儿园应多为幼儿提供需要大家齐心协力才能完成的活动,让幼儿在具体活动中体会合作的重要性,学习分工合作。

(2)结合具体情境,引导幼儿换位思考,学习理解别人。例如:

幼儿有争抢玩具等不友好行为时,引导他们想想"假如你是那个小朋友,你有什么感受?"让幼儿学习理解别人的想法和感受。

(3)和幼儿一起谈谈他的好朋友,说说喜欢这个朋友的原因,引导他多发现同伴的优点、长处。

表 2-3　目标 3　具有自尊、自信自主的表现

3～4 岁	4～5 岁	5～6 岁
1. 能根据自己的兴趣选择游戏或其他活动 2. 为自己的好行为或活动成果感到高兴 3. 自己能做的事情愿意自己做 4. 喜欢承担一些小任务	1. 能按自己的想法进行游戏或其他活动 2. 知道自己的一些优点和长处,并对此感到满意 3. 自己的事情尽量自己做,不愿意依赖别人 4. 敢于尝试有一定难度的活动和任务	1. 能主动发起活动或在活动中出主意、想办法 2. 做了好事或取得了成功后还想做得更好 3. 自己的事情自己做,不会的愿意学 4. 主动承担任务,遇到困难能够坚持而不轻易求助 5. 与别人的看法不同时,敢于坚持自己的意见并说出理由

教育建议。

(1)关注幼儿的感受,保护其自尊心和自信心。例如:

① 能以平等的态度对待幼儿,使幼儿切实感受到自己被尊重。

② 对幼儿好的行为表现多给予具体、有针对性的肯定和表扬,让他对自己的优点和长处有所认知并感到满足和自豪。

③ 不要拿幼儿的不足与其他幼儿的优点做比较。

(2)鼓励幼儿自主决定,独立做事,增强其自尊心和自信心。例如:

① 与幼儿有关的事情要征求他的意见,即使他的意见与成人不同,也要认真倾听,接受他的合理要求。

② 在保证安全的情况下,支持幼儿按自己的想法做事;或提供必要的条件,帮助他实现自己的想法。

③ 幼儿自己的事情尽量放手让他自己做,即使做得不够好,也应鼓励并给予一定的指导,让他在做事中树立自尊和自信。

④ 鼓励幼儿尝试有一定难度的任务,并注意调整难度,让他感受经过努力获得的成就感。

表 2-4   目标 4   关心尊重他人

3～4 岁	4～5 岁	5～6 岁
1. 长辈讲话时能认真听，并能听从长辈的要求 2. 身边的人生病或不开心时表示同情 3. 在提醒下能做到不打扰别人	1. 会用礼貌的方式向长辈表达自己的要求和想法 2. 能注意到别人的情绪，并有关心、体贴的表现 3. 知道父母的职业，能体会到父母为养育自己所付出的辛劳	1. 能有礼貌地与人交往 2. 能关注别人的情绪和需要，并能给予力所能及的帮助 3. 尊重为大家提供服务的人，珍惜他们的劳动成果 4. 接纳、尊重与自己的生活方式或习惯不同的人

教育建议。

（1）成人以身作则，以尊重、关心的态度对待自己的父母、长辈和其他人。例如：

① 经常问候父母，主动做家务。

② 礼貌地对待老年人，如坐车时主动为老人让座。

③ 看到别人有困难能主动关心并给予一定的帮助。

（2）引导幼儿尊重、关心长辈和身边的人，尊重他人的劳动及成果。例如：

① 提醒幼儿关心身边的人，如妈妈累了，知道让她安静地休息一会儿。

② 借助故事、图书等给幼儿讲讲父母抚育孩子成长的经历，让幼儿理解和体会父爱与母爱。

③ 结合实际情境，提醒幼儿注意别人的情绪，了解他们的需要，给予适当的关心和帮助。

④ 利用生活机会和角色游戏，帮助幼儿了解与自己关系密切的社会服务机构及其工作，如商场、邮局、医院等，体会这些机构给大家提供的便利和服务，懂得尊重工作人员的劳动，珍惜劳动成果。

（3）引导幼儿学会用平等、接纳和尊重的态度对待差异。例如：

① 了解每个人都有自己的兴趣、爱好和特长，可以相互学习。

② 利用民间游戏、传统节日等，适当向幼儿介绍我国主要民族和世界其他国家与民族的文化，帮助幼儿感知文化的多样性和差异性，理解人们之间是平等的，应该相互尊重，友好相处。

（二）社会适应

社会适应又包括以下几个目标：喜欢并适应群体生活（见表 2-5）、遵守基本的行为规范（见表 2-6）、具有初步的归属感（见表 2-7）。

表 2-5   目标 1   喜欢并适应群体生活

3～4 岁	4～5 岁	5～6 岁
1. 对群体活动有兴趣 2. 对幼儿园的生活好奇，喜欢上幼儿园	1. 愿意并主动参加群体活动 2. 愿意与家长一起参加社区的一些群体活动	1. 在群体活动中积极、快乐 2. 对小学生活有好奇和向往

教育建议。

（1）经常和幼儿一起参加一些群体活动，让幼儿体会群体活动的乐趣。如参加亲戚、朋友和同事间的聚会以及适合幼儿参加的社区活动等，支持幼儿和不同群体的同伴一起游戏，丰富其群体活动的经验。

（2）幼儿园组织活动时，可以经常打破班级的界限，让幼儿有更多机会参加不同群体活动。

（3）带领大班幼儿参观小学，讲讲小学有趣的活动，唤起他们对小学生活的好奇和向往，为入学做好心理准备。

表 2-6 目标 2 遵守基本的行为规范

3～4 岁	4～5 岁	5～6 岁
1. 在成人提醒下，能遵守游戏和公共场所的规则 2. 知道不经允许不能拿别人的东西，借别人的东西要归还 3. 在成人提醒下，爱护玩具和其他物品	1. 感受规则的意义，并能基本遵守规则 2. 不私自拿不属于自己的东西 3. 知道说谎是不对的 4. 知道接受了的任务要努力完成 5. 在成人提醒下，能节约粮食、水电等	1. 理解规则的意义，能与同伴协商制定游戏规则和活动规则 2. 爱惜物品，用别人的东西时也知道爱护 3. 做了错事敢于承认，不说谎 4. 能认真负责地完成自己所接受的任务 5. 爱护自身的环境，注意节约资源

教育建议。

（1）成人要遵守社会行为规则，为幼儿树立良好的榜样。例如，答应幼儿的事一定要做到、尊老爱幼、爱护公共环境、节约水电等。

（2）结合社会生活实际，帮助幼儿了解基本行为规则或其他游戏规则，体会规则的重要性，学习自觉遵守规则。例如：

① 经常和幼儿玩带有规则的游戏，遵守共同约定的游戏规则。

② 利用实际生活情境和图书故事，向幼儿介绍一些必要的社会行为规则，以及为什么要遵守这些规则。

③ 在幼儿园区域活动中，创设情境，让幼儿体会没有规则的不方便，鼓励他们讨论制定规则并自觉遵守。

④ 对幼儿表现出的遵守规则的行为要及时肯定，对违规行为给予纠正。例如，幼儿主动为老人让座时要表扬；幼儿损害别人的物品或公共物品时要及时制止并主动赔偿。

（3）教育幼儿要诚实守信。例如：

① 对幼儿诚实守信的行为要及时肯定。

② 允许幼儿犯错误，告诉他改了就好。不要打骂幼儿，以免他因害怕惩罚而说谎。

③ 小年龄幼儿经常分不清想象和现实，成人不要误认为他是在说谎。

④ 发现幼儿说谎时，要反思是否是因自己对幼儿的要求过高过严造成的。如果是，要及时调整自己的行为，同时要严肃地告诉幼儿说谎是不对的。

⑤ 经常给幼儿分配一些力所能及的任务，要求他完成并及时给予表扬，培养他的责任感和认真负责的态度。

表 2-7　目标 3　具有初步的归属感

3～4 岁	4～5 岁	5～6 岁
1. 知道和自己一起生活的家庭成员与自己的关系,体会到自己是家庭的一员 2. 能感受到家庭生活的温暖,爱父母,亲近与信赖长辈 3. 能说出自己家所在街道、小区(乡镇、村)的名称 4. 认识国旗,知道国歌	1. 喜欢自己所在的幼儿园和班级,积极参加集体活动 2. 能说出自己家所在地的省、市、县(区)名称,知道当地有代表性的物产或景观 3. 知道自己是中国人 4. 奏国歌、升国旗时能自动站好	1. 愿意为集体做事,为集体的成绩感到高兴 2. 能感受到家乡的发展变化并为此感到高兴 3. 知道自己的民族,知道中国是一个多民族的大家庭,各民族之间要相互尊重,团结友爱 4. 知道国家一些重大成就,爱祖国,为自己是中国人感到自豪

教育建议。

(1) 亲切地对待幼儿,关心幼儿,让他感到长辈是可亲、可敬、可信赖的,家庭和幼儿园是温暖的。例如:

① 多和孩子一起游戏、谈笑,尽量在家庭和班级中营造温馨的氛围。

② 通过和幼儿一起翻阅照片、讲幼儿成长的故事等,让幼儿感受到家庭和幼儿园的温暖,老师的和蔼可亲,对养育自己的人产生感激之情。

(2) 吸引和鼓励幼儿参加集体活动,萌发集体意识。例如:

① 幼儿园和班级里的重大事情与计划,请幼儿集体讨论决定。

② 幼儿园应经常组织多种形式的集体活动,萌发幼儿的集体荣誉感。

(3) 运用幼儿喜闻乐见和能够理解的方式激发幼儿爱家乡、爱祖国的情感。例如:

① 和幼儿说一说或在地图上找一找自己家所在的省、市、县(区)名称。

② 和幼儿一起外出游玩,一起看有关的电视节目或画报等;和他们一起收集有关家乡、祖国各地的风景名胜、著名的建筑、独特物产的图片等,在观看和欣赏的过程中激发幼儿的自豪感和热爱之情。

③ 利用电视节目或参加升国旗等活动,向幼儿介绍国旗、国歌以及观看升国旗、奏国歌的礼仪。

④ 向幼儿介绍反映中国人聪明才智的发明和创造,激发幼儿的民族自豪感。

三、解读《指南》中的学前儿童社会教育

《指南》对学前儿童社会教育进行了详细的论述,从目标和教学建议两个方面出发,给出了较为科学全面的政策意见。从中可以得出对学前儿童社会教育具有指导意义的策略。

(1)《指南》将学前儿童社会教育分为人际关系和社会适应,着重促进儿童社会性的发展,并强调在各种游戏活动中提升幼儿的社会适应能力。这对学前儿童社会教育的内容具有重要的指导意义,并且给出了相应的教育路径选择,即丰富多彩的游戏活动。

（2）《指南》中多次提到对儿童情感的培养和激发，鼓励通过换位思考、情境表演和游戏培养幼儿的同理心与同情心，从而促进幼儿社会情感的完善和成熟，增加他们的亲社会行为。

（3）树立正确的儿童观，努力建立良好的师幼关系。教师是否具有正确的儿童观，直接影响着幼儿的社会化进程与质量。建立民主、平等的师幼关系是幼儿产生信赖、自信、自主、尊重的重要基础。这一点在幼儿社会性培养中尤其重要。教师的爱是一种巨大的教育力量，幼儿对教师的信赖和热爱会使幼儿积极接受与参与。反之，如果教师对幼儿冷淡、粗暴、呵斥，会使幼儿消极、被动、畏惧退缩，甚至产生自卑。[1]

（4）社会领域教育来源于生活，最终也将回归生活，它需要在日常生活中让幼儿体验、练习、巩固和深化。幼儿学会等待、协商、轮流、让步、分享、合作等交往策略，需要通过观察、操作和与他人互动等方式，在体验中学习。比如，让幼儿在日常生活中亲自体验如何与他人分享，较之听到或谈论分享行为更能使他们熟练地运用分享的技能。用茶点时如何分饼干，两个人在一起怎样玩玩具，如何让另外一名同伴加入游戏等，这些都是可以让幼儿自己来体验、自己来学习解决的实际问题。社会领域的学习是幼儿"社会性不断完善并奠定健全人格基础"的过程，说到底，是"学做人"和"学会共同生活"的过程。"做人"和"共同生活"所需要的基本素质不只表现在社会领域的各种活动中，也必然表现在其他领域的活动中。[2]

第二节 《幼儿园教育指导纲要（试行）》

一、《纲要》简介

为进一步贯彻第三次全国教育工作会议和全国基础教育工作会议精神，落实《国务院关于基础教育改革与发展的决定》，推进幼儿园实施素质教育，全面提高幼儿园教育质量，教育部印发《幼儿园教育指导纲要（试行）》（以下简称《纲要》），并从2001年9月起试行。

《纲要》一共分为四个部分，即第一部分总则，第二部分教育目标与内容要求，第三部分教育的组织与实施，第四部分教育评价。《纲要》主要依据教育过程的规律，对教育目标、教育内容、教育实施与教育评价的整个过程进行规定。

二、《纲要》中有关学前儿童社会教育的内容

（一）目标

（1）能主动参与各项活动，有自信心。

---

①② 黄丽娟.《3～6岁儿童学习与发展指南》社会领域解读概述[J].儿童发展研究,2015(2).

（2）乐意与人交往，学习互助、合作和分享，有同情心。

（3）理解并遵守日常生活中基本的社会行为规则。

（4）能努力做好力所能及的事，不怕困难，有初步的责任感。

（5）爱父母长辈、教师和同伴，爱集体、爱家乡、爱祖国。

（二）内容与要求

（1）引导幼儿参加各种集体活动，体验与教师、同伴等共同生活的乐趣，帮助他们正确认识自己和他人，养成对他人、社会亲近与合作的态度，学习初步的人际交往技能。

（2）为每个幼儿提供表现自己长处和获得成功的机会，增强其自尊心和自信心。

（3）提供自由活动的机会，支持幼儿自主地选择、计划活动，鼓励他们通过多方面的努力解决问题，不轻易放弃克服困难的尝试。

（4）在共同的生活和活动中，以多种方式引导幼儿认识、体验并理解基本的社会行为规则，学习自律和尊重他人。

（5）教育幼儿爱护玩具和其他物品，爱护公物和公共环境。

（6）与家庭、社区合作，引导幼儿了解自己的亲人以及与自己生活有关的各行各业人们的劳动，培养其对劳动者的热爱和对劳动成果的尊重。

（7）充分利用社会资源，引导幼儿实际感受祖国文化的丰富与优秀，感受家乡的变化和发展，激发幼儿爱家乡、爱祖国的情感。

（8）适当向幼儿介绍我国各民族和世界其他国家、民族的文化，使其感知人类文化的多样性和差异性，培养理解、尊重、平等的态度。

（三）指导要点

（1）社会领域的教育具有潜移默化的特点。幼儿社会态度和社会情感的培养尤应渗透在多种活动和一日生活的各个环节中，要创设一个能使幼儿感受到接纳、关爱和支持的良好环境，避免单一呆板的言语说教。

（2）幼儿与成人、同伴之间的共同生活、交往、探索、游戏等，是其社会学习的重要途径。应为幼儿提供人际间相互交往和共同活动的机会与条件，并加以指导。

（3）社会学习是一个漫长的积累过程，需要幼儿园、家庭和社会密切合作，协调一致，共同促进幼儿良好社会性品质的形成。

三、解读《纲要》中的学前儿童社会教育

（1）与《指南》中侧重于目标相比，《纲要》更加侧重于具体的要求和教学实施的指导要点。

（2）《纲要》强调五大领域之间的相互联系和相互渗透，指出教育活动内容的组织应充分考虑幼儿的学习特点和认知规律，各领域的内容要有机联系，相互渗透，注重综合性、趣味性、活动性，寓教育于生活、游戏之中。

（3）《纲要》强调幼儿教师的角色，既是幼儿学习活动的支持者、合作者和引导者，又

对幼儿教师的具体行为进行了一定的规定：①以关怀、接纳、尊重的态度与幼儿交往。耐心倾听，努力理解幼儿的想法与感受，支持、鼓励他们大胆探索与表达。②善于发现幼儿感兴趣的事物、游戏和偶发事件中所隐含的教育价值，把握时机，积极引导。③关注幼儿在活动中的表现和反应，敏感地察觉他们的需要，及时以适当的方式应答，形成合作探究式的师生互动。④尊重幼儿在发展水平、能力、经验、学习方式等方面的个体差异，因人施教，努力使每一个幼儿都能获得满足和成功。⑤关注幼儿的特殊需要，包括各种发展潜能和不同发展障碍，与家庭密切配合，共同促进幼儿健康成长。

延伸阅读

我国幼儿园教育纲要政策变迁的文本分析①

吴雅婷（湖南科技大学）

我国正式公布的第一部学前教育法规是 1904 年清政府颁布的《蒙养院章程家庭教育法章程》，在该章程中着重强调，蒙养家教合一之宗旨，在于以蒙养院辅助家庭教育。随后，1912 年 12 月民国政府教育部颁布《师范学校规程》将清政府"蒙养院"改为"蒙养园"，尽管只是一字之差，但已在逐渐将教育主体由家庭变为政府。民国初年蒙养园制度正式确立的标志是 1916 年公布的《国民学校令实施细则》，在此细则中对蒙养园设立的目的、保育方法、教育内容、设备、师资等方面均有所涉及。新中国成立初期，我国在教育上积极借鉴苏联经验进行教育改革，1959 年在苏联专家的指导下拟定了《幼儿园暂行规程》和《幼儿园暂行教学纲要》，支撑着新中国成立初期的幼儿园教育。直到 1981 年教育部制定并颁发了《幼儿园教育纲要（试行草案）》对我国幼儿园教育提出了较为规范的指导。当前，则是以 2012 年教育部制定、颁发的《幼儿园教育指导纲要（试行）》为主旨。

通过中国幼儿园教育的纲要文件变迁来看，幼儿园教育一直是贴近时代发展，发展走势也是明确幼儿园教育是公众教育而非单独的家庭教育，打破了千年来中国幼儿教育受制于特权的垄断，也将幼儿教育从传统家庭、宗族"成人式"教育中解放出来，从人性论上来说，是逐步达到真正意义上重视幼儿教育和尊重幼儿。

通过回顾新中国成立后几十年间的幼儿园教育政策纲要变迁来看，我国对幼儿园教育越来越重视，从宏观上准确把握着幼儿园教育的教育发展方向和提供科学的指导方针。我国幼儿园教育纲要实施以来给教育者、家长都带来了成长的机会，纲要的指导性作用不言而喻。然而，在当前我国的幼儿园教育中，我们还是需要有前瞻性的纲要文件指导，才能使教育者、家长及相关幼儿园教育政策、法规完美结合。但同时也应该看到，在我国出台的纲要文件中均出现了要强调家长参与，但在具体的实施过程中家长如何参与幼儿园教育没有明确的细则。另外，在通过设置幼儿教育课程内容基础上，如何提高幼儿学习的内部动机，让幼儿从小喜欢学习，积极学习，可能比所谓的考试表扬带来的外部动机要重要得多。当然，作为家长如果都能够从"爱学习的就是好孩子""爱看书就是爱学习"这样的成人式思考意识中解放出来，才会对幼儿园的教育发展给予更大的空间，这样也才能真

① 吴雅婷.我国幼儿园教育纲要政策变迁的文本分析[J].教育现代化,2017,48(4)：379-380.

正实现幼儿教育中的个性发展。

第三节 《幼儿园工作规程》

一、《幼儿园工作规程》简介

1996 年颁布施行的《幼儿园工作规程》是 1989 年国家教委颁布的《幼儿园工作规程(试行)》经过 7 年的试行后,经修改正式颁布的我国第一个关于幼儿园管理的规章。时隔 20 年之后,国家教育部颁布了新修订的《幼儿园工作规程》(以下简称新《规程》),从 2016 年 3 月 1 日起正式施行。[①] 新《规程》是为加强幼儿园的科学管理,规范办园行为,提高保育和教育质量,促进幼儿身心健康,依据《中华人民共和国教育法》等法律法规制定。

新《规程》中强调幼儿园应当结合幼儿年龄特点和接受能力开展反家庭暴力教育,发现幼儿遭受或者疑似遭受家庭暴力的,应当依法及时向公安机关报案。同时,针对多次被爆出的幼师虐童案,新《规程》也再次强调,严禁虐待、歧视、体罚和变相体罚、侮辱幼儿人格等损害幼儿身心健康的行为。

二、《规程》中有关学前儿童社会教育的内容

(一)幼儿园保育和教育的主要目标

在幼儿园保育和教育的主要目标中提出了社会教育目标在于培养幼儿的品德行为和习惯,以及活泼开朗的性格。

第五条 幼儿园保育和教育的主要目标如下。

(1)促进幼儿身体正常发育和机能的协调发展,增强体质,促进心理健康,培养良好的生活习惯、卫生习惯和参加体育活动的兴趣。

(2)发展幼儿智力,培养正确运用感官和运用语言交往的基本能力,增进对环境的认知,培养有益的兴趣和求知欲望,培养初步的动手探究能力。

(3)萌发幼儿爱祖国、爱家乡、爱集体、爱劳动、爱科学的情感,培养诚实、自信、友爱、勇敢、勤学、好问、爱护公物、克服困难、讲礼貌、守纪律等良好的品德行为和习惯,以及活泼开朗的性格。

(4)培养幼儿初步感受美和表现美的情趣和能力。

(二)幼儿园教育坚持五大领域相结合的形式

第十二五条 幼儿园教育应当贯彻以下原则和要求。

(1)德、智、体、美等方面的教育应当互相渗透,有机结合。

(2)综合组织健康、语言、社会、科学、艺术各领域的教育内容,渗透于幼儿一日生活

---

① 杨晓萍,韩曜阳.新旧《幼儿园工作规程》内容比较分析[J].今日教育(幼教金刊),2016(4):6-7.

的各项活动中,充分发挥各种教育手段的交互作用。

第三十一条 幼儿园的品德教育应当以情感教育和培养良好行为习惯为主,注重潜移默化的影响,并贯穿于幼儿生活以及各项活动中。

三、解读新《规程》中的学前儿童社会教育[①]

新《规程》增加的相关内容要求,与近年来颁布的《幼儿园教育指导纲要(试行)》《3～6岁儿童学习与发展指南》《托儿所幼儿园卫生保健管理办法》等重要文件相互呼应与衔接。

(一)凸显幼儿的主体地位,强调幼儿的身心健康

在幼儿园保育和教育的主要目标中,增加了"促进心理健康"的要求,扩展了以往狭义的健康概念。在第四章《幼儿园的卫生保健》中还增加了"幼儿园应当关注幼儿心理健康,注重满足幼儿的发展需要,保持幼儿积极的情绪状态,让幼儿感受到尊重和接纳"。在第五章《幼儿园的环境创设》中还特别新增了创设良好精神环境的新要求:"幼儿园应当营造尊重、接纳和关爱的氛围,建立良好的同伴和师生关系。"

(二)提高任职资格和职责要求

对于幼儿园的教职工,新增了"具有良好品德"的要求(第三十九条),将原有的"身体健康"改为"身心健康",明确规定:教职工患传染病期间暂停在幼儿园的工作。有犯罪、吸毒记录和精神病史者不得在幼儿园工作。普遍提高主要工作人员任职资格和工作职责要求。如园长的学历从幼师(中专)提高到大专以上;其工作经验从广泛的"一定教育工作经验"具体到"三年以上幼儿园工作经历"。在工作职责方面对园长提出的新要求包括:"规范自身行为,按照有关规定用人,负责开展幼儿园的教育研究,关心教职工身心健康等。"

(三)强化安全管理意识与责任

努力建立全面安全防护体系。当今幼儿园安全形势复杂,恶劣气候、异常天气造成的自然灾害增多,幼儿自救能力低;一些不法分子往往把没有自卫能力的幼儿作为其发泄不满的对象。为此,新《规程》专设《幼儿园的安全》一章,试图建立完善的制度体系和职责要求,明确要求幼儿园建立健全门卫、房屋、设备、消防、交通、食品、药物、幼儿接送交接、活动组织和幼儿就寝值守等安全防护和检查制度,建立安全责任制和应急预案。

本章小结

本章主要分析了《3～6岁儿童学习与发展指南》《幼儿园教育指导纲要(试行)》和新《幼儿园工作规程》这三个政策性文件,具体需要掌握以下几个方面的知识点。

---

① 刘占兰.新《幼儿园工作规程》解读[J].今日教育·幼教金刊),2016(4):4-5.

（1）《3～6岁儿童学习与发展指南》对学前儿童社会教育的具体规定及指导意义。

（2）《幼儿园教育指导纲要（试行）》对学前儿童社会教育的具体规定及指导意义。

（3）《幼儿园工作规程》对学前儿童社会教育的具体规定及指导意义。

本章参考课例《我长大了》可扫描二维码观看。

中班　我长大了

思考与练习

1. 案例分析题。

幼儿园中班的陈老师非常苦恼，原因在于园长找她谈话，并指出她的工作质量不高。陈老师很委屈，当场反驳："我每天都带着幼儿们玩各种各样的游戏，《指南》和《纲要》不都要求以游戏为主吗？上午带幼儿玩完区角游戏就接着户外游戏；下午依然是室内加室外游戏，每天累得都动不了，即使没有功劳也有苦劳啊！"

园长微笑地看着陈老师，等陈老师发泄完毕以后，她语重心长地说："我知道你很累，每天看着你带幼儿游戏我都觉得累。但你每次带他们游戏，你对他们的行为有过观察和记录吗？你在游戏中扮演了角色吗？游戏之外你对幼儿有过引导吗？只要幼儿在游戏中出现偏差，我就能看到你的歇斯底里；为此有很多家长投诉了你，我一直在家长面前解释你的投入和付出，可家长却反问我投入的成果在哪里？你也回去思考一下你带幼儿玩游戏是如何在游戏中对他们进行教育引导的。"

请结合相关政策理论分析本案例中的陈老师应该怎么做。

2. 请结合实际思考幼儿教师如何运用游戏进行学前儿童社会教育。

第三章
学前儿童社会教育的组织与实施

本章导航

学前儿童社会教育
的组织与实施

一、学前儿童社会教育的原则
   （一）游戏性原则
   （二）家园合作的一致性原则
   （三）全面性原则
   （四）针对性原则
   （五）主体性原则
二、学前儿童社会教育的基本环节
   （一）活动导入
   （二）活动实施
   （三）活动延伸
   （四）家园共育
三、学前儿童社会教育的方法与途径
   （一）学前儿童社会教育的方法
   （二）学前儿童社会教育的实施途径
四、学前儿童社会教育的评价
   （一）学前教育评价概述
   （二）学前教育评价的基本方法
   （三）学前儿童社会教育评价的主要内容

学习目标

1. 理解学前儿童社会教育的五个原则。
2. 掌握学前儿童社会教育的基本环节。
3. 了解学前儿童社会教育的方法和实施途径。
4. 学会灵活运用学前儿童社会教育的评价方法。

轻轻的温柔

小班的虫虫老师发现有几个幼儿总是在午睡时大声说话,在活动室区角里喧哗,打扰到了其他小朋友。针对班里小朋友的情况,她设计了一个有趣的主题社会活动"我会轻轻……",她准备了小猫、小兔子、小羊以及小老鼠手偶教具,还有一段美丽的音乐《我叫轻轻》(少儿歌曲)。在活动过程中,她先讲了一个有趣的故事:有礼貌的小猫会在其他小动物休息的时候轻轻地走路,轻轻地说话,轻轻地放物品。接着她用手偶跟小朋友表演小动物之间轻轻地做各种事情。随后虫虫老师鼓励幼儿们讨论观察,从而知道我们要轻轻做事,不影响别人,做个有礼貌的好孩子。最后虫虫老师和幼儿们一起做了手偶游戏,小朋友们玩得特别开心。

活动结束后,虫虫老师在家园共育活动中请家长们配合幼儿园的活动教育,在家里以身作则,做事说话注意轻轻,共同养成良好习惯。

案例解析:

案例中的虫虫老师依据小班幼儿的身心发展规律,设计了主题社会活动"我会轻轻……",同时坚持了家园教育一致性的原则,做到家园共育,从而最终提升幼儿社会行为的礼貌性,帮助幼儿更好地适应集体生活。

学前儿童社会教育是一门实践性很强的学科,属于五大领域之一。在学前儿童社会教育过程中,需要遵循一定的教育原则,按照其基本的教育环节进行活动的设计,同时也要根据活动目标采取不同的实施途径,最后在学前儿童社会教育活动结束后,还需要对幼儿、对教师、对活动本身进行科学、全面、客观的评价。

第一节　学前儿童社会教育的原则

学前儿童社会教育的原则是指根据一定的社会教育目的以及学前儿童社会教育的过程规律而制定的指导学前儿童社会教育活动的基本准则和要求。一般教育原理中的教育原则包括直观性、启发性、巩固性、循序渐进性、科学性与教育性相结合、因材施教、理论联系实际和量力性八个基本原则,学前儿童社会教育在遵循这些一般原则之外,还需要坚持以下几方面的特殊原则。

一、游戏性原则

游戏是学前教育阶段最主要的活动方式,学前儿童主要通过游戏来适应社会和释放自己的天性。斯宾塞提出游戏是儿童对剩余精力的发泄;而格罗斯则认为游戏是对未来生活的准备;霍尔提出游戏是重现祖先生物进化的过程。不管哪种理论,都告诉我们游戏的重要性。在学前儿童社会教育过程中,游戏性原则同样也是首要原则,主要是依据幼儿的身心发展规律和学前儿童社会教育的目标选择不同的游戏类型。

我国幼儿园教育活动中通常将幼儿游戏分为创造性游戏和有规则游戏两大类,其中创造性游戏是幼儿创造性地反映现实生活的一种形式,主要包括角色游戏、结构游戏和表演游戏三种具体形式;而有规则游戏则具有明确的游戏规则,主要是在教师的指导下进行的,主要有智力游戏、音乐游戏和体育游戏这几类。

此外,瑞士教育家皮亚杰依据儿童的认知发展水平,将游戏分为练习游戏、象征游戏和规则游戏。练习游戏又称机能游戏或实践游戏,主要是 0~2 岁的儿童以肌肉活动为主,重复地进行操作和自我模仿,从而得到感官刺激,获得相应的感官能力。象征游戏出现在自我中心的表征活动时期,特点是运用表象把当前事物当作另一个不在眼前的事物使用,如用一个贝壳代表前几天见过的一只猫。象征游戏在这一时期的第一阶段——前概念思维阶段(2~4 岁)大量出现,并达到发展的高峰期,在第二阶段——直觉思维阶段(4~7 岁)逐渐下降。在运算思维出现以后(7~12 岁),象征游戏为规则游戏和结构性游戏所代替。皮亚杰认为儿童需要游戏,游戏可以帮助他们解决与外部世界的冲突。游戏的主要功能就是通过同化作用在想象中改造现实,获得情感方面的满足。[①]

延伸阅读

皮亚杰的儿童心理发展阶段理论

著名儿童心理学家皮亚杰(见图 3-1)不仅认为主体的动作或运算在不断地演变成一定的认知结构,而且认为儿童的认知发展由于认知结构水平的不同而表现出明显的阶段特征。一是儿童心理发展有阶段性;二是阶段出现的先后次序是恒定不变的;三是一个阶段的结构是在前一个阶段的结构基础上形成的,形成的结果又为下一个阶段的结构提供条件;四是每一个阶段都有一个准备期和完成期。

皮亚杰认为,儿童认知发展的过程可以划分为四个主要阶段:感知运动阶段(sensorimotor stage)、前运算阶段(pre-operational stage)、具体运算阶段(concrete operational stage)和形式运算阶段(formal operational stage)。

图 3-1 皮亚杰

(图片来源于 360 百科)

(1)感知运动阶段(0~2 岁)

感知运动阶段是婴儿的认知能力初步发展的时期,婴儿靠感觉与动作认知周围的世界。在这一阶段中,婴儿发展起若干重要的认知概念,其中之一就是所谓的"客体永存性"概念。

(2)前运算阶段(2~7 岁)

前运算阶段的儿童开始学习并逐渐能够熟练地运用符号象征事物,并用符号从事简

---

① 360 百科 https://baike.so.com/doc/28262967-29677529.html.

单的思考活动。皮亚杰把这种通过符号进行学习的能力称为符号功能（symbolic function）。在这一阶段中，儿童思维发展的两个典型局限性特点是思维的片面性和我向思维。思维的片面性是指儿童此时的思维有集中于事物的某一方面而忽视其他方面的倾向。皮亚杰著名的"守恒"（conservation）实验揭示了儿童的这一思维特点。

在前运算阶段，儿童还倾向于从自己的角度出发看待事物和进行思考。皮亚杰将这一思维称为"我向思维"和"自我中心"的思考，即儿童认为别人的思考和运作方式应该与自己的思考完全一致。这是儿童还没有意识到别人可以有与自己完全不同的思考方式。皮亚杰认为，当儿童开始认识到这一点时，他们就进入了具体运算阶段。

（3）具体运算阶段（7~12岁）

儿童在7~12岁进入具体运算阶段，这一阶段发展最典型的标志就是儿童能够运用符号进行有逻辑的思考活动。前运算阶段的儿童可以形成对事物的初步符号表征，但他们的认知活动还与身体经验密切相关。而具体运算阶段的儿童则在分类、数字处理、时间和空间概念上有了很大的进步。此时，儿童"自我中心"的程度下降，他们开始克服"片面性"而注意到事物的各个方面，发展了了解他人观点的能力，从而增进了自己与他人沟通的能力。

（4）形式运算阶段（12岁以后）

形式运算阶段的典型特征是抽象思维的发展与完善。这时青少年不再将思维局限于具体的事物上，他们开始运用抽象的概念，能提出合理的假设并进行验证，知道事物的发生有多种可能性，从而使他们的思维具有更大的弹性和复杂性。

二、家园合作的一致性原则

家庭是每一个学前儿童的第一生活环境，父母就是其第一任教师；而幼儿园作为幼儿的第一个集体生活环境对幼儿的成长也起着重要的基础性作用，因此家园之间积极正面的合作对于幼儿的健康快乐成长具有重要作用。家园合作主要是指幼儿园和家庭在相互了解、相互配合的基础上，通过二者之间的双向、积极、正面的互动，共同促进学前儿童的身心发展。

学前儿童社会教育中坚持家园合作的一致性原则主要是指在学前儿童社会教育中发挥幼儿教师的主导作用，充分重视并主动做好家园衔接工作，使幼儿园与家长在教育思想、方法等方面取得统一的认知，形成教育的合力，从而促进幼儿的健康、全面发展。

三、全面性原则

新时期的学前教育面向全体学前儿童，同时也着重促进学前儿童的全面发展。而学前儿童社会教育的全面性原则主要是指在活动目标的制定上要充分考虑学前儿童的社会认知、社会情感、社会能力三方面，在活动中将这三方面有机结合起来，促进学前儿童的社会性发展。

四、针对性原则

学前儿童社会教育的针对性主要是指教育活动设计的活动内容选择都要符合学前儿童社会教育的目标,同时也要符合学前儿童身心发展的规律性。例如,小班的幼儿主要以独自游戏为主,中班的幼儿则发展出了平行游戏,到了大班就可以加强幼儿的合作游戏。此外,在学前儿童社会行为规范教育活动设计中针对性原则一方面是指在活动内容的选择上要有针对性,选择与社会行为规范相关的内容,学前儿童社会行为规范教育活动内容主要包括公共规范、集体规范、交往规范、道德规范。另一方面,针对性原则是指在活动目标的制定上要有针对性,不同年龄段的学前儿童心理年龄及社会性发展特点不同,若制定的活动目标超出学前儿童的能力范围,他们在学习理解过程中就非常困难。因此,要针对所选年龄段儿童的特点制定活动目标。

🖎 活动案例一

合作真快乐(大班)

【设计意图】

孩子进入大班以后已经有明显的合作意识,但他们缺乏科学的合作方法,根据这一情况设计了本游戏来培养幼儿科学的合作方法。

大班 合作真快乐

【活动目标】

1. 在游戏过程中探索与同伴合作的方法。

2. 喜欢合作,有一定的集体意识。

【活动准备】

报纸若干、纱巾(红、黄两色)若干、地形图、长绳两条、钻圈4个、平衡木4个。

【活动过程】

一、踩报纸游戏

1. 游戏规则:4个小朋友组成一组,每组有一张报纸,听到教师说"开始",幼儿就开始把报纸对折,然后4个小朋友一起站在报纸上,比一比哪一组最快?(幼儿第一次玩游戏,教师观察幼儿的表现,及时表扬幼儿想出的好办法。)

2. 第一次游戏结束后请幼儿讨论游戏过程中是如何与朋友合作的,在游戏结束后有何感想。

3. 第二次玩游戏要提醒幼儿当报纸越折越小时,动脑筋想想好办法如何让4个小朋友的小脚都踩上去。

二、闯关游戏

1. 游戏规则:两个小朋友把靠近的两条腿用纱巾绑在一起,(出示地形图)跨过小河、钻过山洞、走过小桥,然后再一起走回来。

2. 请幼儿一起合作布置场地。

3. 请幼儿和好朋友一起试试怎样闯关。(教师观察指导孩子)

4. 游戏结束后,请幼儿说说怎样和好朋友一起过关,用了什么好办法。

这一活动以游戏的形式进行,教师为幼儿提供一个宽松、自由的氛围,鼓励幼儿通过踩报纸和闯关两个游戏寻找、探索合作的好方法,即要步调一致才能配合好。但是对于幼儿来说,需要在反复的、不断的练习中才能体悟合作的要领,所以幼儿教师还需要在生活活动、体育活动及各种游戏活动中设计一系列有关合作主题的活动,鼓励幼儿在轻松自如的环境中充分尝试,让每个幼儿体验成长、体验成功、体验快乐!

(资料来源:http://www.youjiao.com/e/20180912/5b98d9abab4bd_3.shtml)

五、主体性原则

建构主义的知识观把人的心灵看作"积极的、寻求的、自组织的",处于成长中的有机体,它具有"创造性组织与再组织经验的能力"而不是被动地等待或任由外部影响塑造和涂抹的"白板"。经验作为个体知识的存在形式,是个体在与环境的交互作用中积极主动地建构自己的"意义"的产物,而不是对外部信息或"文本"的简单复制、内化、积累的结果。任何社会约定俗成的公共知识对于个体来说实际上只是一种来自外部环境的"信息"或"文本"。当学习者与这些"信息"或"文本"相遇时,他(她)必然会根据自己原有的认知结构或先前经验来建构自己的"意义",形成自己独特的理解或"解释"。正是这些主观的意义或理解形成了个人知识或经验的核心。① 建构主义的知识观强调了学前儿童经验的获得是其主动建构的过程。学前儿童是社会活动的积极参加者,社会行为是通过主客体相互作用主动建构而成的,因此在学前儿童社会教育活动中要以学前儿童为主体,让学前儿童在充分了解社会行为的基础上做出自己的判断,在主动建构中形成自己的见解。

第二节 学前儿童社会教育的基本环节

学前儿童社会教育的基本环节合理与否,直接影响了教育活动目标的达成效果。本书将在学前教育基本环节的基础上,结合学前儿童社会教育的特殊性,将学前儿童社会教育的基本环节分为以下五个方面。

一、活动导入

好的导入对学前儿童社会教育的目标达成具有重要的作用。在学前儿童社会教育活动中第一步就是要创设活动情境,幼儿教师要采取多种方式创设情境。学前儿童社会教育的导入方式有很多,其中多用图片导入、故事导入、游戏导入、儿歌导入、直接导入、经验导入和情境导入这七种导入方法。例如,展示与活动主题相关的图片、儿歌、故事、音乐、视频等激发学前儿童的活动兴趣,引出活动主题,让学前儿童明白本次活动大致要做

---

① 刘焱.儿童游戏通论[M].北京:北京师范大学出版社,2008:362.

什么。

二、活动实施

在活动实施过程中,需要首先引导学前儿童认真观察、体验活动主题。学前儿童社会教育活动的主题是有关学前儿童参与社会生活、适应社会生活所需要的各种社会认知、社会行为和社会情感的活动的总和,因此需要学前儿童首先去体验、观察这些行为。例如,在"怎样过马路"活动中,教师要让学前儿童进行实地观察或通过视频观察,看马路上有什么,红绿灯是如何亮的,行人以及车辆是如何过马路的,有哪些需要遵守的社会行为规范等,从而使学前儿童对如何过马路这一主题有初步的认知。另外,可以让学前儿童体验社会行为规范,从而对社会行为规范有初步的认知。同样是"怎样过马路"活动,教师可以让学前儿童体验过马路的过程,在过马路过程中体验遵守社会行为规范过马路的状态,再体验不遵守社会行为规范过马路的状态,形成反差对比后对过马路须遵守的社会行为规范形成一定认知。

其次引导学前儿童交流讨论自己的认知本验。通过学前儿童观察体验活动主题后,教师给学前儿童提供一个交流的平台,引导学前儿童将自己对社会认知、社会行为和社会情感的体验清楚地表达出来。例如,"怎样过马路"活动中,学前儿童通过观察体验对过马路的社会行为规范有了一定认知后,教师可以组织学前儿童进行交流讨论,学前儿童的认知水平不同,因此对社会行为规范的认知也不尽相同。"过马路时我看到了什么?""过马路时可以随便走。""过马路时我们要看红绿灯。""过马路时不能闯红灯。""红灯和黄灯亮了没有人走,绿灯亮了有人走。""闯红灯了会撞到人,很乱。"通过这样的交流讨论,有利于学前儿童加深对于过马路所需遵守的社会行为规范的认知。

最后深化主题,引导学前儿童形成正确的社会行为规范认知。学前儿童在表达了自己的认知以后,幼儿教师需要对错误的认知进行引导和纠正,从而帮助幼儿形成正确的社会认知。例如,对于"过马路红灯亮了可不可以走?"学前儿童有不同意见,有的认为可以走,因为生活中有很多人过马路时红灯亮了走过去也没有事。有的认为不可以走,因为可能会发生车祸。当学前儿童争论不休时,教师要引导幼儿思考并形成正确认知。

三、活动延伸

在主题活动结束后,教师需要将本次活动的主题延伸到幼儿的日常生活或者其他活动中,从而在生活中提升幼儿的社会认知水平、促进幼儿社会行为的适宜性和巩固幼儿的社会情感。例如,在"怎样过马路"这一主题活动中,幼儿教师在活动结束后可以采用角色扮演游戏的形式,鼓励幼儿扮演交警或者司机,巩固正确过马路的社会认知;或者也可以鼓励幼儿采用绘画、儿歌以及舞蹈等艺术形式巩固幼儿的社会行为和社会认知。

活动延伸的设计是基于幼儿的身心发展规律,即幼儿有意注意的时间较短,教师需要利用各种游戏以及户外活动的形式强化幼儿的社会认知、社会行为和社会情感。

四、家园共育

《幼儿园教育指导纲要（试行）》指出：幼儿园应与家庭、社区密切合作，与小学相互衔接，综合利用各种教育资源，共同为幼儿的发展创造良好的条件。家庭与幼儿园的相互配合对学前儿童的健康成长具有重要作用。因此在主题活动结束后，幼儿教师可以及时地跟家长沟通联系，并让家长配合幼儿园做好幼儿的家庭教育，与幼儿园形成合力，从而促进幼儿的全面发展和成长。例如，针对"怎样过马路"这一主题活动，教师可以要求幼儿回家后跟爸爸妈妈一起分享主题活动的内容，同时跟爸爸妈妈一起观察日常过马路的规律，回到幼儿园跟老师和小朋友们一起分享。

第三节 学前儿童社会教育的方法与途径

一、学前儿童社会教育的方法

学前儿童社会教育作为幼儿园五大课程之一，主要是培养学前儿童的社会认知、社会行为和社会情感。在基本的教育方法之外，这一课程也有其独特的教育方法，这里重点介绍移情训练法、角色扮演法、价值澄清法和观察学习法这四种学前儿童社会教育方法。

（一）移情训练法

移情训练法主要用于培养幼儿形成正确的社会情感，通过倾听故事、角色扮演以及情境再现等方式，引导幼儿理解、体会和分享别人的情绪情感体验，帮助幼儿在日常生活中对类似的情绪情感做出正确的反应。

在运用移情训练法的过程中，幼儿教师首先需要选择恰当的情绪情感，进而通过角色扮演、故事分享等方法引导幼儿正确地区分不同的情绪情感，并帮助他们形成换位思考的能力，最后可以通过练习和操作，巩固幼儿这一情绪情感体验，从而引导幼儿将情绪情感内化为行为表现和规则。

（二）角色扮演法

角色扮演法是幼儿园经常采用的游戏活动之一。在学前儿童社会教育中，角色扮演法主要是指幼儿教师创设一定的情境，鼓励幼儿扮演一定的社会角色，从而体会角色所应该承担的社会责任以及应该遵循的相应的社会行为规范和道德要求的方法。

在运用角色扮演法的过程中，幼儿教师首先需要根据学前儿童社会教育的目标以及学前儿童的身心发展规律，选择合适的社会情境；在幼儿角色扮演过程中，需要引导幼儿思考这一社会角色；在角色扮演结束后，幼儿教师需要跟幼儿一起进行讨论和总结，从而更加明确该角色所遵循的社会责任以及社会行为规范和道德要求。

（三）价值澄清法

20世纪60年代产生的价值澄清学派提出了价值澄清的理论假设：人们处于充满相互冲突的价值观的社会中，这些价值观深刻影响着人们的身心发展，而现实社会中根本就没有一套公认的道德原则或价值观。根据这一假设，价值澄清学派认为，教师不能把价值观直接教给学生，而只能通过分析评价等方法，帮助学生形成适合本人的价值观体系。所以，正如价值澄清学派的基尔申·鲍姆所说的，价值澄清可被定义为利用问题和活动来教学生评价的过程，而且，帮助他们熟练地把评价过程应用到他们生活中价值丰富的领域。[①]

在学前儿童社会教育中，幼儿教师运用价值澄清法的过程中，首先需要让幼儿自由地在众多社会教育内容和目的中进行选择并积极思考；其次，鼓励幼儿公开表达自己的选择并积极寻求其他学前儿童的认同；最后，在学前儿童群体辨析和讨论的基础上选择正确的社会行为，并将自己的选择付诸实践行动。

（四）观察学习法

观察学习法主要以班杜拉的社会学习理论为依据，是指儿童通过观察学习而获得相应的社会认知、社会行为和社会情感的方法。观察学习法是学前儿童社会教育的一种重要方法。

幼儿教师在运用观察学习法的过程中，首先要依据学前儿童身心发展的规律和水平选择合适的主题教育内容；在幼儿观察结束以后，要引导幼儿针对观察的内容进行讨论和思考，从而帮助幼儿形成正确的社会认知、社会行为和社会情感。

延伸阅读

班杜拉的学术思想

班杜拉（见图3-2）的社会学习理论包含观察学习、自我效能、行为适应与治疗等内容。他把观察学习过程分为注意、保持、动作复现、动机四个阶段，简单地说就是观察学习须先注意榜样的行为，然后将其记在脑子里，经过练习，最后在适当的动机出现的时候再依次表现出来。他认为以往的学习理论家一般都忽视了社会变量。他们通常是用物理方法来进行动物实验，以此来创建他们的理论体系，这种研究方法对于作为社会一员的人的行为来说，没有多大的研究价值。因为人是生活在一定的社会条件下的，所以他主张在自然的社会情境中来研究人的行为。事实上，人们在社会情境中通过观察和模仿，学到了许多行为。

图3-2 班杜拉

---

① 360百科 https://baike.so.com/doc/1197211-1256422.html.

班杜拉在 1977 年提出"自我效能"的概念,用以指个体对自己在特定的情境中是否有能力得到满意结果的预期。他认为个体对效能预期越高,就越倾向做出更大努力。班杜拉指出了四点影响自我效能形成的因素,即直接的成败经验,替代性经验,言语劝说和情绪的唤起,这四方面的内容影响了自我效能感的形成,同时也对教育中学生学习兴趣的唤起有很大的影响。自我效能感在教育心理学领域对教师心理的研究和学习动机的研究中颇受关注。

班杜拉理论有着丰富的内涵和外延,他区分了人类学习的两种基本过程,即直接经验学习和间接经验学习;提出了观察学习是人类间接经验学习的一种重要形式,它普遍地存在于不同年龄阶段和不同社会文化背景的学习者中,他的社会学习理论进一步发展了传统的强化理论,并且以教育有着重要的价值意义和实践意义。但班杜拉的社会学习理论也有局限性和不足之处,它的局限性在于它不适合于解释和说明陈述性知识的学习和复杂的、高难度的技能训练的过程,仅适用于解释和说明观察、模仿等社会性学习的过程。但有的学者认为班杜拉的社会学习理论还有被发展、被深化的余地,只要加以适当地发展性研究,就可能繁衍出一些适用于解释特殊社会环境和特殊社会成员的社会性学习理论。

(图片和文字来源:百度百科 https://baike.baidu.com)

二、学前儿童社会教育的实施途径

目前在幼儿园实践教育活动中,主要的实施途径有幼儿园一日活动、游戏活动和幼儿园规范教育活动这三种基本形式。

(一)幼儿园一日活动

《幼儿园教育指导纲要(试行)》中指出社会领域的教育具有潜移默化的特点。幼儿社会态度和社会情感的培养尤应渗透在多种活动和一日活动的各个环节中,要创设一个能使幼儿感受到接纳、关爱和支持的良好环境,避免单一呆板的言语说教。因此,学前儿童社会教育活动可以渗透在幼儿园一日活动当中。例如,注重幼儿日常行为规范的养成,喝水时提醒幼儿要排队,午睡时提醒幼儿不可以大声喧哗,提醒幼儿饭前便后要洗手等。

(二)游戏活动

苏联教育家马卡连珂曾经指出:"游戏在儿童生活中具有极重要的意义,具有与成人的活动、工作和服务同样重要的意义。儿童在游戏中怎么样,当儿童长大的时候,他在许多方面的工作中也会怎么样。因此未来活动家的教育,首先要在游戏中开始。"[①]当前我国幼儿园以游戏为基本活动,从以教师为主体的课堂教学转向以幼儿为主体的游戏活动。在进行学前儿童社会教育时可以以游戏为基本形式开展,把社会教育的内容转化为游戏规则,让学前儿童体验游戏规则的重要性,从而在游戏中帮助幼儿形成正确的社会认知、培养其正确的社会行为和社会情感。

---

① 马卡连珂全集[M].第四卷.北京:人民教育出版社,1957:424.

（三）幼儿园规范教育活动

幼儿园规范教育活动是实施社会教育的重要途径，主要是指幼儿教师根据学前儿童的年龄特点和社会性发展规律，选择恰当的、学前儿童感兴趣的社会教育内容，采用适宜的教法和学法，有目的、有计划地对学前儿童开展社会教育的活动。通过专门性的社会教育课程，可以系统地提升幼儿的社会认知、社会行为和社会情感。同时幼儿园规范教育活动具有明确的活动目标、科学的活动过程以及有效的活动教育方法，是幼儿园社会教育的重要组成部分。

第四节　学前儿童社会教育的评价

一、学前教育评价概述

《幼儿园教育指导纲要（试行）》指出："教育评价是幼儿园教育工作的重要组成部分，是了解教育的适宜性、有效性，调整和改进工作，促进每一个幼儿发展，提高教育质量的必要手段。"因此，学前教育评价主要是指对学前教育活动效果进行评估，并依据评价结果进行相应的改进和提升，从而促进学前儿童的全面发展。

学前教育评价的内容主要包括对学前儿童发展的评价、对幼儿园工作的评价和对学前教育发展概况的评价。这些评价都具有诊断功能、改进功能、鉴定功能、激励功能和导向功能。学前教育评价有不同的分类方式，按照评价的功能不同，可以分为诊断性评价、形成性评价和终结性评价；按照评价的标准不同，可以分为常模参照评价和标准参照评价；按照评价的主体不同，可以分为内部评价和外部评价。在学前教育领域，根据《幼儿园教育指导纲要（试行）》中有关教育评价的规定，学前教育工作实际是以幼儿教师自评为主，园长以及有关管理人员、其他教师和家长等参与评价的方法。

二、学前教育评价的基本方法

（一）观察性评价

观察性评价主要是指在幼儿园日常学习生活的自然状态下，幼儿教师有目的、有计划地对学前儿童的行为进行观察、记录，从而获得对学前儿童全方位的认知和了解。自然观察法是学前教育评价的最基本的收集评价信息的方法。基于观察的评价信息真实，并且非常全面丰富，有助于幼儿教师和家长从各个不同的侧面去了解学前儿童的成长。

（二）表现性评价

表现性评价主要是基于幼儿在各种情境中具体展示出来的各种能力而对幼儿进行的评价方法。幼儿教师可以通过多种途径去收集学前儿童的表现，包括：①幼儿的作品，包括幼儿绘画、手工以及各种拼图作品,这些作用可以反映出学前儿童在某一领域的特长;②逸事记录,记录在幼儿园学习活动中,学前儿童与同伴、教师的互动情况以及一些重要的情境和进程,从而了解幼儿的成长轨迹;③照片或录像带,这些珍贵的影像资料可以全方位地记录学前儿童的表现以及展示出来的各种能力。

(三)多彩光谱评价

多彩光谱评价方案(Project Spectrum Preschool Assessment)以加德纳(Gardner)的多元智能理论和费尔德曼(Feldman)的认知发展非普遍性理论为基础,二者都注重智能发展的多元本质,强调个体在各个领域的智能表现是不一样的,每个儿童都有自己的智能强项和弱项,因此,教育要为每个儿童提供能够充分展示他们的智能强项和风格特征的平等机会。①

多彩光谱评价方案由两大部分组成,即评价活动和活动风格评价。其中,评价活动的设计充分体现了这一方案的突出特点,即教师对幼儿的评价并不是通过某种测试、量表来完成,而是在有意义的、真实的、结构化的评价活动中,通过幼儿操作材料、与人交往以及在活动中的各种表现来评价幼儿。为此,该方案为教师设计了涵盖运动、语言、数学、科学、社会、视觉艺术以及音乐7个智能领域的15个评价活动,详细说明了每一种活动的目的、材料和组织、具体程序、评价的过程和注意事项等,并提供了适宜于每个活动的、具体的观察指标、评价标准以及方便实用的观察表。②

活动案例二

不同的评价不同的结果③

案例 1

时间:上午9点28分

人物:托二班幼儿、教师甲

地点:托二班盥洗室

幼儿们进盥洗室洗手,打开总阀门后,幼儿们兴高采烈地涌了进去,迫不及待地伸出小手洗了起来,刚开始还洗得挺像模像样,但没过几分钟,幼儿们就不约而同地玩起水来。几乎所有在洗手的孩子全部加入了玩水游戏。此时,教师甲走了进来,看到这一情境,脸一下子耷拉下来:"你们是在洗手吗?老师有没有让你们玩水?辰辰,你的袖管全湿了!"教师甲立即关上水阀,催促着幼儿们快速地离开盥洗室,幼儿们一个个耷拉着小脑袋不情

① 玛拉・克瑞克维斯基.多元智能理论与学前儿童能力评价[M].李秀湄,等,译.北京:北京师范大学出版社,2002:7-8.

② 于开莲,焦艳.两种学前教育评价新方案的对比——多彩光谱评价方案与作品取样系统[J].学前教育研究,2009(8):9-12.

③ 一叶知秋7299.幼儿园案例分析.360个人图书馆 http://www.360doc.com/content/13/0715/09/9135456_300061251.shtml 2013.07.15.

不愿、不声不响地溜了出去。

案例 2

时间：上午 10 点 15 分

人物：托二班幼儿、教师乙

地点：托二班厕所、盥洗室

又到了幼儿游戏活动时间，今天安排了区域自选游戏。幼儿们高高兴兴地各自分散去到自己喜欢的活动区域开始了游戏。只见毗捷和筱羽窃窃私语了一番，两人一前一后，偷偷地溜进了厕所，打开水龙头高兴地玩起水来。教师乙注意到了两人的举动，不动声色地跟了上去，悄悄地躲在门边，发现他们两人正在玩水，很开心！因此她并没有阻止他俩，只是说了句："老师给你们提个建议，你们玩水时把水龙头开小些，要节约水资源，尽量不要弄湿衣服！"说完，她退了出去。过了一会儿，三个小伙伴立刻动身来到盥洗室，加入了玩水的行列。越来越多的幼儿参与进来，厕所间显然已不够容纳。正当这时，一直在旁默默关注的教师乙走进盥洗室向幼儿们发出了到盥洗室一起玩水的邀请，同时还提供了瓶子、水盆、水桶、杯子、毛巾、玩具等多种材料，组织幼儿们玩起了水的游戏。幼儿们各自挑选了不同的材料，自由地游戏起来。倒水游戏、浮与沉、挤水游戏等，游戏在幼儿们一张张满足的笑脸中圆满结束！

具体评析。

（1）分析幼儿（从隐性课程方面来分析）。首先，从托班幼儿身心发展的特点来看：2～3 岁正是幼儿认知能力飞速发展的时期，他们对自己周围的世界抱有巨大的探索热情，他们对所有的一切都感到好奇，不知疲倦地通过他们自己的方式感知着周围的一切。其次，水是孩子生活环境中接触较多的物质之一，玩水也是所有学前儿童都喜欢的游戏。幼儿们通过玩水可以感知水的特性、作用及保护等相关问题，同时玩水活动也能很好地激发幼儿进行科学探索的兴趣。

（2）分析教师。①在案例 1 中，幼儿玩水游戏与日常常规和教师甲接下去的正常教学计划产生了冲突。因此，教师甲利用自己的权威中断了幼儿的玩水游戏（类似教师甲的处理方式在幼儿园的实际教学中屡见不鲜）。②在案例 2 中，教师乙通过观察捕捉到了幼儿的兴趣点，并及时灵活地调整教学计划，不受计划所累，给予幼儿一个开放的、自主的学习和探索的空间。

从以上两个案例中不难发现，教师甲和教师乙不同的处理方式充分反映了两种不同的教育观念：①案例 1 中的教师甲更关注的是玩水活动会弄湿幼儿的衣服，会着凉感冒以及妨碍了自己下面教学计划的实施，忽略了幼儿的探索兴趣和玩水活动背后蕴涵着的良好教育契机。②案例 2 中的教师乙关注的是尊重幼儿的兴趣和发展需要，创造一个开放、支持、引导的自主性教育氛围。同时不受教学计划所累，真正体现出新《纲要》中所指出的："教师应善于利用隐性课程的效应，以促使儿童自主活动的生成。""要创设一个能使幼儿感受到接纳、关爱和支持的良好环境。""教师应成为幼儿学习活动的支持者、合作者、引导者。""幼儿园教育应尊重幼儿的人格和权利，尊重幼儿身心发展的规律和学习特点……促进每个幼儿富有个性的发展。"等要求。

三、学前儿童社会教育评价的主要内容

学前儿童社会教育评价是学前儿童社会教育的重要组成部分,是了解学前儿童社会教育活动效果的有效手段,教育评价有助于提升教育质量。学前儿童社会教育评价可从以下几方面考虑。

(一)评价活动内容的选择

评价学前儿童社会教育活动内容主要考虑选材是否恰当。一方面,要考虑所选内容是否与学前儿童生活密切相关的社会教育内容,主要包括人际关系、情绪情感、社会环境、社会行为规范、社会文化和自我意识等几个方面。另一方面,要考虑所选内容是否符合学前儿童认知水平、年龄特点,是否是学前儿童参与社会生活所必需的,学前儿童是否感兴趣,是否符合学前儿童社会性发展的需要。

(二)评价活动目标的制定

活动目标是活动方案的灵魂,活动目标是否合理直接影响了整个活动的质量。首先,考虑学前儿童社会教育活动的目标是否全面,幼儿园教育活动目标一般包含认知、情感、能力三方面。其次,考虑学前儿童社会教育活动的目标是否明确具体,活动目标表述不能模糊、不清晰,否则会引起歧义。最后,考虑学前儿童社会教育活动目标是否符合学前儿童年龄特点及社会性发展水平。如果目标过难,幼儿接受起来非常吃力;如果目标太简单,活动就没有意义。

(三)评价活动过程

活动过程是活动评价的重要内容,活动过程最能体现活动的质量。学前儿童社会教育活动过程的评价主要考虑:活动过程是否以学前儿童为主体,是否面向全体学前儿童,是否考虑到学前儿童的个体差异性,是否有自主体验表达的机会,教师与学前儿童的互动是否融洽,学前儿童是否积极参与活动,教法和学法是否灵活多样等。

(四)评价活动效果

活动效果也是活动评价的关键内容。学前儿童社会教育活动效果的评价主要考虑:活动目标的达成情况,活动目标若是没有实现,就不是一次成功的活动;学前儿童通过活动是否有行为上的变化等。

本章小结

本章主要介绍了学前儿童教育的原则、基本环节、方法与途径,以及评价这几个方面的内容。具体如下。

(1)学前儿童社会教育应该遵循游戏性原则、家园合作的一致性原则、全面性原则、

针对性原则和主题性原则。

（2）学前儿童社会教育包括活动导入、活动实施、活动延伸和家园共育四个基本的环节。

（3）学前儿童社会教育的方法有移情训练法、角色扮演法、价值澄清法和观察学习法四种。

（4）学前儿童社会教育主要通过幼儿园一日活动、游戏活动和幼儿园规范教育活动这三种基本途径展开。

（5）学前教育评价方法主要有观察性评价、表现性评价和多彩光谱评价，而学前儿童社会教育评价的主要内容有评价活动内容的选择、评价活动目标的制定、评价活动过程和活动效果。

思考与练习

1. 羊羊老师发现她所教的中二班的小朋友经常会在户外活动时间去欺负小班的小朋友，她想以"友好"为主题设计一个活动方案，如果你是羊羊老师，请根据学前儿童社会教育的基本环节来设计一个以"友好"为主题的活动方案。

2. 请思考并讨论幼儿教师如何对学前儿童进行全面而客观的评价，同时如何根据评价结果改进自己的教育教学活动。

第四章
学前儿童人际关系教育及活动设计

本章导航

学习目标

1. 认识和理解学前儿童人际关系教育的内涵及其特征。
2. 理解学前儿童人际关系教育的意义。
3. 掌握学前儿童人际关系教育的目标及内容。
4. 设计学前儿童人际关系教育的活动。

引导案例

兰兰的积木

上午 10 点,果果班的小朋友们玩玩具的时间到了,每个小朋友都快速选择好了自己喜欢的玩具。兰兰也投入其中,正在用积木搭着一座"白雪公主"居住的城堡。在她旁边的小虎则正在给"猪猪侠"搭建居住的房子。这时,小虎抬头看到兰兰手中拿着的积木正是他想要用来给"猪猪侠"搭建房子的。他什么也没说直接走过去,想把兰兰手里的积木抢来放在自己昔建的房子上。但兰兰紧紧抓着手里的积木就是不放,说着:"这是我的,我要用来搭城堡,不要抢我的。"小虎也在用力拉拽兰兰的手中的积木,说道:"你放开,这积木我喜欢,我要用它建房子,赶紧给我。"两人僵持不下……

此时,若你是兰兰的老师将会怎样处理呢?

案例解析:

案例中可以看到兰兰和小虎为了一块积木互不相让,使得两个人都没办法搭建好自己的积木房子。小虎想要兰兰手中的积木但却没有先跟兰兰说一声,上来就抢,没有任何交流沟通,使得两人的关系因一块积木闹到很不愉快,僵持不下。若是不能正确引导小虎学会用语言与他人商量来解决问题,遇到想要或是喜欢的东西,他还是会直接上来抢。那么,其他小朋友见了也不会与他交往做朋友,甚至会影响他日后与人相处。因此,兰兰的老师应该引导小虎学会用语言同兰兰沟通商量,打破两个小朋友的僵持关系,能够继续投入搭建积木房子中。正确引导学前儿童树立良好的人际关系将有利于他们日后的成长与成才。

自从人来到这个缤纷多彩的世界起,就开始了与周围人的交往活动。在各种交往活动中,体验自身独有的人生经历,从中深入、全面、系统地认知自我,寻找、树立、实现目标和理想,不断地追寻人生的意义和价值。人就是在同他人的交往中学会思考、学会做事、学会生活、学会生存的。那么,学前儿童是如何进行人际交往的? 在人际交往中又呈现出了怎样的特点? 本章将一一进行讲述。

第一节 学前儿童人际关系教育的理论基础

一、学前儿童人际关系教育的内涵

(一)人际关系

对于"人际关系"一词,不同领域、不同学者都从不同角度进行了分析。常见的人际关系概念:一是在社会学中,人际交往被定义为"人们在生产或生活活动过程中所建立的一种社会关系"。[①] 二是在心理学中,它被定义为"人与人在相互交往过程中所形成的心理关系"。[②]这两个领域的观点都提到人际关系是人与人之间所建立起的交往关系。这种关系在社会学研究中更侧重于交往活动中人所具有的社会属性,心理学更倾向于人在交往中的心理感受。将这两种观点加以概括,可以看到人际关系是指人与人之间的交往互动过程中所形成的社会关系和心理关系。在人际交往中,不但会形成社会关系,而且存在着能被真实感受到的心理体验。

(二)学前儿童人际关系教育

学前儿童人际关系是指3~6岁儿童在与他人交往互动中所形成的社会关系和心理关系。并且,因交往对象的不同,所形成的人际关系也不同。在探究学前儿童人际关系

①② 百度百科 https://baike.baidu.com/item/人际关系/49289.

时，会发现对于3～6岁的学前儿童来说，主要的交往对象是父母、同伴和教师。可见，学前儿童人际关系主要由儿童与父母之间的亲子关系、与其他儿童之间的同伴关系和幼儿园教师之间的师幼关系构成。此时，儿童在父母的精心照料下与其他儿童和教师之间进行交往互动，在与父母和教师的接触、同伴的游戏或学习中进行情感交流与沟通，逐步学会了表达自己，了解他人。因此，学前儿童人际关系教育就围绕着学前儿童亲子关系、同伴关系和师幼关系展开。

二、学前儿童人际关系教育的类型

按照学前儿童人际交往接触的主要对象来划分，将学前儿童人际关系分为亲子关系、同伴关系和师幼关系。

（一）亲子关系

"亲子关系是以血缘和共同生活为基础，由父母与子女之间相互影响、相互作用构成的，亲子双向行为体系的自然关系和社会关系的统一体。"[①]学前儿童的亲子关系主要表现在两个方面：一是儿童与父母之间形成依恋关系；二是父母对儿童的教养方式。

1. 依恋关系

依恋关系是指"儿童与父母相互交往的过程中，在情感上逐渐形成的一种联结、纽带或持久的关系"。[②] 儿童主要是对母亲的依恋，这一关系的形成时间在儿童出生后的6～8个月。这种儿童早期与母亲建立起来的依恋关系是其日后建立其他人际关系的基础。如果没有形成良好的依恋关系，很大程度上会影响儿童在发展其他人际关系中对人最初信任感的建立和互动中愉悦感的获得等。

🔖 延伸阅读

依恋关系的类型

对于依恋类型的测查和区分主要是运用"陌生情境"实验。

美国心理学家安斯沃斯等人对10～24个月的儿童进行了依恋类型的研究，创设了一个儿童同母亲分离和陌生人出现所导致的压力情境(1978)[③]（见图4-1）：①母子同时进入一个陌生的房间，房内有许多玩具，母亲坐在一旁，孩子自由玩耍。②一个陌生人进入房间，设法与孩子玩耍，母亲离开。③让孩子与陌生人一起待在房间里。④母亲回到房间内，陌生人从房间出去。⑤母亲再离开房间，孩子单独留在房内。⑥安排陌生人进入房间，代替母亲的角色。⑦最后母亲回到房内，陌生人离开，母亲鼓励孩子继续探索、游戏，

① 李贵希.幼儿社会教育与活动指导[M].北京：北京师范大学出版社,2013：24.
② 张丽丽,高乐国.学前儿童发展心理学[M].上海：华东师范大学出版社,2016：198.
③ 彭聃龄.普通心理学[M].4版.北京：北京师范大学出版社,2012(5)：603-604.有改动.

并在需要时给予孩子一定的抚慰。这样的设计是为了观察儿童的母亲在场和不在场两种情况下,把儿童与一个陌生人安排在一个儿童不熟悉的环境中,儿童与成人的依恋关系情况。通过观察儿童对玩具的摆弄行为、儿童的面部表情、情绪反应以及儿童与陌生人交往的倾向等来判断母子依恋关系的类型。

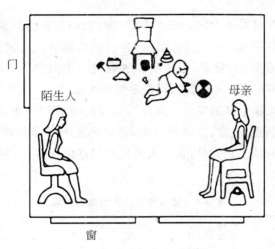

图 4-1 依恋类型研究

在研究中,观察到儿童的依恋行为分为三种类型。[①]

(1)回避型

母亲在场或不在场对这类儿童影响不大,表现得无所谓。在母亲离开时,并不表示反抗,少哭泣,很少有紧张、不安。在母亲返回时,也不予理会,表示忽略而不是高兴,自己玩自己的。有时,也会欢迎母亲回来,但时间很短暂,只是接近一下就又走开了。这些孩子在有需要时,也不会寻求帮助,经常有愤怒情绪出现,对陌生人不在意。

(2)安全型

母亲在场时,儿童能安逸地摆弄玩具,探索周围的环境,对陌生人的反应比较积极,并不总是依偎在母亲身旁。但当母亲离开不在场时,探索性行为受影响,明显地表现出一种苦恼、焦虑、烦躁。当母亲回来时,就会很高兴,会立即寻求与母亲的接触,并很容易抚慰、平静下来,继续摆弄玩具和探索。

(3)反抗型

母亲在场时,儿童总显得很警惕,生怕母亲离开,有点大惊小怪,不能尽兴地摆弄玩具。母亲离开后,会更加不安,对母亲的离开行为表现出极度的反抗。但当母亲回来时,又会对母亲出现尖叫、踢打等拒绝行为。想与母亲亲近,行为又很矛盾。对周围环境的探索行为很少,情绪很难安抚,对陌生人的反应也不友好。

可见,安全型是良好的依恋关系。当儿童能在稳定的家庭生活中得到父母较好的照顾,他们会更好地探索世界,更容易形成积极的人格品质,更愿意主动地与人交往。如果

① 张丽丽,高乐国.学前儿童发展心理学[M].上海:华东师范大学出版社,2016:198.

儿童得不到稳定的、高质量的照顾，他们就可能逃避母亲，很可能在以后的与人交往中出现情绪问题或社会性问题。

（图片来源：http://www.psychspace.com/psych/viewnews-3488）

2. 父母教养方式

父母教养方式是父母对子女的教养态度、行为、非语言表达的集合，是在日常中表现出来的一种对子女的固定行为模式与倾向。通常将父母的教养方式分成权威型、专制型、放任型和忽视型。不同的父母教养方式对儿童的影响是不同的（见表4-1）。众多的研究证明，权威型的教养方式最有利于学前儿童个性的发展。父母对子女的良好教养方式，所形成的良好亲子关系才能让孩子感受到爱、欣赏、需要和接受，能更好地为孩子与他人之间的交往打下良好基础。感受不到爱的孩子长大后，在与人相处中很难信任他人，不善于建立良好的人际关系。

表4-1　父母教养方式的类型特点

类　型	父　母　特　征	儿　童　特　征
权威型	以儿童为中心，控制程度为中等，给儿童较大的自由空间和充分的信任，允许他们自己做决定。在对孩子的尊重和理解上，能提出合理的要求，设立适当的目标，并对孩子的行为进行适当的限制。会表现出对孩子的爱，认真听取孩子的想法	有很强的自信心和较好的自我控制能力，比较乐观、积极。能够有良好的社会交往能力，对他人友好，有责任感
专制型	严格但不民主，要求孩子无条件地服从自己，不会对孩子做任何解释。孩子和父母是不平等的	比较多地表现出焦虑、退缩、怀疑等负面情绪和行为，而且可能在父母面前和背后言行不一。社交被动或较为孤僻，甚至出现攻击行为
放任型	对儿童表现出很多的爱和期待，给予儿童很多的温暖，但是管教纪律上，很少对儿童提要求和进行控制，更多的是松懈	在日后的生活中缺乏持久地执行计划的能力，而且控制冲动的能力薄弱。一旦要求不能被满足，往往会表现出哭闹等行为
忽视型	对儿童很不关心，不会对儿童提出要求也不会对其行为进行控制，更不会对其表现出爱和期待，一般只是提供食宿和衣物等物质，不会在精神上提供支持	很容易出现适应障碍。适应能力和自我控制能力往往较差

因此，父母与学前儿童在发展早期建立起一个良好的亲子关系，对学前儿童的安全感、归属感、自尊感、主动感、自信心的形成都有很大的帮助，并进一步对学前儿童认知、情感、意志、个性等方面都有重要影响。

延伸阅读

亲子关系的六种类型①

郑希付

(1) 养育型

在养育型的亲子关系中，父母的主要功能是养育子女，其他功能明显不足。这种亲子关系形成的主要原因：父母之所以只能养育孩子，完全是环境的原因，有的父母将自己的全部精力都用于孩子的生活，即主要用于解决孩子的温饱问题，他们没有更多的时间去教育孩子。他们认为，养育孩子是他们的责任，教育孩子则是学校的任务，因而自己没有教育孩子的义务。在实际生活中，很多父母将注意力集中在孩子的饮食上，只知道改善孩子的生活条件，却很少关心孩子的心理品质，很少考虑对孩子的教育方式，导致家庭与学校缺乏沟通与合作，使学校教育的效果大打折扣。

(2) 私有财产型

父母将孩子作为自己的私有财产，自己可以对其任意操作，可以凭自己的意见和情绪对待孩子，如随意批评、指责孩子或指挥、命令孩子。他们的观点是孩子是我的，孩子的一切都得听我的。父母不考虑孩子的意见，不考虑孩子的情感，孩子的任何反抗都会使他们出现强烈的愤怒行为，孩子对父母只能是服从。孩子失去了独立和个性，成为被动服从的机器。

(3) 反向型

正常的亲子关系中，父母处于主导地位，是这种关系的支配者，决定着这种关系发生的方向。但是，反向型的亲子关系是依赖子女，子女处于支配地位，父母处于从属地位，所有的决定几乎都依赖子女，因为父母有强烈的依赖性，或在能力上有明显的缺陷。但是，由于子女的社会阅历很浅，思维也很不成熟，因此很容易出现判断失误，这必然给家庭带来很多问题。这种情况的出现一般是父母往往从小对孩子娇生惯养，百依百顺，长大后就可能出现这些现象。

(4) 冲突型

亲子出现明显的冲突，父母攻击子女，子女反击父母。这种攻击主要表现在以下几个方面。①身体攻击：父母体罚子女，子女攻击父母。②言语攻击：父母用强烈的言辞责骂子女，子女也用同样的方式对待父母。③心理攻击：父母用冷落、讽刺以及心理折磨的方式对待孩子，孩子则对父母表现出很明显的逆反行为，通过自己的行为表现来激怒父母，甚至通过犯罪等极端行为来报复父母等。

(5) 泛爱型

现在的独生子女家庭中，泛爱型的表现非常突出，具体的表现如下。①过度保护：对孩子作较多的限制，如不让孩子外出，不让孩子和他人交往，不让孩子独立地从事一些力所能及的活动，结果使孩子形成胆小怕事、抑郁的个性。②完全赞赏：不论孩子做出什

---

① 郑希付.良性亲子关系创立模式[J].湖南师范大学社会科学学报,1998(1)：73-77.

么行为,父母一味对孩子赞赏,很少对其做出是非评价。结果是孩子做出正确的行为,父母给予鼓励和赞赏,做出错误的行为也不能及时给予纠正或正面引导,因此使孩子无法形成是非观和价值观,不利于孩子个性品质的形成,而且易于使子女形成蛮不讲理的性格,甚至表现出强烈的攻击的特点。

（6）亚平等型

亲子关系本来就是一种不平等的人际关系,亲子行为是一种不平等的人际行为。如果亲子之间表现出完全平等的关系,亲子就会表现出明显的问题,实际上这种关系也是无法存在的。因为,子女的依赖性较强,而且子女必然表现出对父母的一种依赖性,如果父母无法使他们依赖,那么他们就会有突出的不安全感,心理容易出现问题。但是亚平等型是一种较有利于子女心理健康的良好关系,其特点是这样的:父母在孩子面前有一定的权威性,同时孩子也有较充分的民主,凡是要做出与子女有关的决定,父母都征求子女的意见。对很多问题,子女可以提出自己的看法,也可以对父母的某些做法提出反对意见。父母和子女的关系基本平等,既有父母子女亲情,又有朋友之间的友谊。但是,在这种关系中父母起主导作用。在所有的亲子关系中,亚平等型是最健康的一种。

（二）同伴关系

学前儿童的同伴关系是指年龄相同或相近的儿童之间的一种共同活动并相互协作的关系,或者是指同龄人之间或心理发展水平相当的个体间交往过程中建立和发展起来的一种人际关系。这种交往关系的建立随着儿童年龄的增长,成为其人际交往中的绝大部分。同伴之间的交往能够使儿童在其同伴群体中看到与其他儿童的不同,可能强于其他儿童,也可能弱于其他儿童。但就是在彼此之间简单的对照中看到自己的身心发展水平,让儿童能更好地认识自己,促进儿童自我意识的发展。并且,同伴关系的建立为儿童获得自身经验,从同伴中获取经验,学会表达自己的情绪情感,掌握人际交往技能等都发挥着促进作用。

🙂 延伸阅读

学前儿童同伴交往的类型

对于学前儿童同伴交往的研究方法最常用的是"同伴现场提名法"。

同伴现场提名法的具体实施方法是在儿童集体活动的现场,挑选出既能使儿童看到班上其他所有同伴,又不至于使儿童为别人所干扰、分心的地方,逐个向每个儿童进行正提名提问和负提名提问,详细记录儿童的提名情况。如果某一儿童被提名为"最喜欢的小朋友",就在正提名上记1分;相反,如果被提名为"最不喜欢的小朋友",则在负提名上记1分。综合全班儿童的回答,便可以得出每个儿童的正、负提名总分,从中判断出儿童被同伴接纳的程度,进而评测出儿童同伴间的关系。[①]

通过"同伴现场提名法"研究后,我国学者庞丽娟将4～6岁儿童同伴交往分为受欢迎

① 陈芝荣.学前儿童社会教育活动设计与指导[M].北京:机械工业出版社,2017:101.

型、被拒绝型、被忽视型和一般型。[1]

（1）受欢迎型

受欢迎型幼儿喜欢与人交往，在交往中积极主动，又常常表现出友好、积极的交往行为，因而受到大多数同伴的接纳、喜爱，在同伴中享有较高的地位，具有较强的影响力。

（2）被拒绝型

被拒绝型幼儿和受欢迎型幼儿一样，喜欢交往，在交往中活跃、主动，但常常采取不友好的交往方式，如强行加入其他小朋友的活动、抢夺玩具、大声叫喊、推打小朋友等，攻击性行为较多，友好行为较少，因而常常被多数幼儿排斥、拒绝，在同伴中地位低、关系紧张。

（3）被忽视型

被忽视型幼儿不喜欢交往，他们常常独处或一人活动，在交往中表现得很退缩，他们既很少对同伴做出友好、合作的行为，也很少表现出不友好、侵犯性行为。因此，既没有多少同伴主动喜欢他们，也没有多少同伴主动排斥他们，他们在同伴心目中似乎是不存在的，被大多数同伴所忽视和冷落。

（4）一般型

一般型幼儿在同伴交往中行为表现一般，既不是特别主动、友好，也不是特别被动或不友好；同伴对其有的喜爱、接纳，有的忽视、拒绝，因而在同伴心目中的地位一般。

（三）师幼关系

学前儿童的师幼关系是指教师与幼儿在共同的教育教学活动中形成的较稳定的人际关系。此关系包含了教育过程中双方所处的地位、作用和相互对待的态度等。师幼关系的建立是在各自特有的角色和地位基础上，通过教与学的直接交流互动中所形成的多层次、多角度、多方位的一种关系体系。良好师幼关系的建立可以让幼儿更快地适应幼儿园生活，能够在幼儿园的师生交往活动中找到乐趣，更好地促进幼儿的人格发展，提升幼儿对周围环境的安全感，使幼儿的注意力也得到更好地发展，让幼儿能够更加积极地思考问题等。并且，对于幼儿教师来说，更能提高教师对幼儿的爱心、耐心和责任心，激起幼儿教师对于自身工作的热爱，唤起幼儿教师的工作活力，能够使教师更加愿意全身心地投入幼儿教育事业中。

延伸阅读

高瞻课程中的师幼互动[2]

廖丽英

为什么师幼互动在高瞻课程中如此重要呢？全美幼教协会曾经指出："一个早期儿

---

①　李贵希.幼儿社会教育与活动指导[M].北京：北京师范大学出版社，2013(9)：24.

②　廖丽英.高瞻课程中的师幼互动[J].早期教育：教师版，2011(1)：12-13.略有改动.

童项目开展的适宜性最重要的是体现在成人与儿童的互动上。"美国著名幼儿教育专家John Holt 也指出"对于（幼儿的）学习来说最大的敌人就是遇到一位喋喋不休的老师"，也就是说遇到一位不会与幼儿有效互动的教师。很多人以为幼儿园课程是以知识、能力、情感为线索的教育教学活动的大集合。其实不然，幼儿园课程的核心问题是师幼互动问题。倘若没有自然、良好的师幼互动，再好的活动设计、再好的图书、再好的游戏都不能发挥其应有的作用。

高瞻（High/Scope）课程认为，师幼互动是指成人在与幼儿游戏或是交流中所表现出的语言的或者非语言的行为。并且，在互动中成人与幼儿都对互动发挥着各自的作用。师幼互动是幼儿教育的基本表现形式，是成人儿童观、教育观在其行为上的外显与流露。成人怎样与幼儿交流互动，就会展现其教育的根本状态以及基本的教育理念，从而也能够推断出幼儿教育的质量。高瞻（High/Scope）课程中的师幼互动与我们平常说的师幼互动略有不同。在其课程中，"师"没有用"教师"一词，而是用的"成人"一词。这就说明，高瞻（High/Scope）课程认为与幼儿产生互动影响的不仅仅是教师，更有幼儿的父母以及其他相关联的人员。高瞻（High/Scope）课程师幼互动中的"师"，它强调的更是广义的"师"，即指所有与幼儿有关联的成人。所以，高瞻（High/Scope）课程中的师幼互动，更确切地说应该是成人与幼儿的互动。

高瞻（High/Scope）课程提出成人与幼儿互动的控制权理论。高瞻（High/Scope）课程认为通过判断活动或是交流谈话中成人与幼儿谁是活动的主要控制者来确定成人与幼儿交往活动的特征。反映出成人与幼儿互动的本质内涵。在高瞻（High/Scope）课程的师幼互动中，"控制"一词是一个关键点，成人与幼儿之间控制因素的平衡性决定了不同的师幼互动关系。关于师幼互动，高瞻（High/Scope）课程认为主要有下列三种关系。

（1）幼儿掌握控制权的自由放任（的氛围）。在这一类师幼互动关系中，幼儿是活动的主要控制者。在这种交往中，大部分时间与活动为幼儿所控制，幼儿想干什么就干什么，成人只是旁观者和监督者。活动内容来源于幼儿的游戏，成人只是对幼儿的需要做出反应和提供帮助；在评价上，成人高度表扬幼儿本人；在这种关系中，成人试图用各式各样的办法去管理幼儿。

（2）共享控制权的积极支持（的氛围）。在这类师幼互动关系中，成人与幼儿都拥有控制权。成人乐于观察幼儿，并能够成为幼儿可靠、可信的合作伙伴，支持幼儿的游戏，在一个支持性的气氛中，成人和幼儿成为全天伙伴关系。这一类型关系的课程内容是来源于幼儿以及课程发展指南；在评价上，成人高度评价的是幼儿积极的学习和具体的学习内容；成人管理幼儿的方式也是用解决问题的方式，而非管理幼儿的方式。

（3）成人掌握控制权的指导（的氛围）。在这类师幼互动关系中，成人拥有绝对的控制权。成人为幼儿提供指导和各种信息；课程的内容都是来源于成人和成人制定的教育目标；在评价上，成人高度认同那些幼儿的练习和训练；成人在管理幼儿的方式上，采用的是纠正、隔离那些爱闹事的幼儿策略。

通过对几种师幼互动关系的分析，可以看到只有成人和幼儿作为合作伙伴，才能实现积极而有效的互动。在高瞻（High/Scope）课程中，共享控制权对成人和幼儿的互动是至关重要的。幼儿有幼儿决定权的空间，如在哪里玩，怎么玩，和谁一起玩。成人有成人决定的事情,包括建立日常规则,安排和准备教室,规划围绕课程内容的集体活动,以及使幼儿身体和心理得到安全。

总而言之,在高瞻(High/Scope)课程中,良好的师幼互动体现在成人是否能够真正尊重幼儿,参与到幼儿的游戏或活动中来,与幼儿自然、真诚地交谈。成人要寻找幼儿游戏中的自然良机,自然地加入幼儿或幼儿们的游戏中。一旦成人走近一个正在游戏的幼儿,模仿幼儿所做的事情,那么就向这个幼儿表明了他或她所做的事是有意义的,并且蕴涵着成人是赞成、支持他们的。此外,高瞻(High/Scope)课程的师幼互动中提出的共享控制的思想,对我们深入理解师幼互动的本质内涵具有非常重要的意义。

三、学前儿童人际关系教育的特征

(一)亲子关系

与父母的亲子关系是学前儿童最先在社会交往中建立的人际关系。这种关系的形成包含了父母对孩子生理、心理和社会适应各个层面的影响。它不同于学前儿童后期建立的其他社会人际关系,其特点是具有不可选择性、亲密性、永久性和权利义务的特殊性。[①] 当孩子在母亲腹中孕育时,亲子关系的不可选择性就已经体现出来。父母与子女间的血缘关系是无法进行选择和代替的。这种天然的血缘关系所带来的交往亲密性是幼儿学习和与他人交往的最基本情感。关系一旦产生,任何外来力量都无法改变。即便生命结束,亲子关系依旧永久存在。并且,这一关系伴随着一定的权利和义务,并受到法律和道德的约束。

(二)同伴关系

最早在6个月的婴儿身上就可以看得到其同伴关系的出现。生活中会发现此时的婴儿彼此见面时,会相互充满好奇地观望或是用手触摸对方,甚至会在一个婴儿哭叫时用相同的方式回应对方,出现一个婴儿哭泣使得另一个婴儿也开始哭泣的情况。当1~2岁的时候,幼儿之间开始能够在一起游戏,初步有了交往能力。2岁之后,孩子的交往能力发展迅速,主要是以游戏的形式进行同伴交往。2~3岁,同伴交往通过交换游戏物品建立,所形成的同伴关系不稳定,呈现出各玩各的、没有联系的非社会性游戏。3~4岁,更多的是平行游戏,彼此没有真正的互动,并没有试图去影响周围附近的儿童。4岁左右,儿童多是联系性游戏,彼此在游戏中联系逐渐增多,会彼此说笑、互借玩具,但联系没有目的性、组织性,关系不密切,多是偶然出现的。5岁以后,能够在游戏中分工合作、相互协调,彼此尊重、关心,进行有目的、有计划的合作性游戏,在游戏中服从一定的指挥,遵守共同的规则,相互有了信任,能够为玩好游戏而共同努力。并且,学前儿童的同伴交往更倾向于与同性别的儿童进行,这一倾向随着其年龄增长越加明显。此阶段的同伴交往也出现性别差异,女孩交往的选择性与偏好更加明显,交往水平比男孩高;男孩在同伴交往中的消极反应要比女孩多等。

---

① 百度知道 https://zhidao.baidu.com/question/54€240399.html.

（三）师幼关系

师幼关系是因幼儿教师和幼儿担任的不同社会角色而建立的。在整个交往互动中，双方各自承担不同的社会责任和特定的权利与义务。幼儿教师这一职业角色定位，给师幼关系的建立带来了较大的多样性。师幼关系中，幼儿教师要像幼儿的妈妈一样，对幼儿有爱心，能够用自己的细心和耐心给予幼儿妈妈般的照顾和关怀，让幼儿可以在离开熟悉的家庭环境后快速融入幼儿园集体生活，使幼儿能感受到幼儿园集体的温暖，从而更快地适应幼儿园这一新环境，能安心、愉快地在幼儿园中生活和学习。并且在良好的师幼关系中，幼儿教师不但是幼儿学习活动的支持者、合作者、指导者和示范者，而且是学习者和研究者。

良好的师幼关系中，幼儿教师为幼儿提供物质和心理两方面的支持。这些支持通过创造丰富的物质环境和对幼儿心理上的关怀、尊重和接纳来引导幼儿不断进行学习、实践和探究。在师幼互动过程中，幼儿教师常以"合作伙伴"的角色参与到幼儿的学习活动中，通过自身的言行潜移默化地影响幼儿。而这种影响不是随意的，幼儿教师作为教育者，受社会和国家的委托，对幼儿履行教育和教学的责任。在同幼儿开展教育活动中，是依照明确的教育目的，对幼儿施加具体、有效的学习指导。将通过多样的形式，有目的、有计划地引导幼儿主动参与到教育活动中。并且，幼儿教师在开展教育活动时，要不断地进行自我观察、记录、反思，学会发现问题，积极地对幼儿的学习、游戏活动和幼儿园内的教学活动与课程进行研究，使自身的经验上升到理论层面。

四、学前儿童人际关系教育的意义

（一）有助于满足学前儿童身心发展的基本需要

心理学家马斯洛的需要层次理论(1968)中指出人类的需要分为五个等级，从低级到高级依次是生理需要、安全需要、归属与爱的需要、尊重的需要、自我实现的需要。对于学前儿童来说，并不是只要吃得饱、穿得暖等生理需要得到满足就可以，他们同样具有对安全、归属与爱、尊重的基本需要。学前儿童安全需要更强烈的是获取稳定、被保护的心理安全感。并且，他们同样需要在与其他人建立关系的过程中，得到归属感、爱、温暖、认可和尊重等。这些学前儿童身心的基本需要，都要在人际交往中来得到满足。因此，学前儿童人际关系教育有利于学前儿童人际交往能力的提升，更好地与周围的人建立良好的人际关系。

（二）有助于促进学前儿童的人际智能发展

在心理学家加德纳的多元智力理论中，人际交往作为一种基本智能，是指能够察觉并区分他人的情绪、意图、动机和感觉，并运用语言、动作、手势、表情、眼神等方式与他人交流信息、沟通情感的能力。只有通过不断地与人交往，这一智能才能得到提升和发展，其发展的关键时期就在2～6岁。因此，国际21世纪教育委员会提出："人际交往能力是教育的四个支柱之一，儿童早期的人际交往技能、交往状况会深深影响其未来的人际关系、自尊,甚至幸福生活。"对此,抓住 3~6 岁儿童人际关系智能发展的关键期,正确引导儿童进行积极健康的人际交往,可谓意义深远。

(三)有助于学前儿童自我意识和健康人格的发展

爱因斯坦曾说:"一个人智力上的成就,很大程度上取决于人格的伟大,这一点往往超出人们通常的认知。"可见,健康人格的培养才是教育的核心。每个人的人格中存在着一个自我调控系统,保障着人格的完整与和谐。这个系统中,人能否恰当认知和客观正确地评价自己是人格完善的重要前提。那么,学前儿童的人际关系教育能够使儿童对自己的身心状态和对自己同客观世界的关系有进一步的认知。特别是学前儿童的同伴交往中,同伴的存在以及同伴的行为都为儿童进行有效的自我评价提供了参照的标准。儿童能 够通过与同伴的简单对照,认知自己并改善自己,进一步更好地自我调控,这将会推动儿童健康人格的发展,保证学前儿童在未来发展阶段人格的和谐统一。

第二节 学前儿童人际关系教育的目标及内容

一、学前儿童人际关系教育的总目标

教师有目的、有计划地对学前儿童人际交往进行教育,是维护学前儿童身心健康的重要途径。通过对学前儿童进行人际交往教育,可以提高儿童的人际交往技能,更好地满足孩子的情感需求,使他们能更好地适应新环境、新对象,并能快速融入集体,形成优良的个性品质。因此,结合《3~6 岁儿童学习与发展指南》和《幼儿园教育指导纲要(试行)》中社会领域的目标及学前儿童人际关系教育的要求,对学前儿童开展人际关系教育有以下目标。

(1)学会爱父母、爱长辈、爱老师和爱同伴。
(2)愿意与人交往,能够与同伴友好相处。
(3)关心尊重他人,喜欢并适应群体生活。
(4)在交往中学会自律、互助、合作、分享,有同情心。
(5)主动适应和融入交往,初步学会人际交往技能。

二、学前儿童人际关系教育的内容及要求

学前儿童人际关系的教育主要从亲子关系、同伴关系和师幼关系三个方面进行开展并实施。

(一)亲子关系

亲子关系是指子女与父母之间所形成的紧密的情感纽带,是人最初的社会性联结。

1. 目标

（1）能够与父母主动亲近，不逃避父母的亲近行为。

（2）感受到与父母交往的快乐，愿意与父母等长辈一起活动。

（3）喜欢同父母交谈，会跟父母分享喜悦和有趣的事。

（4）有事会向父母请教，能帮助父母做力所能及的事。

（5）会用礼貌的方式同父母表达要求和想法。

（6）能够观察父母的情绪变化，学会体贴、关心父母，表达爱意。

2. 内容与要求

（1）引导父母与幼儿之间多通过牵手、拥抱、亲吻、微笑等行为主动亲近对方。

（2）多组织幼儿与父母之间的亲子活动，彼此体会亲子交往的快乐。

（3）鼓励幼儿经常问候父母，同父母一起交流畅谈在幼儿园一日生活的经历。

（4）引导幼儿遇到困难时学会找父母请教，并获取父母的帮助。

（5）能主动问询父母，帮助父母做些力所能及的家务。

（6）提醒幼儿关心父母，如向父母道声"辛苦"、倒一杯水等。

（7）借助故事、图书等给幼儿讲父母抚育孩子成长的经历，让其理解和体会父母的爱。

（8）通过观察父母的面部表情体会父母的情绪变化，多引导幼儿向父母说"我爱你"等。

（二）同伴关系

同伴关系是指年龄相同或相近的儿童之间的一种共同活动并相互协作的关系，或者是指同龄人之间或心理发展水平相当的个体间交往过程中建立和发展起来的一种人际关系。

1. 目标

（1）愿意和小朋友一起游戏，结交一些小伙伴。

（2）感受到与同伴交往的快乐，愿意结交新朋友。

（3）喜欢与同伴交谈，能够在一起分享喜悦和有趣的事。

（4）能够在想加入同伴的游戏时友好地提出请求。

（5）能够运用介绍自己、交换玩具等简单技巧加入同伴游戏。

（6）会用礼貌的方式与同伴交流和玩耍，交往中能够表达自己的要求和想法。

（7）知道同伴想法有时和自己不一样，能倾听、接受同伴的意见，不接受时说明理由。

（8）与同伴发生冲突时能和平解决，不欺负别人也不被别人欺负。

（9）在与同伴活动中，学会分工合作，学会分享，能一起克服困难。

（10）能够初步学会交往技巧，如换位思考、理解同伴等。

2. 内容与要求

（1）鼓励幼儿参加小朋友的游戏，多为幼儿创造结交新朋友的机会。

（2）组织和引导幼儿参加各种游戏与集体活动，体验与同伴共同活动的乐趣。

（3）多种方式引导幼儿学会在小朋友面前表达自己，彼此分享日常快乐有趣的事，增强其自尊心和自信心。

（4）引导幼儿在不会加入同伴游戏或请求不被接受时，采取分享玩具等方式。

（5）引导幼儿学会交往中经常使用的礼貌用语，对人友善，尊重同伴。

（6）在幼儿同伴交往意见不一致时，引导其学会倾听他人的想法和意见，不急于否定。

（7）引导幼儿要在同伴活动中，懂得协商，给予同伴表达自己的机会。

（8）当幼儿同伴交往中有矛盾或冲突时，指导其尝试用协商、交换、轮流玩、合作等方式解决冲突。

（9）多提供需要齐心协力才能完成的活动，让幼儿体会分工合作的重要性。

（10）引导幼儿在活动中遇到困难时，能主动寻求同伴帮助，共同克服困难。

（11）结合幼儿交往的具体情境，引导幼儿换位思考，学习理解别人。

（12）利用图书、故事，结合幼儿自身的交往经验，使幼儿学会一些人际交往技巧。

（三）师幼关系

师幼关系是指教师与幼儿在共同的教育教学活动中形成的较稳定的人际关系。

1. 目标

（1）尊重教师，体会教师的辛苦。

（2）在与教师互动过程中体会共同生活的乐趣。

（3）喜欢与教师交谈，能够分享喜悦和有趣的事。

（4）能够听教师的话，按照教师指令和要求行动。

（5）遇到问题积极寻求教师的帮助。

（6）用礼貌用语与教师交流和打招呼。

（7）能够帮助教师做力所能及的事。

（8）感受和体验到教师的爱，向教师表达爱意。

2. 内容与要求

（1）在与幼儿说话时，认真倾听、鼓励幼儿表达自己的想法。

（2）在与幼儿互动交流时，给予幼儿尊重，平等对待每个幼儿，体验互动的乐趣。

（3）逐步引导幼儿听懂教师的指令话语，耐心教会其按指令行动。

（4）以身作则多用礼貌用语与幼儿沟通，进行积极的交往互动。

（5）当幼儿活动中遇到困难时，适时给予帮助，让幼儿感受到教师的支持。

（6）多主动问询幼儿的感受，给予关注，让幼儿体会到教师的爱。

（7）教育和劝告幼儿不做危险的事，学会保护自己。

（8）适时、适当、适量地让幼儿帮助教师做些力所能及的事。

（9）通过情境表演的方式让幼儿学会与教师换位思考，体会教师的辛苦，升华师幼间的情感。

（10）利用图书、故事、视频等，让幼儿学会理解教师。

（11）创造一些机会或活动来促进教师和幼儿之间表达爱意，交流情感。

第三节 学前儿童人际关系教育的活动设计

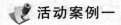 活动案例一

我的好妈妈(大班)①

【设计意图】

《幼儿园教育指导纲要(试行)》指出"建立良好的亲子关系、师生关系和同伴关系,让幼儿在积极健康的人际关系中获得安全感和信任感,发展自信和自尊"。积极引导幼儿感受父母的爱,感恩父母是最基本的人际关系教育。生活中,多数家庭父母围绕孩子转,孩子被父母保护和照顾得无微不至,但仍然存在孩子对父母无理打闹和无故发脾气的现象。对此,要让孩子发现父母在日常生活中的付出,感受父母的爱,学会关注父母,了解父母,感恩父母。

【活动目标】

1. 利用自己的画作来介绍自己眼中的妈妈,表达母子亲情。

2. 积极地与同伴交流、分享。

3. 选择自己喜欢的方式记录妈妈的生日、喜好等。

【活动准备】

1. 幼儿写生画《我的妈妈》。

2. 记录用的纸、笔,人手一份。

3. 废旧纸盒制作"亲亲妈妈爱心盒"。

【活动过程】

一、幼儿介绍自己的妈妈

教师提问:老师知道你们都有一个与众不同的好妈妈。现在就请你们来介绍一下你们的妈妈!比如,你的妈妈长什么样?在什么地方工作?平时最喜欢干什么?生日是哪一天?妈妈对你的最大心愿是什么?等等。

二、幼儿分组交流"我的好妈妈"

三、幼儿展示画作,在集体前介绍"我的好妈妈"

教师提问:谁愿意向大家介绍一下你的妈妈?

幼儿介绍自己的妈妈。

四、为"亲亲妈妈爱心盒"添加"爱"

教师启发幼儿:这个"亲亲妈妈爱心盒"用来收集一些表达对妈妈的爱的物品。你们想在里面放些什么呢?

幼儿回答。

教师总结:你们的想法都很好。现在我提议每个人将妈妈的心愿、生日、喜好等用图

---

① 屈老师教案网 http://www.qulaoshi.com/daban/shehui/17830.

画或符号记录下来,再把它们和其他材料一起放进"亲亲妈妈爱心盒"里,好吗?

五、将"亲亲妈妈爱心盒"中的"爱"送给妈妈

幼儿将"亲亲妈妈爱心盒"中的物品送给妈妈,并表达对妈妈的爱。

【活动延伸】

发动幼儿收集各种卡片,促使幼儿思考手制作一张与众不同的卡片来进一步表达对妈妈的爱。

【评析】

教师设计的"我的好妈妈"活动,通过幼儿来画自己眼中的妈妈、向其他幼儿介绍自己的妈妈等环节,使幼儿更进一步加深了对自己妈妈的了解,感受到妈妈对自己的关爱,激发幼儿对妈妈的情感,深化了日常生活中母子之间的情感交流,促进了妈妈与幼儿之间的关系。使得幼儿能在日常生活中通过观察妈妈来感受妈妈对自己浓浓的爱,学会向妈妈表达爱意,感恩妈妈。

活动案例二

我爱你(小班)①

小班 我爱妈妈

【设计意图】

《幼儿园教育指导纲要(试行)》指出要培养幼儿"爱父母、长辈、老师和同伴,爱集体、爱家乡、爱祖国""建立良好的亲子关系、师生关系和同伴关系"。这些都需要教会幼儿表达爱意,通过向周围人或物表达爱意,感受表达爱给自己和他人带来快乐,获得温暖,建立良好关系。

【活动目标】

1. 愿意大声说出"我爱你",能用"我爱你"表达对同伴的情感。

2. 知道表达爱可以给自己和别人带来快乐。

3. 在活动中体验说出"爱"的快乐。

【活动准备】

1. 绘本《我爱你》(唐筠 绘)幻灯片。

2. 小印章若干、黑板。

3. 爱心卡人手一张。

4. 关于爱的温馨背景音乐、场景布置。

【活动过程】

一、播放歌曲《我爱你》

教师与幼儿一起律动,感受歌曲中"我爱你"的情感。

---

① 屈老师教案网 http://www.qulaoshi.com/xiaoban/shehui/19236/.有改动。

二、播放绘本《我爱你》的幻灯片,伴随音乐讲述故事

1. 教师提问:小獾都对什么说了"我爱你"? 说出"我爱你"时小獾是什么心情呢? 幼儿根据看到的内容回答。

2. 教师启发幼儿:小獾还喜欢什么呢? 它还会对什么说"我爱你"?

三、模仿故事中的小獾说"我爱你"

教师提问:小朋友们有没有自己喜爱的人或物品? 我们来像小獾一样对他们说"我爱你"。

1. 请幼儿在集体面前对自己喜爱的物品表达"我爱你"的情感。

2. 请幼儿与同伴之间相互表达"我爱你"的情感,鼓励幼儿之间亲一亲,抱一抱。

3. 请幼儿分享表达和接受爱的感受。

教师总结:原来爱可以给自己和别人带来快乐。

四、制作爱心卡,互送爱心卡

1. 教师示范用爱心卡记录"我爱你"的情感。

2. 幼儿用印章印在爱心卡上,记录自己的爱。

3. 播放音乐,幼儿互赠爱心卡,贴在喜欢的人或物品上并大声表达"我爱你"的情感。

五、师幼共同表达"我爱你"的情感

教师引导幼儿不要把爱憋在心里,要大声地说出来,这样可以给自己和别人带来快乐。最后,让我们一起大声地说一声:"我爱你!"

【活动延伸】

1. 带领幼儿到户外去,对更多的人和物品大声说出"我爱你"。

2. 与家人分享活动内容,并向家人大声表达"我爱你"的情感。

3. 在美工区自制小作品,送给自己喜欢的同伴。

【评析】

教师设计的"我爱你"活动更侧重于幼儿情感激发和表达,适合小班的幼儿。活动通过绘本和歌曲《我爱你》的结合,带给了幼儿视听的双重情感体验,更加激发了幼儿的情感。整个活动设计中,教师要积极引导幼儿通过小獾表达"我爱你"的故事讨论出小獾不仅对身边的人表达了情感,还对所有接触的物品也表达了情感的主题,要让幼儿能够体会到在人际交往中既要表达情感,也要感恩身边的事物,同时深化了情感表达。制作和互送爱心卡让幼儿进一步感受到表达爱和接受爱的快乐,能够使幼儿在生活中学会积极的表达情感,收获快乐。

活动案例三

我和我的好朋友(中班)①

【设计意图】

《幼儿园教育指导纲要(试行)》指出应培养幼儿"乐于与人交往,学习互助、合作与分

---

① 教师社区 幼儿教育 http://c.teacher.com.cn/topic/topicDetail/1471755?createrPostId＝11838638. 有所删减和改动。

享,有同情心,爱父母、长辈、教师和同伴,爱集体、爱家乡、爱祖国"的良好情感。中班的幼儿随着人际交往经验的积累,交往范围的扩大,渐渐地有了自己小范围的交往圈子,他们经常围在一起说悄悄话,分享自己心中的小私密。因此,通过丰富的活动,在幼儿已有同伴交往的经验基础上,引导幼儿感受规则和合作竞赛游戏的快乐,扩大幼儿交朋友的范围,让幼儿更深层次地体会交朋友的乐趣。

【活动目标】

1. 让幼儿在活动中感受朋友间的友好感情,体验与同伴合作交往的快乐。

2. 学会关心和爱护自己的好朋友。

3. 注意与朋友交往中的言行,学习一些与人交往的经验。

4. 了解好朋友的特征、爱好,大胆地向大家介绍自己的好朋友。

【活动准备】

1. 照片墙(每一位小朋友的照片)。

2. 歌曲《找朋友》。

3. 记录本。

4. 图片(幼儿一起做游戏、幼儿打闹不愉快的场景)。

【活动过程】

一、播放歌曲《找朋友》

教师提问:小朋友们有没有自己的好朋友?(有)我们接下来玩一个游戏,游戏中要请小朋友把自己的好朋友长什么样、穿什么样的衣服、有什么特征,说给大家听一听,让我们来猜猜他(她)是谁,好不好?

二、出示照片墙,开展"找朋友"游戏

1. 请个别幼儿轮流在集体面前描述自己好朋友的外貌、衣着、发型等特征,其他幼儿根据他的描述猜一猜他(她)的好朋友是谁。

2. 分小组让幼儿把自己的好朋友介绍给大家猜。

教师巡回参与各组幼儿的谈话,并根据各组的具体情况有针对性地提出一些问题(如你的好朋友长得胖还是瘦? 是高个子还是矮个子? 他(她)最喜欢什么?),帮助幼儿打开思路,游戏过程中鼓励幼儿大胆讲述。

三、开展游戏"猜猜看"

请出四组幼儿依次回答问题,答对得1分,答错不得分,累计得分最高获得冠军并得到一朵小红花。

问题如下。

(1) 你的好朋友喜欢吃什么水果?

(2) 你的好朋友喜欢哪个小动物?

(3) 你的好朋友喜欢唱歌、画画、跳舞,还是讲故事?

(4) 你的好朋友喜欢玩什么玩具?

四、引导幼儿进行交流、询问、做记录,加深对自己好朋友的了解

教师启发:我们来说一说自己的好朋友有哪些优点?你为什么和他(她)做好朋友?你们在一起经常玩什么游戏?你们之间发生过什么趣事吗?

五、幼儿欣赏图片并讨论

1. 幼儿在一起玩游戏的图片。

教师引导幼儿描述图片:他们在一起时心情怎么样?他们在干什么呢?

教师小结:我们和好朋友在一起玩时很开心、很高兴。

2. 一个小朋友正在欺负别人的图片。

教师引导幼儿描述图片:你们喜不喜欢和这样的小朋友交朋友?为什么?我们应该怎么帮助他?

教师引导幼儿注意与朋友交往中的言行,学习一些与人交往的经验。告诉幼儿,小朋友如果太调皮了,就没有其他小朋友愿意和他玩,所以我们要学会关爱其他小朋友,互帮互助,团结友爱。

【活动延伸】

1. 幼儿制作一份小礼物送给自己的好朋友。

2. 鼓励幼儿主动与家附近的小朋友做朋友,让他们结交新的朋友,多与人交往。

【评析】

教师为让幼儿能够进一步感受同伴交往的乐趣,提高幼儿同伴交往的技能,扩大交往的范围,设计了"我和我的好朋友"这一活动。活动的开展是在游戏中进行的,通过《找朋友》的游戏让幼儿感受到了和自己的好朋友一起玩的乐趣,能够在集体前大胆地介绍自己的好朋友。并且,通过《猜猜看》的游戏了解了好朋友更多的特点,加深了彼此之间的了解。并且,教师引导幼儿共同讨论与朋友的趣事,让幼儿在活动中感受与朋友交往的快乐,也培养幼儿敢于说、乐于说的能力。同时,借助图片引导幼儿学习和朋友友好交往,懂得朋友之间要相互帮助、团结友爱,交往要有礼貌,不可以辱骂和打闹,学会同朋友分享高兴的事等道理。整个设计活动符合中班幼儿的身心发展特点,能够带动幼儿的参与兴趣,提高幼儿的同伴交往热情。

活动案例四

老师爱我,我爱她(小班)①

【设计意图】

幼儿园教师是幼儿成长中的重要他人,是幼儿离开父母后最主要的安全感来源。师幼之间建立良好的互动关系,有利于幼儿快速适应幼儿园这一新环境,能够更好地融入集体生活中,使幼儿感受到幼儿园集体的温暖,能安心、愉快地在幼儿园中生活和学习。

---

① 幼教网 http://www.youjiao.com/e/20180701/5b3824eb22c56.shtml.

【活动目标】

1. 初步了解教师的工作,体验教师对自己的关心和爱护。

2. 通过说温馨的话表达对教师的热爱之情。

【活动准备】

1. 事先带领幼儿观察本班教师的工作(如教师在画画,教幼儿唱歌跳舞,帮幼儿穿衣、盖被,与幼儿一起做游戏,打扫卫生等)。

2. 日常教师关心教育幼儿的照片若干。

3. 每人一份画笔和心意卡。

【活动过程】

一、呈现教师对幼儿关心的照片

教师提问:我们班有哪几位老师?她们是怎样关心小朋友的?

教师启发幼儿感受:老师像妈妈一样关心爱护小朋友,小朋友也爱自己的老师,你们是怎样爱老师的?

幼儿分享观察本班教师工作和教师关心幼儿的照片后的感受。

二、制作心意卡

教师引导幼儿为心意卡涂上漂亮的颜色,画好后思考,你想把心意卡送给哪位老师?

幼儿制作心意卡。

三、赠送心意卡

【活动延伸】

一日生活中能向老师说声"我爱你"。

【评析】

"老师爱我,我爱她"这一活动设计,符合小班幼儿以形象直观为主的思维特点,通过幼儿的直观观察和照片形象记录了教师的日常,让幼儿了解幼儿教师的工作内容。并且,以幼儿切身观察经验和照片记录为依托,在幼儿之间相互分享日常生活中教师对小朋友教育、关心和爱护的经历,会更加使幼儿产生热爱教师的情感,让幼儿更加对教师有依恋感和安全感。幼儿赠送心意卡给教师,使师幼关系得到进一步加深,增进师幼之间的良好关系。

本章小结

本章主要阐述了学前儿童人际关系教育的内涵、目标和内容,具体分析了一些学前儿童人际关系教育的活动设计方案。需要掌握以下几个方面的知识点。

(1)学前儿童人际关系教育的内涵和意义。

(2)学前儿童人际关系教育的目标及内容要求。

(3)学前儿童人际关系教育的设计思路、流程及分析。

思考与练习

1. 简述亲子关系的内涵和特征。
2. 论述亲子依恋关系的类型及其特点。
3. 简述同伴关系的内涵、特征和类型。
4. 论述如何建立良好的师幼关系。
5. 为中班幼儿设计一个促进师幼关系的活动。

第五章
学前儿童社会环境教育及活动设计

本章导航

学习目标

1. 认识和理解学前儿童社会环境教育的内涵。
2. 了解学前儿童社会环境教育的意义。
3. 掌握学前儿童社会环境教育的目标及内容。
4. 能够设计学前儿童社会环境教育的活动。

引导案例

"小 交 警"

2018 年 5 月 3 日，一群穿着交警制服的孩子站在模拟交通路口，萌态十足地指挥着交通（见图 5-1）。当日，甘肃省白银市交警部门联合辖区幼儿园开展幼儿交通安全主题宣传教育活动，红绿灯、斑马线及各种交通标志共同构成一个模拟交通路口，幼儿园的孩子穿上"小交警"制服，在交通警官的指导下，体验交通秩序维护。交警部门希望孩子们通过活动认识交通手势和交通指示，体会交通法规的重要性，真正达到教育一个学生，带动一个家庭，辐射整个社会的目的。

图 5-1　孩子们变身成为"小交警"模拟指挥交通

（图片及文字来源：http://education.news.cn/2018-05/04/c_129864410.htm）

案例解析：

在上述新闻报道中，看到交警部门联合幼儿园一起，给小朋友们创造了一个体验交通环境的机会，并生动地开展了交通安全教育。小朋友们在交通警官的指导下，穿着"小交警"制服在模拟交通路口体验维护交通秩序。他们能够从中认识交通标志、交通手势和交通指示，深刻体会交通安全和交通法规的重要性。这充分展示出幼儿园以外的环境对学前儿童教育的价值。

随着孩子一天天地长大，孩子的活动范围在不断地扩大，对于外界环境的好奇心也在不断地增强。不仅仅局限在家庭环境中探索，而是以家庭作为起点迈向家门以外的环境。那么，如何引导孩子对外界环境进行探索？作为成人，又该如何利用周围的环境资源对孩子进行教育呢？本章将把思考的角度放在孩子所处的社会环境，从中挖掘可利用的资源对 3～6 岁儿童进行社会教育。

第一节　学前儿童社会环境教育的理论基础

一、学前儿童社会环境教育的内涵

（一）社会环境

在心理学中，环境是指与有机体发生联系的外部世界，分为自然环境和社会环境。自然环境包括有机物的各组成因素和无机物的各组成因素，如大气、水、动植物、土壤、岩石矿物、太阳辐射等；社会环境包括经济环境、政治环境、教育环境、伦理环境、文化环境等。[1]

在教育学中，环境定义为"围绕在个体周围的并对个体自发地产生影响的外部世界"，也分为自然环境与社会环境。自然环境不依赖于人而存在，是人与生物所共有的环境。

---

[1]　黄希庭.心理学导论[M].2 版.北京：人民教育出版社，2007：10.

而社会环境是人通过劳动和交往所创造的政治、经济、文化等社会关系、社会制度和社会意识形态等。①

从中发现,环境是个体周围与个体之间发生联系的,并对个体发展有直接或间接影响的全部外在因素。除客观不依赖于人存在的自然环境外,由人所创造的外在因素都是社会环境。

(二)学前儿童的社会环境教育

学前儿童的社会环境是对学前儿童社会性发展产生直接或间接影响的环境。广义上,学前儿童社会环境是指学前儿童成长过程中接触到的一切人、事、物的总和,既包括能够直接影响学前儿童的实实在在的环境(如家庭环境、幼儿园环境和社区环境等),又包括社会文化、风俗习惯等。② 狭义上,学前儿童社会环境则是指学前儿童在家庭、幼儿园和社区中感受到的环境,涵盖学前儿童生活中感知到的各种社会关系,如家庭中的人员组成、自己与家庭成员之间的关系,自己与幼儿园中的教师、同伴、环境的关系,自己与社区各个场所的关系以及自己与这些场所的人的作用关系等。③

对学前儿童开展社会环境教育,更侧重于依托狭义上的学前儿童社会环境进行教育。旨在通过幼儿园的教育活动以及儿童与周围环境中人或物的接触,让他们能够理解自己同环境的关系,能够对身边的社会环境有基本的认知,感受到人与社会的和谐关系,更好地适应社会环境,与社会环境进行良好互动。

二、学前儿童社会环境教育的类型

学前儿童的社会环境教育是要让儿童对自己周围所生活的社会环境有所认知。对这一认知进行教育的过程中,主要依托的是心理学家布朗芬布伦纳提出的社会生态系统理论。按照此理论分析,对于学前儿童的社会环境教育就要围绕着儿童所生活的家庭环境、幼儿园环境、社区环境、国家环境展开。

延伸阅读

布朗芬布伦纳的社会生态系统理论④

美国心理学家布朗芬布伦纳(Bronfenbrenner)提出的社会生态系统理论(Theory of Social Ecosystems)认为,个人的行为不但受社会环境中的生活事件的直接影响,而且受发生在更大范围的社区、国家、世界中的事件的间接影响。因此,要研究个体的发展就必须考察个体不同社会生态系统的特征。

布朗芬布伦纳把个体的社会生态系统划分为五个子系统(见图5-2)。

---

① 全国十二所重点师范大学联合编写. 教育学基础[M].北京:教育科学出版社,2014:39.
②③④ 李洪亮.幼儿社会教育[M].西安:陕西师范大学出版总社有限公司,2013:8.

图 5-2　布朗芬布伦纳的社会生态系统理论图示

（1）微系统是指与个体直接的、面对面水平上的交流系统。例如，直接作用于儿童的各种行为的复杂模式、角色，以及家庭、学校、同伴群体、工作场所、游戏场所中的个人的交互作用关系。家庭、学校、同伴群体中的个人都是社会生态系统中的微系统的组成部分。个体微系统中的每个人都以面对面、直接交流的方式与个体交互作用。例如，妈妈对儿子小明唱歌，同伴与小明做游戏等。

（2）中系统是几个微系统之间的交互作用关系。例如，小明的妈妈以怎样的方式对待小明可能受小明的妈妈与小明的外祖父之间交互作用的影响。如果小明的妈妈与小明的外祖父之间经常争吵，小明的妈妈可能缺乏温柔并以粗暴的方式对待自己的孩子。同样，小明与妹妹之间的关系，也可能反映了小明的妈妈与小明的姨妈之间交互作用的关系。布朗芬布伦纳所讲的中系统其实就是个体微系统之间的交互作用关系。

（3）外系统是指两个或更多的环境之间的连接与关系，其中一个环境中不包含这个个体。例如，儿童生活在家庭里，但家庭不是与外界隔离的。父母对待儿童的方式会受到学校、教师的影响，也会受到教会、雇主和朋友的影响。个人的家庭微系统与其他系统的成员之间有种种交互作用的关系。例如，小明与他的爸爸之间的交互作用可能受到他的爸爸与其企业雇主或其炒股朋友之间关系的影响。

（4）大系统是指与个人有关的所有微系统、中系统及外系统的交互作用关系。这是一个有文化特色的系统。可以依据信念、价值观、做事情的传统方式、可预期的行为、社会角色、社会地位、生活方式、宗教等内容来描述大系统。大系统的特色则反映在不同系统之间的交互作用之中。用布朗芬布伦纳的话来说，大系统是一种特殊文化、亚文化或其他更广阔社会环境的社会蓝图。

（5）长期系统是指在个体发展过程中所有的社会生态系统随着时间的变化而发生的变化。个体的微系统随着时间的推移可能会发生很多重要的变化，如弟弟妹妹的出生、父母离婚、得到或失去宠物等。有时候，大系统也会发生变化。例如，在美国20世纪最后的几十年中,在家庭成员参加工作的模式(从一人挣工资发展为两人挣工资)、家庭结构(从双亲家庭到单亲家庭)、育儿方式(从家庭养育到选择其他保育方式)、生孩子的年龄(从低龄到高龄)等方面都发生了深刻的变化。显然,大系统的变化会直接影响个人生活于其中的微系统(家庭、家族和学校)。

　　(图片及文字来源:http://education.news.cn/2018-05/04/c_129864410.htm)

(一)家庭环境

　　在学前教育学中,家庭环境可以分为物质环境和精神环境。家庭物质环境主要是指家庭物质生活条件,包括家庭的经济状况和与此密切联系的居住条件、生活设施等。家庭精神环境主要包括家庭气氛、父母之间的关系、亲子关系等。[①] 对学前儿童进行家庭环境教育具体包含让儿童能够清楚与父母及与其他家庭成员间的关系,家中成员与社会的关系,认识家中的物品和主要设施,对家庭的居住地址以及基本信息有初步认识、对家庭生活中的常规、常识有所认识等。

(二)幼儿园环境

　　在学前教育学中,幼儿园环境同样分为物质环境和精神环境。幼儿园的物质环境包括园舍、家具、设备、玩具、教具、图书、室内外装饰和布置等一切物质性的东西。幼儿园的精神环境则包括教师的教育理念、教育行为及人际关系和情感氛围等。[②]对学前儿童进行幼儿园环境教育具体包含让儿童能够知道自己幼儿园的名称和地理位置,清楚自己在幼儿园班级的名称和所处的方位地点,记住自己老师的名字,认识幼儿园中的其他人员及其与自己的关系,熟悉幼儿园的环境与设施,掌握幼儿园的规则和制度以及幼儿园的一日生活等。

(三)社区环境

　　社区是指"聚居在一定地域范围内的人们所组成的社会生活共同体"。[③]社区有一定的地域范围,由一定数量的人口聚居在一起,这些人之间有着密切的社会交往,存在着多种社会关系,有一些社会规范、行为准则以及规章制度来确保人际关系协调,并设立了一些组织机构来执行社区的各项规章制度、协调社区人际关系、把握社区人口流动变化和开展各种社区活动。因此,社区环境就包括了社区内的自然生态环境、居住生活环境、基础设施环境、组织机构环境、人际环境等。对学前儿童进行社区环境教育具体包含让儿童能够知道除家庭成员和幼儿园中教师及工作人员外还存在很多社会其他人员,能够更多地认识社区成员所从事的社会职业类型,懂得自己与不同社会职业间的千丝万缕的联系,学会尊重他人的劳动成果,认识社区中存在的各类组织机构的名称及其职能等。

---

①②③　梁志燊.学前教育学[M].3版.北京:北京师范大学出版社,2014:1.

（四）国家环境

在地理学中,广义的"国家"是指"拥有共同的语言、文化、种族、血统、领土、政府或者历史的社会群体"。狭义的"国家"是指"一定范围内的人群所形成的共同体形式"。① "国家"对于学前儿童来说是比较抽象的概念,但对学前儿童进行国家环境教育时,可以从国家的自然生态环境、人文环境入手,围绕学前儿童生活地域中客观存在的风土、人情、物产、古迹、著名人物等来培养其对国家的认知和热爱。对学前儿童进行国家环境教育具体包含让儿童能够知道自己的国家、家乡和民族的名称,能够在地图上找到国家的大致位置,认识国家的国旗、国徽,会唱国歌,知道国家的首都,认识自己所在省市的名称以及省会,了解国家的自然山河风貌,知道国家的民族、风俗、名胜、著名的建筑等。

三、学前儿童社会环境教育的意义

（一）有利于学前儿童社会化的发展

学前儿童社会环境教育能够使学前儿童在社会环境中学习和掌握社会生活所需的知识,提高人际交往和社会生存技能,使学前儿童掌握社会行为规范,树立社会角色意识并学会履行社会角色,形成正确的价值观,更好更快地适应社会生活,由自然人转变为社会人。并且,学前儿童社会环境教育是有目的、有计划开展的,所有参与其中的人员都是在引导学前儿童形成积极的亲社会行为,使其学会同情、关心、帮助、谦让、抚慰、分享与合作等。

（二）有利于学前儿童道德品质的形成与发展

学前儿童社会环境教育能够让儿童在社会环境中正确认知社会生活中的道德原则,树立道德意识,正确地规范其社会行为。学前早期的儿童道德认知比较笼统,有明显的表面性和片面性,道德判断带有很大的具体性、情绪性和暗示性,道德动机受眼前事物的制约,多是严格遵守成人的道德要求,但随着其年龄的增长和与周围环境的交互,学前儿童的道德认知在广度和深度方面大大提高,开始能够从社会意义上来判断道德行为的好坏,自觉调节自己的道德行为。

（三）有利于学前儿童社会情感的发展

学前儿童社会环境教育能够让儿童在家庭、幼儿园、社区环境中学会感恩父母、感恩老师、感恩他人,能够让其在社会环境中感受爱、学会爱、给予爱、分享爱,发现社会生活中的"真、善、美",能够使其在社会环境中学会自知、自信、自我管理和自我尊重,能让其在未来生活中具有创意性地解决问题和做负责任的决定,有效地面对成长过程中的挑战,促进其身心的全面协调发展。同时,对学前儿童国家环境的教育,能够培养儿童对祖国的热爱,对民族的认同,对国家文化的传承,对生态生存环境的保护意识。

---

① 百度百科 https://baike.baidu.com/item/国家/17205.

第二节 学前儿童社会环境教育的目标及内容

一、学前儿童社会环境教育的总目标

学前儿童社会环境教育是依托幼儿所生活成长的周围环境,促进儿童的社会认知发展,以便儿童更好地进行社会适应。对于儿童社会环境的教育主要是充分挖掘儿童成长环境中可利用的资源,引导儿童的社会化发展。对此,结合《3～6岁儿童学习与发展指南》和《幼儿园教育指导纲要(试行)》中社会领域的目标及学前儿童社会环境教育的要求,对学前儿童开展社会环境教育有以下目标。

(1)喜欢并适应群体生活。

(2)能对幼儿园生活充满好奇并喜欢幼儿园,对小学生活有好奇和向往。

(3)愿意与家长一起参加社区的一些群体活动。

(4)在社区活动中感受各行各业工作者的辛勤劳动,学会尊重他人的劳动成果。

(5)具有初步的归属感。

(6)感受家庭温暖,爱家庭成员,知道家庭地址。

(7)喜欢自己所在幼儿园、班级,愿意为集体做事,贡献自己的一份力量。

(8)爱自己的家乡,爱家乡的风土人情,爱家乡的人文风貌,感受家乡的变化。

(9)爱祖国,知道自己的国籍、民族、国家的重大成就,认识国旗、国徽,为自己是中国人而自豪。

(10)热爱并保护周围的生态环境与人文环境。

二、学前儿童社会环境教育的内容及要求

学前儿童社会环境教育主要是通过对幼儿的家庭、幼儿园、社区、国家四个层次环境进行开展并实施的。

(一)家庭

家庭由婚姻和血缘关系联结在一起,是包含夫、妻、子、女以及其他生活在一起的近亲所组成的小团体。

1. 目标

(1)认识家庭成员,知道自己与家庭成员之间的关系,体会自己是家庭中的一员。

(2)感受家庭生活中的温暖,爱家庭成员,亲近和信赖家庭成员。

(3)知道父母及家庭成员的基本情况。

(4)知道家庭所在的住址、电话号码。

(5)熟悉家中的布局、物品、设施。

(6)熟悉自己的物品和摆放。

（7）学会尊重和感恩家庭的每个成员。

2．内容与要求

（1）知道家庭成员的组成及其与自己的关系。

（2）知道并记住父母及家庭成员的名字、年龄、民族等。

（3）能知道家庭成员的职业，所从事的工作。

（4）能记住家中常用的电话号码，特别是记住父母的电话号码。

（5）知道家庭所在的地址及附近的明显标识。

（6）清楚家中的房间布局，明白每个房间的用途。

（7）认识并会使用家中的常用物品，如认识和使用家具及电器等。

（8）熟悉自己常用物品的摆放位置。

（9）关注父母及其他家庭成员的兴趣爱好或是经常做的事。

（10）感受家庭成员的爱，能用简单的方式表达对家庭成员的爱意。

（11）能够理解家庭成员的辛苦，学会感恩，对家庭成员不乱发脾气，懂得尊敬。

（二）幼儿园

幼儿园是幼儿教育赖以进行的一切条件的总和，是对幼儿身心发展产生影响的物质要素与精神要素的总和。

1．目标

（1）认识所在幼儿园和班级的名称，知道幼儿园与班级的地理位置。

（2）认识幼儿园班级教师、班级成员、工作人员。

（3）熟悉幼儿园和班级环境

（4）学会尊重幼儿园中的每一个人。

（5）喜欢参加幼儿园的活动。

（6）观察和喜爱幼儿园环境。

（7）有主人翁意识，学会爱护幼儿园环境。

2．内容与要求

（1）认识所在幼儿园的名称，知道幼儿园的地理位置。

（2）知道幼儿园所在班级的名称和方位。

（3）认识幼儿园班级教师和小朋友的名字。

（4）熟悉幼儿园班级的区域布置和玩具教具。

（5）熟悉幼儿园的环境、布局和主要设施。

（6）认识幼儿园的其他教师与工作人员，了解他们的工作内容及与自身的关系。

（7）学会尊重幼儿园的教师和工作人员，能够与小伙伴建立良好和谐的关系。

（8）喜欢参加幼儿园的活动，参与幼儿园与班级的环境创设。

（9）能在日常生活中观察幼儿园环境，喜爱幼儿园和班级环境。

（10）在幼儿园和班级中有小主人意识，学会爱护幼儿园和班级环境，担负共建责任。

（三）社区

社区是生活在其中的主体赖以生存及社区活动得以产生的自然条件、社会条件、人文条件和经济条件的总和。

1. 目标

（1）知道自己家庭所在的社区名称与家庭地址。

（2）认识生活在同一社区中的邻居和熟悉的人。

（3）熟悉社区环境，如社区的格局、生态、主要设施等。

（4）了解社区的组织机构，如机构的名称、职能等。

（5）了解社区组织机构中的工作人员和与自己生活的关系。

（6）认识除家人职业和教师以外的其他社会职业。

（7）学会尊重他人的劳动成果。

（8）同家长一起参与社区活动。

（9）建立环保意识，爱护社区环境。

2. 内容与要求

（1）知道家庭所在社区的名称和社区大致的地理位置。

（2）认识生活在同一社区的邻居和与家中日常生活相互来往的人。

（3）记住社区中经常一起玩耍、做游戏的小伙伴的名字。

（4）熟悉社区的布局和主要生活设施，对社区的生态环境有所了解和认识。

（5）熟悉社区的组织机构，知道它们的名称、职能和作用。

（6）了解社区组织机构中的工作人员和与自己生活的关系，学会尊重工作人员。

（7）认识除家人职业和教师以外所存在的其他社会职业，学会尊重他人的劳动。

（8）喜欢并同家人一起参加社区活动，参与社区建设。

（9）树立环保意识，爱护社区环境，为保护社区环境贡献自己的一份力量。

（四）国家

国家从自然生态环境、人文环境入手，将教育围绕学前儿童生活地域中客观存在的风土、人情、物产、古迹、著名人物等来培养其对国家的认知和热爱。

1. 目标

（1）知道自己是中国人。

（2）知道自己的民族和我国是多民族国家。

（3）初步认识和了解自己的家乡。

（4）认识国家的一些重大成就，标志性的国家符号。

（5）了解国家的壮美河山，树立保护青山绿水的生态意识。

2. 内容与要求

（1）知道自己是中国人，能够在地图上找到国家的大致位置。

（2）认识国家的国旗、国徽，会唱国歌。

（3）认识国家的首都，认识标志性的建筑和名胜古迹。

（4）知道和认识自己的民族与民族文化，了解我国是多民族国家。

（5）了解国家的重大成就和繁荣兴盛，激发幼儿身为中国人的自豪感。

（6）认识国家伟大的历史名人，感受国家优秀的历史文化。

（7）通过多种方式和途径了解国家的壮美河山，感受国家青山绿水的生态之美。

（8）同幼儿体验春夏秋冬、日出日落、月圆月缺、鸟语花香、风霜雨雪等自然生态。

（9）能说出自己所在的省市名称以及省会。

（10）认识家乡的名胜景观、著名建筑、独特物产、文化名人，为家乡变化而高兴。

第三节　学前儿童社会环境教育的活动设计

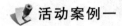 活动案例一

舒适的家（小班）①

小班 舒适的家

【设计意图】

　　家庭需为幼儿创设温暖、关爱、平等的生活氛围，建立良好的亲子关系，让幼儿在积极健康的家庭关系中获得安全感和信任感，发展自信和自尊，对家庭环境形成基本的认同感和归属感。因此，为幼儿打造一个舒适的家庭环境，有利于幼儿在其中感受家庭的温暖，对家建立起安全感、信任感和归属感。小班幼儿对家庭环境感知较弱，为加深小班幼儿的认知，设计此活动，通过幼儿分享和翻阅照片、讲述幼儿家中的故事等都可以让幼儿进一步感受到家庭的温暖。

【活动目标】

1. 了解家庭的不同房间、设施及用途。

2. 能大胆地在集体面前讲述自己喜爱的房间及设施。

3. 进一步体会家的温馨，萌发对家庭的热爱之情。

【活动准备】

1. 幼儿每人带一张自己家的照片，可选择自己喜欢的房间或设施拍照。

2. 每组一筐积木，每人一支笔，《我的家》（儿歌）。

【活动过程】

一、谈话引入主题，引起幼儿兴趣

教师提问：小朋友，你喜欢你的家吗？你喜欢家里的什么地方？为什么？

幼儿分享。

---

① 屈老师教案网 http://m.qulaoshi.com/xiaoban/shehui/14220/. 有改动。

二、展示家的照片,幼儿介绍自己的家

教师引导幼儿介绍自己的家:今天小朋友都带来了自己家的照片,下面就先请你和旁边的小朋友互相介绍一下你的家。

(小组幼儿互相介绍,教师巡回指导)

三、集体欣赏:舒适的家,明确各个房间的名称及房间中的设施

1. 观察客厅提问

——这是哪里?(客厅)

——客厅里有什么呀?(沙发、电视机、桌子、椅子……)

——客厅有什么用呀?(客厅是招待客人的)

——客人来了我们干什么?(请客人坐、喝茶)

2. 观察卧室提问

——瞧,我们又来到了卧室,里面有什么呀?(床、衣橱……)

——卧室是干什么的呀?(睡觉的)

3. 观察卫生间提问

——有马桶的地方叫什么?(卫生间)

——卫生间是干什么的呀?(洗澡,上厕所)

4. 观察厨房提问

——这个地方叫什么?(厨房)

——厨房有什么用?(做饭、炒菜)

四、欣赏儿歌《我的家》,体会家的温馨

教师启发幼儿:我们都有一个温馨的家,家中除了舒适的房间和有用的东西,还有什么人呢?

教师引导幼儿欣赏儿歌《我的家》:"我有一个幸福的家,有爸爸,有妈妈,还有我这个小娃娃,亲亲热热在一起,我们都爱这个家。"

教师总结:我们的家温馨又舒适,家中不仅有舒适的房间和物品,还有爱我们的爸爸妈妈,让我们一起爱护它。

【活动延伸】

在建构区引导幼儿用积木等构建"舒适的家",并在各房间内摆设相应的设施。

【评析】

教师为让幼儿体会家中环境的温馨,设计了"舒适的家"活动,活动准备过程中让幼儿拍下自己家中喜欢的房间或设施,让幼儿又重新审视了自己生活的家庭环境,唤起了幼儿对家的归属感和温馨的情感记忆。并且,在同其他幼儿分享的过程中,又唤起了幼儿对家的认可感,进一步加深了幼儿对家庭环境的温暖感。同时,对每一个房间用途的提问中,让幼儿又再次审视了家中的环境,感受到了日常生活中家带来的舒适感。在儿歌欣赏过程中,又升华了幼儿对家的情感,让其能感受到家中房间和设施中渗透的父母满满的爱。整个活动设计环环相扣,层层推进,符合小班幼儿的身心发展特点,达到了活动设计意图。

活动案例二

我带宝贝上幼儿园（小班）①

【设计意图】

小班的幼儿刚刚离开熟悉的家庭环境，进入幼儿园这一新的环境，开始过上集体生活。此时，面对环境的改变，他们需要在家长或教师的帮助与引导下，快速地适应和熟悉幼儿园的环境。因此，借助幼儿在家中喜爱的玩具，利用这些玩具中所寄托的幼儿对家的依恋之情，在刚入园之初，允许幼儿带一两件玩具到幼儿园来，在稳定幼儿情绪的基础上，以幼儿喜欢的方式切入话题，让他们大胆地在小朋友面前说出自己喜爱的宝贝，愿意与他人分享自己喜爱的宝贝，让幼儿更快地融入幼儿园大家庭里。

【活动目标】

1. 能说出喜爱的玩具名称，知道每个人都有自己喜爱的玩具宝贝。

2. 能表达自己对玩具的喜爱之情，并能与他人分享自己喜爱的玩具。

3. 能与其他幼儿快速进行交流互动，能融入集体生活中，适应幼儿园环境。

【活动准备】

1. 请家长帮幼儿选一件最喜爱的玩具以及与之相关的生活照片，有条件的家庭可以给幼儿和他的玩具合影。

2. 把幼儿带来的照片一一贴在纸上，制作成《我们的宝贝》一书。

3. 教师带 2～3 件自己喜爱的物品，准备一段温馨的音乐。请每个幼儿把自己的玩具放在教师摆好的椅子上，做好带玩具一起活动的准备。

【活动过程】

一、说说自己的宝贝

教师导入：今天老师看到小朋友们都带来了自己的小宝贝，现在来向大家介绍一下它吧。

请幼儿抱着自己的宝贝坐在座位上轮流说说最爱的宝贝是什么？为什么喜欢它？

教师与幼儿翻看自制的《我们的宝贝》一书，凡是翻到某一幼儿的宝贝时，该幼儿便站起来响亮地说："这是我的宝贝！"

二、猜猜老师的宝贝

教师向幼儿引出自己所带的宝贝：你们都有自己的宝贝，老师也有，你们想知道吗？

教师出示 2～3 件喜爱的物品与幼儿分享，最后告诉幼儿："老师最喜欢的宝贝就是你们。"

在温馨的音乐声中，教师逐一拥抱幼儿并说："你是我的宝贝。"

三、照顾好自己的宝贝

教师向幼儿说明：今天你要带着宝贝在幼儿园里过一天，要好好照顾它呀！

教师注意观察幼儿是如何照顾宝贝的，及时肯定幼儿初步的自理行为。

---

① 屈老师教案网 http://m.qulaoshi.com/xiaoban/shehui/15306/. 有改动。

【活动延伸】

幼儿同父母一起分享今天在幼儿园中照顾自己宝贝的过程,或是向父母介绍自己在幼儿园新认识的小朋友的宝贝。

【评析】

教师为让幼儿能够快速适应幼儿园新环境,融入幼儿园集体生活中,设计了"我带宝贝上幼儿园"活动,活动的开展依托了幼儿对自己喜爱玩具的依赖之情,能够起到稳定幼儿情绪的作用,减少了幼儿离开熟悉的家庭环境后的焦虑。并且,通过向其他小朋友介绍和分享自己的宝贝能够快速拉近幼儿之间的关系,打破彼此间的陌生感。最后,教师向幼儿分享自己的宝贝,告诉幼儿"老师最喜欢的宝贝就是你们",进一步拉近教师与幼儿的距离,逐一拥抱幼儿带给了幼儿安全感,能够使幼儿在幼儿园得到教师的关怀与支持。此外,这一活动中教师通过观察幼儿对自己宝贝的照顾,能初步了解幼儿的自理行为,让教师对幼儿做到心中有数,便于在幼儿园环境中引导幼儿成长和发展。

活动案例三

我的社区(大班)①

【设计意图】

《幼儿园教育指导纲要(试行)》提及"要充分发挥社区资源"。带领幼儿参观社区,了解社区的环境,有利于打开幼儿探索世界的眼界,切身体验社区的建设和设施,认识社区能够加深幼儿对社区的热爱,能够引导幼儿走出家庭、到幼儿园来感受社会环境,更好地适应社会。幼儿对周围社区的认知还不够深入和清晰,通过此次活动加深幼儿对社区环境的认知,以便幼儿熟知所生活的社区环境。

【活动目标】

1. 能自主制订调查计划,并用符号、数字记录调查结果。
2. 调查社区里的标志、门牌号码及各种建筑,了解它们的作用。
3. 激发幼儿对所生活社区环境的喜爱。

【活动准备】

1. 提前考察好幼儿园附近的一个较大的社区。
2. 人手1份调查表和笔。

【活动过程】

一、交流讨论有关社区的问题,梳理幼儿已有的经验

教师提问:请幼儿说说自己居住的社区里都有什么?是做什么用的?

二、一起制订调查计划,明确参观调查的任务

与幼儿讨论调查内容,共同制订调查计划,自己设计调查表。

调查内容可以包括社区里的房子、公共设施、数字、标志等。

---

① 幼教网 http://www.youjiao.com/e/20180911/5b3b555512ce9.shtml.

三、提出调查要求,做好调查前的准备

教师启发幼儿做调查准备:想一想,调查时需要带什么? 应该注意什么事情?

根据幼儿的回答,梳理总结出调查要求:要带好自己的调查表和笔;注意安全,仔细观察,边看边记;爱护环境卫生,不大声喧哗等。

四、带领幼儿去社区参观、调查

教师可以提醒幼儿根据自己列的调查表,边观察边记录。随时把有特色的建筑、公共设施、社区里的标志、楼号、门牌号等用照相机拍下来。

五、回园后请幼儿分享交流参观调查社区的收获

1. 请幼儿根据调查表上的记录向同伴介绍自己的发现。

2. 教师总结梳理幼儿的发现,提升有关社区的经验。

展示拍到的社区内的房子和超市、健身广场等照片。

展示社区里的标志照片。

展示楼号、门牌号等有数字的照片。

【活动延伸】

1. 可以请幼儿在美工区中制作"贴楼号"。

2. 可以请幼儿在建构区中搭建"我们的社区",并进行角色游戏。

【评析】

教师设计的"我的社区"活动,运用了参观法带领幼儿亲自到社区去发现社区的不同,并在参观之前引导幼儿集体讨论决定参观社区的调查计划,能够调动幼儿参观的积极性,激发幼儿参观社区的热情,也让幼儿能够在集体活动中感受到规则,激发幼儿们的集体感。同时,在参观过程中幼儿主动探索、积累经验、分享经验,有利于幼儿从多个角度看世界。不仅仅依托自己的视角,也能透过他人的视角看到更多精彩的事物。延伸活动又从三个方面加深了幼儿对社区环境的热爱。整个活动设计符合大班幼儿的身心发展特点,能够使幼儿更深入和系统地认识社区。

活动案例四

我们爱祖国(中班)①

【设计意图】

《幼儿园教育指导纲要(试行)》指出:"运用幼儿喜闻乐见和能够理解的方式激发幼儿爱家乡、爱祖国的情感""认识国旗,知道国歌""知道自己是中国人""奏国歌、升国旗时能自动站好"等。对此,利用歌曲、图片、视频等多种形式,让幼儿知道自己祖国的名称、首都、主要的名胜古迹,认识国旗和国歌,学会升国旗、奏国歌时的礼仪,激发幼儿的爱国之情和尊敬国旗的情感,初步产生对祖国的归属感。幼儿通过多种形式的活动,对祖国有全新的认识,增强对祖国的归属感,萌发对祖国的热爱。

---

① 屈老师教案网 http://m.qulaoshi.com/zhongban/shehui/17509/.有改动。

【活动目标】

1. 知道祖国的全称和首都,了解祖国的主要名胜古迹。

2. 知道中华人民共和国的国旗是五星红旗,了解国旗的含义。懂得升国旗、奏国歌时应肃立并行注目礼。

3. 增强热爱祖国,尊敬国旗的情感。

【活动准备】

1. 歌曲《大中国》。

2. 1 张世界地图、1 张中国地图。

3. PPT 图片(包含北京名胜古迹图片、升国旗时的注目礼图片等)。

4. 天安门升旗视频。

5. 粘国旗的操作材料。

【活动过程】

一、导入活动:听一听和找一找,激发幼儿的兴趣

1. 听一听:播放歌曲《大中国》

(1) 教师引导幼儿:我们大家都有一个共同的家,名字叫什么?(中国)

(2) 教师进一步提问:谁知道全称?(中华人民共和国)(我国是一个多民族的国家,而且地大物博、物产富饶)

2. 找一找:呈现出世界地图

教师引导幼儿:找一找我们的祖国在哪里?

二、了解我们的祖国——中国

(展示中国地图)

1. 教师启发幼儿:观察我国的地图像什么?

(待幼儿自由交流后,让幼儿明白中国的地图像一只大公鸡)

2. 教师提问:找一找我们国家的首都北京在哪里?

(找出北京的所在地并逐一认识首都北京的著名建筑物——天安门、长城、天坛)

3. 教师启发幼儿:除了北京外,你们还知道祖国的哪些地方呢?

(黄河、长江、珠穆朗玛峰等)

三、认识我们国家的国旗

1. 展示我国的国旗

教师引导幼儿认识国旗。

2. 了解国旗的含义

(1) 国旗是什么形状的?什么颜色的?为什么是红色的?

教师向幼儿介绍:过去有许多国家来到这里侵略我们,烧杀抢掠,有许多英雄英勇反抗,不怕流血牺牲把敌人赶出中国,才有了我们今天的幸福生活,为了永久地纪念那些烈士,所以国旗颜色是鲜红的,象征先烈的鲜血染成的。

(2) 国旗的上有几颗星?有几颗大的几颗小的?怎么摆放的?

教师向幼儿介绍:四颗小星各有一个角正对着大星的中心点,大星代表中国共产党,四颗小星代表各族人民。象征全国各族人民紧紧地团结在党中央周围,紧跟党中央建设

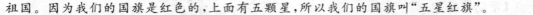

祖国。因为我们的国旗是红色的,上面有五颗星,所以我们的国旗叫"五星红旗"。

（3）教师总结并延伸:国旗是代表国家的标志。小朋友们,你们都在哪里见过国旗呀?

（在幼儿园、学校、体育比赛、香港回归、奥运会、运动员颁奖等）

四、升国旗时行注目礼

（观看天安门升旗的视频）

1. 请幼儿说说自己观看视频的感受。

2. 教师提问:升国旗时我们要唱什么歌曲?（国歌《义勇军进行曲》）

3. 教师启发幼儿:升国旗时,我们应该怎么做?——看图分析

问:图1解放军叔叔升国旗时行什么礼?（军礼）

问:图2少先队员行什么礼?（行队礼）

问:图3我们小朋友升国旗时应该怎么做?（行注目礼）

4. 教师总结:不管任何时候、任何地方只要听到奏国歌、看到升国旗就要原地不动,进入庄严神圣的升国旗仪式中,不能跑动、说笑、打闹,态度要严肃认真,立正站好,眼睛看着国旗徐徐上升。

【活动延伸】

粘贴国旗:（播放歌曲《大中国》）请小朋友亲手做一面国旗,然后把做好的国旗放在教室里,每天看到它,激发幼儿尊敬国旗、热爱祖国的情感。

【评析】

教师为激发幼儿对祖国的归属感和对祖国的热爱之情,设计了"我们爱祖国"这一系列活动。通过歌曲欣赏、图片展示、视频播放、动手操作等多种形式相结合,让幼儿对祖国的名称、首都、国旗、国歌以及一些名胜古迹有了一定的认识。整个活动设计侧重在幼儿自己寻找答案并结合以往幼儿社会生活中的经历,能够引起幼儿的兴趣和参与度。整个活动中的设计贴近幼儿生活的国家大环境,符合中班幼儿的身心发展特点,达到了活动设计意图。

活动案例五

植物的妈妈——土壤（中班）①

【设计意图】

环境是人类生存和发展的基本前提,它为人类的生存和发展提供了必需的资源与条件。构建人与自然生命共同体是全人类都要参与其中的。建设美丽中国,保护好祖国的青山绿水,树立社会主义生态文明观,这是每一个孩子从小就应该明白的道理。中班幼儿喜欢玩土、玩沙、玩水,但对这些自然环境和事物认识不深。对此,可以通过幼儿对山、水、土、树等日常生活经常见到、接触到的自然事物着手,加深幼儿的认识,初步树立幼儿的环保意识。

---

① 屈老师教案网 http://www.qulaoshi.com/zhongban/shehui/4505/.有改动。

【活动目标】

1. 让幼儿初步了解植物的生长离不开土壤,土壤中有水、空气、腐烂物成分,能供植物茁壮成长。

2. 引导幼儿形成不乱扔垃圾的习惯,树立保护土壤的环保意识。

【活动准备】

1. 1 盆鲜艳的花。

2. 装水的玻璃缸。

3. 玻璃石棉网、酒精灯。

4. 废塑料、废电池。

【活动过程】

一、植物离不开土壤

1. 带幼儿用小铲从草地上挖出一块带土的草,请幼儿观察

教师提问:小草的根长在哪里?(土壤里)是谁养育了小草?(土壤)

2. 出示连根的干枯的白菜、花,请幼儿观察

教师提问:白菜和花怎么了?(干枯了)

白菜和花为什么会干枯?(因为它们的根没有泥土,离开了土壤)

3. 出示一盆鲜艳的花,请幼儿观察,回答问题

教师提问:这棵小花为什么开放得这么鲜艳、这么好?(因为它的根长在土里)

小结:很多植物生长在泥土中,离开了泥土,植物就会干枯死掉。

二、土壤中有什么

1. 出示刚取出的泥土,请幼儿摸一摸

教师提问:是干土还是湿土?(湿土)

这说明泥土里有什么?(水分)

2. 抓一把干泥土放入有水的玻璃缸中,边放边请幼儿仔细观察

教师提问:水中出现了什么?(有气泡上升)

这说明泥土中有什么?(空气)

3. 抓一把干泥土,撒在石棉网上,然后在酒精灯上加热,请幼儿观察

教师提问:你发现了什么?(泥土冒烟了)

这说明了什么?把泥块掰开,发现泥土中有腐烂的树叶、草等腐烂物,所以会燃烧、冒烟。

4. 引导幼儿根据以上情况,讨论得出结果

植物能在土壤中生长,是因为土壤中有水、空气和肥料。同时,人类的衣、食、住、行都和土地、植物密不可分(如粮食、房屋、家具、服装、交通工具等)。所以,土壤对植物和人类都很重要,我们要保护土壤。

三、怎样保护土壤

教师引导幼儿:土壤对植物和人类都很重要,我们要怎样保护土壤呢?

教师出示塑料袋、饮料瓶、废电池等,教育孩子不要乱扔这些垃圾,它们会破坏土壤,影响植物生长。我们要减少使用塑料制品,尤其是废电池(因为雨水会溶解出垃圾里的有

害化学物质,形成污染的液体,渗透到土壤里,影响植物生长)。

【活动延伸】

1. 结合幼儿园的垃圾分类活动,鼓励幼儿不乱扔垃圾,将垃圾分类投放。

2. 组织幼儿维护、照顾种植园地的植物,教育幼儿爱护花草、树木,培养幼儿的环保意识。

【评析】

教师为培养幼儿对生态环境的环保意识,设计了"植物的妈妈——土壤"活动。通过观察和问答相结合的形式引起幼儿对生态环境中土壤的保护意识,让幼儿对土壤有了进一步认识,能够让幼儿知道土壤在人类日常生活中的重要性。并且引入了如何保护土壤的思考,对幼儿在日后生活中做好垃圾分类,投入生态环境保护中起到了促进作用。整个活动中的设计贴近幼儿生活的生态大环境,符合中班幼儿的身心发展特点。

本章小结

本章主要阐述了学前儿童社会环境教育的内涵、目标和内容,具体分析了一些学前儿童社会环境教育的活动设计方案。需要掌握以下几个方面的知识点。

(1) 学前儿童社会环境教育的内涵和意义。

(2) 学前儿童社会环境教育的目标及内容要求。

(3) 学前儿童社会环境教育的设计思路、流程及分析。

思考与练习

1. 某幼儿园的院子里有几种高大的树,也有一些比较低矮的灌木。请你结合院子里的这些资源,设计一个题为"幼儿园的树木"的中班主题活动方案(含3个子活动),要求写出总目标,每个子活动的名称、目的和主要环节。(选自2015年上半年教师资格证《幼儿保教知识与能力》活动设计题)

2. 请围绕"春天",为大班幼儿设计主题活动,应包括3个子活动。要求:①写出主题活动的总目标;②采用诗歌"春风"(见下面所附诗歌)设计一个具体的语言活动方案,包括活动的名称、目标、准备和主要环节;③写出另外两个子活动的概要,包括名称和目标。(选自2018年上半年教师资格证《幼儿保教知识与能力》活动设计题)

附:诗歌

春　风

春风一吹,芽儿萌发。

吹绿了柳树,吹红了山茶,

吹来了燕子,吹醒了青蛙。

吹得小雨轻轻地下。

第六章
学前儿童社会行为规范教育及活动设计

📷 本章导航

学前儿童社会行为规范教育及活动设计

一、学前儿童社会行为规范教育的理论基础
　　（一）学前儿童社会行为规范教育的内涵
　　（二）学前儿童社会行为规范教育的类型
　　（三）学前儿童社会行为规范教育的意义
二、学前儿童社会行为规范教育的目标及内容
　　（一）学前儿童社会行为规范教育的总目标
　　（二）学前儿童社会行为规范教育的内容及要求
三、学前儿童社会行为规范教育的活动设计

🖊 学习目标

1. 理解学前儿童社会行为规范教育的内涵、类型、意义。
2. 掌握儿童社会行为规范教育的目标及内容。
3. 了解学前儿童社会行为规范教育的相关理论。
4. 能运用所学知识设计学前儿童社会行为规范教育活动。

✦ 引导案例

娃娃家的争执

　　小一班幼儿非常喜欢玩娃娃家，区角活动时小朋友们都争着要去娃娃家玩。今天，在娃娃家玩的是沫沫、豆豆、涵涵。

　　沫沫："现在我来扮演妈妈。"

　　涵涵："我要扮演爸爸。"

　　豆豆："我来扮演宝宝。"

　　几个小朋友在娃娃家里玩了起来，宝宝在玩玩具，妈妈在做

家务,爸爸在看书。过了一会儿,扮演妈妈的沫沫说:"呀,到中午了,该做午饭了,我来做午饭。"扮演爸爸的涵涵说:"你做家务很累了,我来做。"沫沫说:"我不累,我来做。"

两个小朋友谁也不让谁,都想玩厨房的玩具,最后,涵涵力气大,把玩具抢了过来。

沫沫伤心极了,大哭起来,跑到老师那里说:"老师,涵涵……涵涵……抢我玩具!"

如果你是老师会怎么做?

案例解析:

娃娃家是幼儿园常见的区角,也是学前儿童乐于参与的活动。案例中沫沫、豆豆、涵涵组成了娃娃家。在到厨房做饭的扮演上出现了争执,核心焦点是厨房的玩具由谁来玩,实质是幼儿缺乏规则意识。在活动中,不同的角色应由不同的人来轮流扮演,以便更好地获得角色体验。沫沫、涵涵发生争执,也是为了获得角色体验带来的变化。此时,作为教师可以及时介入他们的争执,说明活动的规则:不同的角色可由不同的人来轮流扮演,然后让他们轮流扮演。

人处在社会背景下,成长与发展都离不开社会。正所谓没有规矩不成方圆,社会的健康发展需要一定的行为规范来约束社会成员。社会行为规范教育对学前儿童的成长和发展具有重要作用。本章对学前儿童社会行为规范教育的概念、目标、内容等进行了详细阐述,并针对如何设计与指导学前儿童社会行为规范教育活动提出了相应的思路。

第一节　学前儿童社会行为规范教育的理论基础

一、学前儿童社会行为规范教育的内涵

(一)社会行为规范

"规范"一词作为名词,意思为明文规定或约定俗成的标准、准则。社会行为是指社会行为的类型、方式或规定性,是人们在社会实践中为了共同生活和维持正常的生活秩序,逐渐形成的一套共同遵守的规矩。[①] 有了社会行为规范的约束,社会成员无论做什么事情都要考虑是否符合社会行为规范的限定,只有社会成员都遵守社会行为规范,社会才能安定发展。

(二)学前儿童社会行为规范教育

学前儿童社会行为规范是指在家庭、幼儿园、社区等社会环境中需要学前儿童掌握并遵守的规章制度、道德规范、行为准则。为了使学前儿童对社会行为规范有一定的认知,并能遵守社会行为规范,因此,要对学前儿童进行社会行为规范教育。学前儿童社会行为规范教育以与学前儿童息息相关的社会生活、学习活动等需要遵守的行为规范为基本教育内容,遵循学前儿童的心理年龄特点以及学前儿童社会性发展规律与特点,教育者创设良好适宜的教育环境,有目的、有计划地对学前儿童开展教育活动,使学前儿童理解并遵

---

① 　郭翔.犯罪学辞典[M].上海:上海人民出版社,1989:186.

守社会中的规章制度、道德规范、行为准则。

二、学前儿童社会行为规范教育的类型

社会行为规范教育涉及的面很宽,范围很广。《3~6岁儿童学习与发展指南》中指出:"幼儿社会领域的学习与发展过程是其社会性不断完善并奠定健全人格基础的过程。目标主要有两个:人际交往和社会适应。"学前儿童社会行为规范教育也是围绕学前儿童实现这两个目标而开展的。据此,为更好地对学前儿童实施社会行为规范教育,促进学前儿童社会性发展,本章将学前儿童社会行为规范教育的类型分为公共规范、集体规范、交往规范和道德规范(具体内容详见本章"第二节 学前儿童社会行为规范教育的目标及内容"),以此来开展研究。

三、学前儿童社会行为规范教育的意义

(一)有利于学前儿童塑造良好的个性品质

学前儿童社会行为规范教育要使学前儿童掌握基本的社会行为规范。例如,入园要主动向老师和同伴打招呼问好,离园要主动向老师和同伴告别;会使用基本的礼貌用语:"请""您好""谢谢""对不起"等;不随地吐痰、乱扔垃圾;公共场所结账买东西排队;能分辨是非;尊敬师长;不抢夺同伴的玩具等。这些都有助于学前儿童养成良好的行为习惯,使他们成为有礼貌、受人喜欢的宝宝。

(二)有利于学前儿童更好、更快地适应社会环境

学前儿童成长过程中会涉及不同的社会环境,不同环境下社会规则也是不同的。学前儿童从家庭到幼儿园,再到小学、中学、大学、步入社会,变更的不仅是社会环境,社会环境中的社会行为规范也在更迭。学前儿童不论是在家庭、幼儿园中,还是融入社会大的环境中,只有认识和掌握社会行为规范,才能帮助他们熟悉所处环境,尽快适应新环境、新生活。例如,学前儿童第一次上幼儿园,幼儿园的一切都是陌生的,学前儿童不了解在幼儿园哪些事能做,哪些事不能做,因此会产生入园焦虑。若学前儿童事先了解一定的幼儿园行为规范,则有利于更好、更快地适应幼儿园生活。

(三)有利于学前儿童形成自我保护意识,保障幼儿的安全和健康

学前儿童社会行为规范教育内容包含了与安全相关的行为规范教育,例如,过马路时要遵守交通规则;上下楼梯时不打不闹靠右走,按秩序上下楼梯;不去触碰电源等,通过开展这些内容的行为规范教育让幼儿体验理解遵守规范的重要性,避免学前儿童发生安全事故。

(四)有利于学前儿童更好地与人交往,提高其社会适应能力

《3~6岁儿童学习与发展指南》指出:人际交往和社会适应是幼儿社会学习的主要内

容,也是其社会性发展的基本途径。幼儿在与成人和同伴交往的过程中,不仅在学习如何与人友好相处,也在学习如何看待自己、对待他人,不断发展适应社会生活的能力。学前儿童通过社会行为规范教育学习与人交往和适应社会的规则。

因此,学前儿童认知、理解、掌握和遵守社会行为规范就显得十分必要与迫切。

 延伸阅读

陈鹤琴先生的"活教育"理论

陈鹤琴先生提出教育的目的:做人,做中国人,做世界人。他认为古今中外的教育家都非常注重做人,可到了近世反而忘记了如何做人,所以提出:"活教育"讲的是做人,我们要努力学习怎么做人,怎么样才能求得社会的进步,怎么样才能获得人类的发展,使个人及全人类得到幸福。他的教学基本原则是"做","做"就是幼儿体验生活各个环节,通过"做"幼儿能获得真实的体验,并达到学习的目的。在他看来,训育是一个培养、教育和心理成长的过程,也是一个了解规则、自觉、自动的过程,更是师生在学校中共同生活、共同研究、共同学习做人的过程。① 可见,陈鹤琴先生非常重视幼儿社会行为规范教育,强调幼儿学习"做人"的重要性。在幼儿园教学活动中,幼儿园和教师要重视幼儿社会行为规范教育,重视幼儿生活中的体验,使幼儿学习和掌握日常基本行为规范,为学会做人打下基础。

班杜拉的社会学习理论

班杜拉认为儿童大多数学习发生在社会环境中,儿童通过观察生活中重要人物的行为而习得社会行为,这些观察以心理表象或其他符号表征的形式储存在大脑中,来帮助他们模仿行为。他十分重视个人、环境、行为的相互作用,主张儿童在观察学习或模仿中获得社会行为。② 班杜拉的社会学习理论启迪我们,学前儿童社会行为规范教育应重视家长、教师、同伴等的示范作用,重视环境的作用,给学前儿童树立一个良好的榜样。

第二节　学前儿童社会行为规范教育的目标及内容

学前儿童社会行为规范教育是教师有目的、有计划地对学前儿童实施教育的过程,帮助学前儿童理解并掌握参与社会生活所需要遵守的社会行为规范。开展学前儿童社会行为规范教育活动,首先要确定活动目标。目标的制定是学前儿童社会行为规范教育活动实施的出发点,目标制定得是否恰当直接影响整个活动的效果。具体要达成什么样的目标? 开展哪些活动? 这些都是本节要阐述的内容。本节主要从公共规范、集体规范、交往规范、道德规范四个方面进行说明。

---

① 黄人颂. 学前教育学[M]. 北京:人民教育出版社,2009:268-271.
② 陈琦,刘儒德. 教育心理学[M]. 北京:高等教育出版社,2005:114-118.

一、学前儿童社会行为规范教育的总目标

结合《幼儿园教育指导纲要(试行)》《3～6岁儿童学习与发展指南》中社会领域的目标以及学前儿童社会行为规范教育的要求,现将学前儿童社会行为规范教育的总目标归结如下。

(1) 理解并遵守日常生活中基本的社会行为规则。

(2) 能主动适应和融入社会,遵守公共场所的规范。

(3) 理解、参与制定集体规范,遵守集体规范。

(4) 乐意与人交往,熟悉交往规范,学习互助、合作和分享等。

(5) 能约束自己的言行,符合道德评判标准和要求。

二、学前儿童社会行为规范教育的内容及要求

学前儿童社会行为规范教育总目标的实现归结于公共规范、集体规范、交往规范、道德规范四个方面的组织和实施。学前儿童在家庭教育、幼儿园教育和社会教育中,无时无刻不在接受以上四种规范的熏陶和制约。下面将主要围绕这四个方面的目标及内容展开。

(一)公共规范

公共规范是指全社会都应该维护和遵守的公共规范。

1. 目标

(1) 在公共场所不大声喧哗。

(2) 理解和遵守交通规则。

(3) 知道保护和爱惜公共财物。

(4) 在公共场合知道不随地吐痰、乱扔垃圾。

2. 内容与要求

(1) 成人要以身作则,为幼儿树立良好榜样。在商场、公园、医院、图书馆、公交车、电影院等公共场所不大声喧哗。

(2) 通过游戏等方式让幼儿体验交通规则的重要性,知道要遵守基本的交通规则,行走应走人行道,没有人行道应靠右行走,过马路要看红绿灯,知道红灯停、绿灯行、黄灯亮了等一等,乘车时头不能伸出窗外等。

(3) 教育学前儿童在幼儿园要爱护图书、玩具、桌椅等公共财物。

(4) 引导学前儿童讲卫生,知道在公共场所不能随地吐痰、乱扔垃圾,爱护公共环境(见图6-1)。

图 6-1 幼儿主动打扫公共卫生
(胡莎提供)

（5）知道爱惜粮食，节约用水、用电，注意节约资源，爱护身边的环境。

（二）集体规范

集体规范是指社会成员参与集体活动时应遵守的行为规范。学前儿童集体规范主要是指幼儿参与幼儿园集体活动所需遵守的日常基本行为规范。

1. 目标

（1）入园时愿意参加晨检及晨间活动。

（2）能遵守进餐、喝水、如厕、盥洗、午睡规则。

（3）集体游戏活动中，能听懂并遵守游戏规则。

（4）遵守区域活动规则。

（5）能用轮流、合作、交换、等待等方法与同伴游戏。

2. 内容与要求

（1）按时愉快入园，不依恋家长，愿意接受晨检，自主、愉快地参与晨间活动。

（2）餐前洗净小手；独立进餐，不边吃边玩；不挑食，不剩饭菜；保持桌面、地面清洁；进餐时不讲话（见图6-2）。

（3）有序取水，不拥挤。正确取水，不浪费水；喝水时不说笑，不边走边喝。

（4）在教师指导下逐渐学会饭前、便后、手脏时自觉洗手；学会正确洗手洗脸；盥洗时不拥挤；盥洗时不玩水。

（5）学会自理大小便；在厕所不推挤，不打闹，不在厕所逗留；便后洗手。

（6）安静进入睡房；把脱掉的衣服叠好；把鞋放在床下摆好；安静入眠，不影响同伴休息；按时起床不拖拉。

（7）遵守区域活动规则，有序取放活动材料；活动后主动收拾活动材料，乐于分享经验；与同伴友好交往，不争抢活动材料和玩具，可以与同伴轮流玩玩具（见图6-3）。

图6-2　幼儿安静进餐
（胡莎提供）

图6-3　幼儿有序安静地图画
（胡莎提供）

（8）游戏活动中能听懂并遵守游戏规则，能在教师示范和指导下完成规则性要求（见图6-4）。

（9）玩大型玩具时不推挤，注意安全；到户外不乱跑（见图6-5）。

图 6-4　幼儿有秩序地参与游戏活动
（胡莎提供）

图 6-5　幼儿合作游戏
（胡莎提供）

（10）学习上下楼梯靠右走，不推不挤；排队行走，不在队伍里打闹。

（三）交往规范

交往规范是指人与人之间为了达到更好的交往效果而遵守被社会普遍认可的行为规范。

1. 目标

（1）与人交谈会使用礼貌用语。

（2）掌握接待客人和做客的礼仪规范。

（3）与不同民族和国家的人交往，了解并尊重习俗规则。

（4）愿意与人交往，能与同伴友好相处。

2. 内容与要求

（1）在与人交往中会使用"您好""请""谢谢""对不起""再见"等礼貌用语。

（2）当朋友来家中做客时，能热情地招待客人，不能随意发脾气，冷落客人。当去朋友家做客时要提前预约好，见面后主动问好，不乱翻别人的东西，离开时要说："谢谢，再见。"

（3）知道不同民族和国家的风俗不同，在与不同民族和国家的人交往时要尊重他们的习俗规则，例如，回族人不吃猪肉，在招待回族朋友的时候就不能有与猪肉相关的食物。

（4）与人交往中，发生冲突，能在成人帮助或自主协商下解决。

（四）道德规范

道德规范是指对基本的是非、对错、爱憎等能做出价值判断。

1. 目标

（1）知道尊敬长辈，爱护弟弟妹妹。

（2）知道不经允许不能拿别人的东西；借别人的东西要归还。

（3）理解并能诚实守信。

（4）能判断某些行为的对错，做错事敢于承认和纠正。

（5）不欺负弱小。

2. 内容与要求

（1）在成人的引导下能够做到尊老爱幼，公共汽车上主动为老人让座。

（2）知道答应别人的事情一定要做到，不撒谎，做一个负责任的人。

（3）未经允许不拿他人的东西，借别人的东西要主动归还。

（4）犯了错误要主动承担。

（5）不欺负别人，也不允许别人欺负自己。

延伸阅读

皮亚杰的道德认知理论

皮亚杰认为道德的实质一是对社会规则的理解和认知；二是对人类关系中平等、互惠的关心。他以对偶故事法分析儿童道德认知发展的阶段。

1. 前道德阶段——无律阶段（0～5岁）

以"自我中心"来考虑问题，其行为直接受行为结果的支配，他们不顾规则，按照自己的想象去看待规则。他们的行动易冲动，感情泛化，行为直接受行动的结果所支配，道德认知不守恒。例如，同样的行动规则，若是出自父母就愿意遵守，若是出自同伴就不遵守。他们并不真正理解规则的含义，分不清公正、义务和服从。他们的行为既不是道德的，也不是非道德的。

2. 他律阶段（5～8岁）

他律阶段的孩子服从外部规定，接受权威指定的规范。只根据行为后果来判断对错。例如，妈妈不在家，一个孩子为了帮助妈妈做事，打碎了一盘玻璃杯；另一个孩子为了偷碗柜里的果酱吃而打碎了一个玻璃杯。处于他律阶段的孩子认为第一个孩子过错最大，因为他打碎的玻璃杯更多，他们并不会考虑行为动机的好坏，即不会考虑孩子是为了帮助妈妈还是为了给自己偷取果酱，他们只关注后果。

需要注意一点的是，这一阶段的儿童所提议的惩罚往往都比较严厉。而且赞成严厉的惩罚，并认为受惩罚的行为本身就说明是坏的，还把道德法则与自然规律相混淆，认为不端的行为会受到自然力量的惩罚。例如，对一个 7 岁的孩子说，有个小男孩到商店偷了糖逃走了，过马路时被汽车撞倒，问孩子"汽车为什么会撞倒小男孩"，回答是因为他偷了糖。在道德实在论的儿童看来，惩罚就是一种报应，目的是使过失者的遭遇跟他所犯的过失相一致，而不是把惩罚看作改变儿童行为的一种手段。

3. 自律阶段（8～11岁）

自律阶段的儿童不再单纯依赖权威和规则，他们在面对事情的时候有了自己的思考，他们能够从主观动机出发，用平等不平等、公道不公道等新的标准来判断是非，但此时还不能独立判断，所以这一阶段的道德观也称为道德相对主义或合作的道德。研究表明，12 岁的儿童都认为，那些由积极动机支配但损失较大的儿童比怀有不良动机而只造成小损失的儿童要好些。由于考虑到行为的动机，因而在惩罚时能照顾弱者或年幼者。

提出的惩罚较温和，更为直接地针对所犯的错误，带有补偿性，而且把错误看作对过失者的一种教训。

4. 公正阶段(11~12 岁以后)

在公正阶段,儿童的道德观念开始倾向于公正。皮亚杰认为,当可逆的道德观念从利他主义角度去考虑时,就产生了关于公正的观念。公正观念不是一种判断是非的单纯的规则关系,而是一种出于关心与同情的真正的道德关系。也就是说,儿童不再刻板地按固定的规则去判断,在依据规则判断时隐含考虑到同伴的一些具体情况,从关心和同情出发去判断。皮亚杰认为,公正观念是一种高级的平等关系,这种道德观念已经能够从内部对儿童的道德判断起决定性的作用。

(资料来源:http://www.zgjsks.com/html/2018/xlx_0209/284824.html)

延伸阅读

美国幼儿教育考察:规则教育篇[①]

刘晓红

规则意识是理性的萌芽。好的规则教育不仅教给幼儿"该做什么""不该做什么",还应该让幼儿知道"这么做""不那么做"的理由,以及按规则行事。在美国的幼儿园里,经常可以看到幼儿习惯成自然的行为。幼儿这些习惯的养成是教师长期坚持、潜移默化和日常生活渗透的结果。因此,所谓美国教育"轻松、自由"绝非我们想当然认为的轻松、自由,而是严格遵守规则下的自由。这正是美国幼儿园的规则教育给我的最大感受。

一、规则教育需要"言必行,行必果"

第一次感受到美国幼儿园的规则教育是在一个小学附设的幼儿园,教师是一位即将退休的老太太。在平时的活动中,这位教师对幼儿慈祥有加,但一次参观图书馆的活动让我看到了她威严的一面。

案例 1 集体静坐 5 分钟

这一天,教师带领幼儿参观学校图书馆。参观前教师要求小朋友不要大声说话、遵守秩序等。在整个参观过程中,幼儿看到那么多新书和各种有趣的书还是有些小小的兴奋和骚动,不过在我看来都属于正常范围,无伤大雅。活动按预设的流程井然有序地进行,我也被这么多好书深深吸引。

参观完就返回教室。我比幼儿晚几分钟进班,等我从后门进到教室时,我发现教师和幼儿都非常安静地坐着,教师坐在前面的椅子上,一手托着腮。幼儿安静地半围坐在教师前面。我不知道他们在做什么活动,就站在后面静静地观察。约 5 分钟后,教师问幼儿:"知道为什么让你们安静地坐 5 分钟吗?"幼儿摇摇头。教师:"因为你们没有守约,你们制造了噪声,因此要为自己的行为负责。"幼儿点头表示明白。教师接着问:"下次知道自己该怎么做了吗?"幼儿说"yes"并用点头表示理解。活动继续进行。

——Ⅳ小学附设幼儿园观察(2016-04)

在这次参观图书馆的活动中,幼儿的行为在我看来并不算多大的问题,而在美国教师

---

① 刘晓红.美国幼儿教育考察:规则教育篇[J].教育导刊,2017(16).

眼里是绝不会轻易放过的一个教育契机。他们认为,说过的话一定要兑现,否则教师的话就失去了权威。在教给幼儿如何守约的问题上,教师并没有批评,也没有大声地训斥和制止,甚至在幼儿大声交谈时,教师仍然是保持沉默的,看上去若无其事,但是心里一定在思考如何对幼儿进行有效的教育。及时制止的教育效果可能没有在结束后专门对此事"就事论事"更有针对性,因为这种"无声胜有声"的方法让幼儿既能够感受到教师的权威,也能够专注地思考自己的行为,其印象会更为深刻,效果更好。如此反复几次,我想大部分幼儿到公众场合一定会知道轻声细语不打扰他人。

二、规则教育需要"温柔地等待"

美国幼儿园的规则养成教育要花很长时间来完成。在每一次新生入园时,前几个月的时间几乎都是在培养幼儿良好的行为习惯,这种教育贯穿幼儿一日生活中的各个细节。

案例2 耐心地指导女孩餐后整理

午餐结束了,女孩习惯地将自己的凳子推回到桌子下面,然后拿起自己的餐桌垫子和勺子送到教室另一角的回收盘子里。当走到桌子旁边时,她手里的勺子不小心掉到桌子底下,女孩小心翼翼地弯下腰,钻到桌子下面捡起勺子,又成功地避开碰头的危险,将垫子和勺子分别放在各自的回收盘子里,然后跑出去做游戏。

这时,教师在清扫地面时发现女孩的桌面上还放着橘子皮没有扔掉,于是把女孩叫到餐桌旁,手里拿着打开的塑料袋,示意女孩将橘子皮一点点地放进袋子里,然后交给女孩,示意她送到前面的垃圾桶里。女孩可能对可回收和不可回收垃圾还不太明白,于是将垃圾袋扔进了可回收的垃圾桶里,继续跑出去玩游戏。

教师走到垃圾桶旁倒垃圾时发现女孩将橘子皮扔错了地方,但她并没有代劳,而是走过去将女孩拉到垃圾桶旁边,指着垃圾桶告诉她什么是可回收垃圾,什么是不可回收垃圾,如何正确投放。并指导女孩将装有橘子皮的垃圾袋从可回收垃圾桶里拣出来,再扔到生活垃圾桶里。最后,女孩终于圆满完成了餐后整理工作。

——Step to Learning Preschool 观察(2015-12)

在这个案例中,女孩已经基本养成物归原处的好习惯,如推放凳子、收拾餐桌垫子和勺子以及取放餐包等。但她可能对垃圾分类还不太熟悉,教师需要反复强化训练。教师在整个过程中看到女孩的错误行为既没有大声训斥,也没有包办代替(其实教师顺手很容易就可以处理好),而是极其耐心地指导女孩如何进行餐后整理、垃圾回收以及垃圾分类等一系列工作。整个过程看起来温暖且令人感动。我相信,女孩经过几次提醒和动手后,一定可以将其内化成一种新的行为习惯。

案例3 教育幼儿为自己的行为负责

早上户外活动时,男孩在木屑地面玩得很尽兴。木屑被一圈轮胎围起来形成独自领域,边上是一条水泥小路方便幼儿骑自行车。不知道是有意还是无意,男孩将木屑撒到了水泥地面上。看到这一情境,在远处观察的园长迅速走过去,蹲下来,非常温和地盯着幼儿的眼睛,指着地上的木屑低声向男孩讲了些什么,眼睛里满是鼓励和慈爱。一会儿,男孩跑到存放工具的房子里取出一把扫帚,很开心地将自己弄出来的木屑扫了回去,看不到脸上有任何的不情愿。我想,园长和他一定有过一段很温暖的对话。男孩在扫完自己弄出去的木屑后,似乎意犹未尽,又把地面上的沙子扫回沙池里,检查完之后才放心地把工具放回原处。男孩的心里一定充满成就感和担当感。因为,他在为自己的行为负责。

对幼儿的规则养成教育,除了反复的说教提醒外,在幼儿犯错之后或遇到问题时及时、耐心的指导教育也是重要的环节。与"静坐5分钟"的处理方式不同的是,该案例中园长是立即启动教育措施,并没有在活动结束后才进行,这与事情的性质、当时的情境有关,一切以效果好为依据。教师需要对情境做出正确的判断,采取正确的措施。尽管教师的处理方式不同,但是我们能看到教师共同的行为特征是不训斥、不指责、不批评、不恐吓,而是温柔地交流,让幼儿知道自己的错误行为是什么,行为的后果怎么样,最关键的是让幼儿知道该如何做才是正确的。否则,非但起不到好的效果,还可能会让幼儿因为害怕、恐惧而带来心理的伤害。因此,教师教给幼儿正确的做法比批评更有效。

三、规则教育是"智慧的较量"

培养幼儿的规则意识和良好的行为习惯,需要教师付出的不仅仅是温柔的教导、良苦的用心,有时甚至要和幼儿"斗智斗勇"。

案例4 我行我素的女孩

在表演区,几个幼儿穿上漂亮的衣服在玩角色游戏。讲故事时间到了,教师要求幼儿把身上的服装脱下来放回原处,然后到另一个区域围坐一起。其他幼儿迅速按要求完成,只有一个女孩似乎不太乐意这么做,不愿意把裙子脱下来,教师提醒也没用,而是自己躺在地上自娱自乐。我想过去劝女孩听话,但教师示意我离她远点,不必再打扰她。

因为提醒过女孩但无效,所以教师不再有任何要求,开始给幼儿声情并茂地讲故事,开心地和同伴互动,阵阵欢快的笑声吸引了旁边的女孩。她站起来,趴在桌子后面,向教师这边张望,看得出来她似乎很想参与其中。这时,教师用眼睛示意助教,助教教师会意并迅速走到女孩身边,蹲下来低声和她交谈。不久,我看到女孩点点头,把服装脱下来放回原处,向教师这边走来。先是坐在离教师远一点的地方,然后随着教师故事的吸引,站起来走到教师身边。教师问她是否愿意加入同伴的游戏?女孩点点头,教师拥抱了一下女孩,女孩很快进入故事情境并和同伴一起大笑。

当幼儿不愿意听从教师的指令时,教师应该如何选择?是强制命令幼儿执行规则还是顺其自然地伺机而教?前者是一种无能的表现,后者则充分显示出教育的智慧。案例中,女孩不愿意听从教师的要求,我行我素。教师在提醒无果后便开始采取另一种策略——先冷处理后吸引。教师不让任何人劝说女孩以免强化其抗拒心理,冷处理的方式可以让女孩感到轻松无压力,独自无聊时也容易被集体活动所吸引。教师的故事、幼儿的笑声是吸引女孩的重要工具,当其犹豫不决时正是教育的契机,助教的适时劝说有力地推动女孩迈出了走向教师的一步。此时,女孩还担心教师能否接纳自己,先是坐在远处观望,然后才走到教师身边。教师见时机已成熟,顺势给女孩一个台阶,拥抱和欢迎女孩回到集体中来。不难看出,教师看似无为的行为背后是和女孩的智慧较量——没有控制和强制,而是自由和吸引。

案例 5　桀骜不驯的男孩

班里有一位白人父母领养的黑人男孩,长得高大壮实,虽然只有 5 岁,但看上去已经有七八岁的样子。男孩总是一副桀骜不驯的样子,对教师似乎总有一种敌意,很少听从教师的要求,甚至还有几次向教师扔东西。一次分组活动中,男孩做了一些违规行为,美女教师和男孩讲了些什么,然后用手去拉男孩,结果男孩"怒发冲冠",甩开教师的手,还用脚乱踢乱蹬。我不知道这位美女教师接下来会怎么办。见男孩情绪如此激动,教师也不再要求什么,而是组织班上其他十几个幼儿和我一起到院子里的草坪上继续游戏,留下男孩和一位助教在教室。我想助教的作用大概也是在伺机而教。

十几分钟过后,美女教师打电话给助教,询问男孩的情绪是否稳定,以决定我们是否可以进教室。助教没有允许我们立刻回教室,于是我们到了隔壁班级里,教师带幼儿做些律动等待机会。隔着玻璃,我看到男孩还倔强地在旁边站着,助教陪在旁边,应该是在慢慢交流。几分钟后,助教打来电话,我们才回到教室里。接近收玩具离园的时间,美女教师提醒大家一起整理,男孩很快和同伴一起抬着一篮子玩具放回架子上,一切似乎都没有发生过。

——Ⅳ小学附设幼儿园观察(2016-06)

在教育幼儿的过程中,"伺机而教"和"借物而教"都是有效的方法。其中,成人之间的配合和一致对教育效果至关重要。在这两个案例中,教师都具有的教育智慧是冷处理—伺机而教—借助外力—接纳。教师工作的创造性、复杂性、专业性得以充分体现。

四、规则教育始于教师

在我国,幼儿园的规则教育通常针对幼儿,很少对教师提出要求。在美国的幼儿园,常常会看到墙上贴着对教师规则的要求,如在区角活动中。

案例 6　表演区的规则

Welcome to the Dramatic Play Area: Look for opportunities to...(欢迎来到表演区,寻找机会做到……)

Participate in pretend play, taking cues from children.(参与假扮游戏,接受幼儿给予的扮演某种角色的提示。)

Follow the theme and content set by the players.(跟着幼儿开展主题和内容。)

Embrace novelty-a tutu wearing doctor has many skill sets!(抱着一个乖巧的穿着医生服装的 tutu 人也需要很多技巧!)

Introduce supporting props.(介绍具有支持性的道具。)

Watch for opportunities to offer literacy and math materials: Paper and pencil for a grocery list, a cook book, a bedtime story to be read to the baby, a balance scale for the grocery store...(留意机会为幼儿提供读写和数学材料:如写购物清单的笔和纸、一本烹饪书、一个为宝宝准备的睡前故事以及一个商店的天平……)

Offer suggestions within the pretend situation.(为假扮的情境提供建议。)

I wonder if we could pretend to go to grocery store to collect all the ingredients we need to make your enchiladas.(我想知道我们是否可以假装去商店收集我们需要的配料来制作你的辣椒酱。)

Respect children's responses to your ideas. (尊重幼儿对你的想法的反应。)

Address the pretend person rather than the child. (对假装的人说话而不是对幼儿说话。)

"Firefighter Sofia, where is the emergency?" ("消防员索菲亚,哪里有紧急情况?")

Expand play opportunities; problem-solve conflict. (扩大游戏机会;冲突的解决。)

"It sounds like you both want to be the mommy in this family. I know many families with 2 mommies, maybe this family can have 2 mommies too? " ("看起来你们都想扮演妈妈。我知道很多家庭里有两个妈妈,也许这个家庭也有两个妈妈?")

In the dramatic play area children have the opportunity to plan, to be empowered and in control, to imitate and expand real and imaginary roles, to organize, to be inclusive, to conquer fears, to solve problem and negotiate, to invent and to be fully engaged in a world of their own creation. (在表演区,幼儿有机会计划、被授权和控制,模仿和扩大真实与想象的角色,组织、包容和克服恐惧,解决问题和谈判,创造和充分参与一个他们自己创造的世界。)

——UCSB 大学附属幼儿园班级环境区角规则

和幼儿保持连接策略。与我国幼儿园规则具有强制性的命令特点不同,美国幼儿园规则主要涉及四个方面。①听的规则:仔细聆听指令并及时行动;②说的规则:轻声说话;③游戏场地的规则:学会控制自己;④门厅行走的规则:走而不是跑。因此,要教给幼儿如何听、说、走等规则,教师首先要做到。

案例 7 Strategies for Connecting(连接策略)

Slow Down(慢下来)

Stay in the Moment(留在那一刻)

Listen to Children(倾听幼儿)

Personalize Your Interactions(个性化的互动)

Show Respect(尊重)

Keep Trust Growing(保持信任的增长)

Keep Learning and Playing(保持学习与玩耍)

——UCSB 大学附属幼儿园班级环境区角规则

类似这样的对教师的行为要求在美国的幼儿园很常见。可以看出,在美国的幼儿园里,规则教育不仅是教育幼儿,也包括对教师的要求。也可以说,对幼儿的教育是通过教师的规则教育间接进行的,教育幼儿首先是教师要做好自己。

五、比较与思考

(一)规则与自由的关系

规则与自由看上去似乎是一对矛盾,常常被误解为有了规则就会失去自由、创造性和想象力。在美国的幼儿园,虽然规则很多,但幼儿的个性却是自由发展;幼儿园要求很多,但家长并不感到有压力。

比如,在接送幼儿方面的规则与自由:幼儿园规定时间为 7:00—18:00,家长要严格执行,在此期间,家长可以随时接送,但 22:00 点前要给幼儿园打电话告知明天是否还来。

这样的规定给了家长很大的自由。但是,送幼儿早到1分钟幼儿园也不会给家长开门,晚接1分钟就要交费用,这些钱用来补偿最后回家的教师。如果超过半个小时还不来或来接幼儿也不打电话,幼儿园要给福利部门打电话。

早餐与午餐中的规则与自由:幼儿的早餐可以选择在家吃,也可以选择在幼儿园吃,相对自由。规则是到了结束的时间,早餐就要收回。如果幼儿没吃完,可以不吃也可以父母陪着吃,幼儿之间互不打扰。午餐通常在幼儿园吃,可以由幼儿自己带餐,也可以由幼儿园提供。教师陪幼儿吃饭,但是每个幼儿吃多吃少是幼儿自由的选择。不像在我们的幼儿园,教师常常会说"看谁吃得多,吃得快"。而且,幼儿园里吃饭是可以自由交流的,就餐在幼儿看来也是一件很享受的事情。餐后要把凳子放回原处,自己整理餐桌和餐包,送餐具,洗手等。

集体活动中的规则与自由:在教师给幼儿读书或唱儿歌时,幼儿可以自由选择位置和姿势,或坐、或躺、或趴。幼儿画画、做手工也是随心所欲,教师从不比较,也不做空洞地评价,而是让幼儿感到足够的自由。但是,教师提出的规则幼儿必须遵守。如果不遵守,教师就要想各种办法帮助他们遵守。全日制的幼儿园通常也有午睡,每个幼儿自己带一个喜欢的毯子和一个喜欢的玩具陪睡。有的幼儿不愿意睡觉也没关系,可以看书或者玩安静的玩具。午睡结束,教师也不会叫醒还在睡的幼儿,因为尊重幼儿的身体发展需要,直到他们自己醒来。醒来的幼儿会很安静,也不去打扰熟睡的幼儿。

可见,美国的幼儿园实际上也有很多规则,包括仔细听、听指令、安静工作、不打扰正在工作的人、尊重别人、说话要和蔼、行动要平和等。在对待问题儿童方面也有基本的措施,比如,第一步由教师与幼儿尝试解决问题,第二步教师将幼儿送到园长办公室,由园长与幼儿一起解决,如果仍然无效,则求助第三方(家长)参与讨论,甚至会请儿童心理专家帮助。每个年龄段,教师都会要求幼儿学会分享与合作,尊重他人,解决问题用语言而不是身体。因此,美国幼儿园的规则教育带给我们思考的重点不在于自由和规则之间的矛盾,而在于制定了什么规则以及如何要求规则。

(二)规则教育无效的原因

在规则教育方面,我们常常苦恼于幼儿的规则遵守得不好,却很少反思规则教育无效的原因。

首先,对规则的定位。在我们的教育中,规则是一种管理班级秩序的工具,规则教育常常是对幼儿进行管束、秩序的维持而不是让幼儿内化规则。教师往往扮演着规则的制定者、监督者和评价者角色。其实,规则应该是引导幼儿行为的指向,是养成教育的重要内容。规则应由师幼共同制定,至少应征得幼儿的认可,否则规则就是强加。

其次,规则教育的方式。我们很熟悉教师对幼儿的训斥、批评、指责、诘难甚至恐吓,都是以达到遵守某种规则为目的。比如,"再不听话就把你送到小班去(不让妈妈接你)""闭嘴,就你话多""我数三二一,看谁还在说话""吃饭不许说话",等等。幼儿屈服于教师的威慑而暂时遵守了规则,但是可能维持不了几分钟又开始违反规则。因为幼儿很容易忘记教师的训斥,规则没有内化于心,所以会出现"屡教不改"的情境。美国的教师在对幼儿进行规则教育时常常"无声胜有声",从不高声说话,但却"掷地有声"。幼儿在每一次的违反规则中都可以得到一次正强化,从而逐渐将规则内化进而形成一种行为习惯。

最后,我们将规则教育简单地理解为要求幼儿遵守规则,而忽视了一个重要的教育原理,即教育幼儿就是做好自己。规则教育是教师在和幼儿的交往中以身作则的潜移默化的过程。教师将规则作为一种习惯表现出来,幼儿自然就学会了规则。现实往往是我们要求幼儿做到的自己却做不到,因此幼儿建立起来的规则很容易被教师的"不规则"所打破。

　　此外,规则教育贵在坚持。规则的养成是教育积累的结果,要遵守"不破例"和坚持的原则。教师的一次偶尔的不遵守可能使幼儿的规则教育归于零。做好自己就是最好的教育。因此,我们便不难理解美国幼儿园为什么要对教师提出规则教育。规则教育还在于社会对规则的高度认可,因而规则的制定要立于对幼儿的尊重并使家庭与幼儿园保持高度一致,这样才可能达到并巩固教育效果。

第三节　学前儿童社会行为规范教育的活动设计

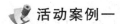 活动案例一

有礼貌的小客人(小班)

【设计意图】

　　去朋友家拜访做客是常见的社会交往方式,是增进人与人之间情感的重要桥梁。大多数小班幼儿都有跟家长去别人家做客的经验,但是做客前要准备什么? 做客时应怎样做一个有礼貌的小客人? 做客结束应该怎么做? 小班的幼儿还不是非常了解。《幼儿园教育指导纲要(试行)》中指出要用多种方式引导幼儿认知、体验并理解基本的社会行为规则,学习自律和尊重他人,学习初步的人际交往技能。因此,设计了本次活动,引导幼儿学习基本的与人交往规则,让幼儿学礼、知礼、重礼、用礼。

【活动目标】

　　1. 初步理解礼貌用语:"请""您好""谢谢""再见"。

　　2. 在提醒下会使用做客需要的礼貌用语。

　　3. 感受使用礼貌用语的快乐。

【活动准备】

　　做客视频(幼儿去小朋友家做客的视频),教学 PPT(有四张礼貌用语图片:请、您好、谢谢、再见),哭脸和笑脸贴纸。

【活动过程】

　　一、活动导入

　　教师通过问题创设情境:小朋友们,你们有没有去过别人家做客? 你们是怎么做客的呢?

　　通过一问题引导幼儿进行讨论,最终引出本活动主题。

二、观看做客视频

带领幼儿集中观看做客视频,然后教师通过提问引导幼儿回忆视频中小客人的做法。

"小客人到小主人家之前做了什么准备?"

"小客人都说了什么?小主人是怎么回答的呢?"

"小客人走的时候说了什么?"通过一系列的提问引导幼儿初步理解做客的基本礼仪规范。

三、根据图片掌握做客的礼貌用语

教师向幼儿出示做客基本礼仪规范的四张图片,引导幼儿在做客过程中使用"请""您好""谢谢"和"再见"这四个礼貌用语。

四、情境表演,体验使用礼貌用语的乐趣

教师通过"邀请小朋友来老师家里做客"这一角色扮演游戏,让幼儿加深对做客礼仪规范的理解,做客时如果使用了礼貌用语就奖励幼儿一个笑脸,如果没有使用礼貌用语,就给他一个哭脸,让幼儿知道与人交往使用礼貌用语是一件快乐的事。

五、活动结束

教师针对此次活动进行总结,以鼓励幼儿为主;同时也鼓励小班幼儿分享自己的体验和感受。

【活动延伸】

在娃娃家中表演做客的情境,提醒幼儿使用礼貌用语。

【评析】

人际交往是《3~6岁儿童学习与发展指南》中的目标之一。在本活动中,教师通过创设去别人家做客的情境,激发幼儿兴趣,灵活运用观看做客视频、出示做客基本礼仪规范的图片,帮助学前儿童了解做客的流程及规则,最后让学前儿童现场表演做客,体验做客使用礼貌用语的乐趣。通过以上活动的有效开展,有助于引导学前儿童认知、体验并理解基本的社会行为规则,学习初步的人际交往技能,让幼儿学礼、知礼、懂礼、用礼,做文明有礼貌的小客人。

活动案例二

有用的交通标志(中班)

中班 有用的交通标志

【设计意图】

随着社会的发展,交通越来越发达,交通设施越来越完善。但是交通发达带给我们便利的同时,交通安全问题也越来越突出。因为闯红灯、行人不走人行道等不遵守交通规范而发生车祸的比比皆是。《3~6岁儿童学习与发展指南》中指出,要让中班幼儿感受规则的意义,并能基本遵守规则。因此,设计本次活动,让幼儿认识交通标志,感受交通规则的意义,在生活中养成遵守交通规则的好习惯,保护自身安全。

【活动目标】

1. 认识过马路的标志(斑马线、红绿灯)。
2. 感受交通规则的意义,增强安全意识。
3. 基本能遵守交通规则。

【活动准备】

1. 准备各种交通标志图片、书籍若干。
2. 准备自制标志所需要的各种材料:卡纸、铅笔、彩笔等。
3. 小狗贝贝布偶1个。

【活动过程】

一、故事导入

播放《三颗星星》故事视频(http://v.qq.com/x/page/s0388t8hcgv.html)。

教师提问:故事中的红星星、绿星星、黄星星分别指什么?

为什么三颗星星一回到妈妈的身边,地球就乱套了呢?

教师总结:因为没有了交通信号灯,车辆和行人不知道怎么行走了,你走,我也走,就乱套了。小狗贝贝也遇到了同样的困难,我们一起去看看吧!

二、认识交通标志

教师:前几天小狗贝贝新买了一辆小汽车,今天早上就开着它的小车来城里游玩,但是一进城,它发现我们的马路上到处有它不认识的标志,这些标志它从来没有见过,也不知道是什么意思,所以不敢开车进城,只好请我们小朋友帮忙了!

教师:瞧! 小狗贝贝把这些交通标志都画了下来,我们快一起来看看它们都代表什么意思吧!

教师出示各种交通标志的图片,请幼儿自由发表意见,试着说出这些分别是什么标志,分别代表什么意思。

幼儿举手回答:红绿灯、禁止停车、禁止行人通行、禁止非机动车通行等。

教师:刚才小朋友们都说出了这些标志的意义,到底说得对不对呢? 老师来告诉你们吧! (教师详细讲解每个交通标志的名称及意义)

游戏——我指你说:(教师可指出标志图片,让幼儿说出标志名称及含义,让幼儿巩固复习)教师带领幼儿说出标志的名称及含义。

教师:请小朋友说说自己还见过哪些交通标志? 它能告诉我们什么? 鼓励大胆回答的幼儿。

三、了解交通标志的作用

教师:现在我们知道了很多交通工具的意义,小朋友们想象一下,如果我们生活中没有了这些交通标志,会变成什么样子呢? (幼儿自由想象回答,幼儿纷纷回答)

教师总结:交通标志在我们的生活中起着非常重要的作用,如果没有交通标志,马路上的车就会随意乱行,没有规则,互不谦让,很容易引起车祸;如果没有交通标志,人们就不知道哪儿是停车场,车辆就会随意停放,这对我们的行走和生活都会造成很大的影响;如果没有交通标志,上班的时候马路就会混乱,影响人们的工作,所以交通标志是社会生活环境中不可缺少的一种符号,我们都应该认真地执行这些交通标志所表达的含义,自觉遵守交通规则,做一名优秀的交通小标兵。

四、我是小小设计师

教师:小朋友们,刚才小狗贝贝说,它现在明白了这些交通标志的意义,谢谢我们中班的小朋友,它现在要开着车到我们幼儿园来参观呢!你们高兴吗?可是,对于我们幼儿园小狗贝贝一点也不熟悉,每个教室每个房间它都不知道是干什么的?我们今天就来当一次小小设计师,为我们的幼儿园设计一些标志,就像交通标志一样,让小狗贝贝来了,看到这些标志就知道这些地方是干什么的。比如,在我们洗手的水龙头那里设计一个标志,如用水龙头的时候要开小一点,用完以后要记住关掉,不要浪费水资源等。

1. 幼儿寻找设计目标。

教师:小朋友们,现在找找我们教室或幼儿园哪些地方需要标志?(幼儿寻找,教师可跟随指引)。

2. 幼儿为幼儿园设计标志并制作出来(幼儿自己动手操作,教师巡回指导,对于能力较弱的幼儿要重点指引)。

3. 师幼共同将幼儿自制的标志贴在适合的地方,并让设计者向其他幼儿讲述其意义。让幼儿加深理解标志的名称及作用。

【活动延伸】

可请小班幼儿参观展示并为他们讲解其标志的意义,也可放学后让幼儿带领自己的父母去参观设计的标志。

【评析】

学前儿童安全教育一直是国家社会、学前教育行业最为关注的问题,而交通安全是安全教育中的重要一环。幼儿遵守交通规范是确保和避免幼儿出现安全问题的重要因素。此活动针对中班学前儿童开展,通过《三颗星星》故事视频导入、认识交通标志等活动的进行,帮助学前儿童认识过马路的标志(斑马线、红绿灯等),感受交通规则的意义和重要性,增强安全意识,基本能遵守交通规则。"我是小小设计师"环节,使幼儿充分参与进来,达到动手实践和深化目标的目的。

(案例来源:http://www.youjiao.com/e/20170105/586e1d69d28df.shtml)

活动案例三

遵守规则(大班)

【设计意图】

"没有规矩不成方圆",我们参与社会活动需要遵守许多规则。对幼儿来说,许多规则是成人制定好的,只需幼儿来遵守。根据幼儿的社会认知特点,需要幼儿亲身体验后获得相关知识概念,并通过后期强化而建立规则意识。大班幼儿已具备初步的规则意识,因此设计本次活动,有助于引导幼儿体验规则的重要性,养成遵守规则的好习惯。

【活动目标】

1. 了解生活中的规则,知道遵守规则的重要性。

2. 懂得人人都要遵守规则,并尝试自己设计一些简单的规则标记。

3. 激发幼儿争做"遵守规则的好宝宝"的积极性。

【活动准备】

1. 1个呼啦圈、1个铃鼓、便利贴卡纸。

2. 录像(搜集踢足球犯规被罚下场的视频片段)。

【活动过程】

一、活动导入

教师带领幼儿玩钻圈游戏,第一次游戏时不指定规则,游戏过程较为混乱,在这一过程中教师要注意幼儿的安全。第一次游戏结束时,教师向幼儿提出问题:为了更好地玩这个游戏,我们需要制定哪些规则? 在幼儿讨论结束后,教师总结:在钻圈过程中要排队、铃鼓响起时要回到座位上、大家要一个接着一个来钻圈。

最后要求幼儿按照游戏规则第二次玩这个游戏,并在游戏过程中提醒幼儿先排队,钻完的幼儿回到座位上给同伴加油。

在游戏结束后,教师引导幼儿认识到:游戏需要建立规则才能玩得开心,遵守规则能够让游戏进行得更加顺利。

二、观看视频录像

在视频观看结束后,教师通过提问的方式引导幼儿讨论:①这些叔叔在干什么? 看看发生了什么事? 裁判拿出了什么? ②为什么其中一位叔叔会被罚下场?

在幼儿讨论结束后,教师总结:如果不遵守规则,就会被惩罚。

三、幼儿思考与讨论

教师向幼儿提出问题:生活中都有哪些规则需要遵守? 如果不遵守生活中的规则会遇到怎样的结果?

在幼儿讨论结束后,教师总结:生活中我们需要遵守交通规则;坚持排队等公交的规则;遵守老师的课堂和活动规则;在家里遵守家庭的规则。如果不遵守交通规则,马路就会混乱;如果不遵守排队的规则,大家就会你推我挤;如果不遵守老师的课堂和活动规则,课堂和活动就无法开展;如果不遵守家庭的规则,就会受到爸爸妈妈的惩罚。

【活动延伸】

利用区域活动的时间让孩子设计制作幼儿园生活规则标记,制作完成后通过小朋友筛选,再贴到符合幼儿园生活的位置。

【评析】

本活动目标全面具体,导入生动;活动内容选择符合大班幼儿年龄和学习特点。活动中,突破了已有规则的遵守,而将目标聚焦于幼儿自己制定规则并遵守。根据幼儿社会认知特点,让幼儿尝试自己来设计一些简单的规则标记,并通过体验来获得遵守规则的乐趣和重要性。这一活动的设计使幼儿养成遵守规则的好习惯,激发幼儿争做遵守规则好宝宝的良好意识。

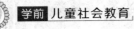**活动案例四**

我是礼貌小天使(小班)

【设计意图】

文明礼貌的意识和行为是幼儿进行人际交往与社会适应的关键所在。小班的幼儿需要学会讲礼貌,使用文明用语,对幼儿交朋友、适应集体生活有很大帮助。因此,设计本活动,教导幼儿学习在适当的场合运用日常礼貌用语,初步培养幼儿的文明礼貌意识和行为,使幼儿成为人见人爱、文明礼貌的小天使。

【活动目标】

1. 学习日常礼貌用语("请""谢谢""对不起"),并在适当的场合运用。

2. 初步培养文明礼貌行为和意识。

【活动准备】

小兔和小熊玩具。

【活动过程】

一、教师出示小兔和小熊玩具,以简短的故事引出活动主题

教师导入:今天来了两个小动物,大家知道它们是谁吗?

教师鼓励幼儿积极回答。

二、让幼儿根据故事的情境学说礼貌用语

1. 教师一边演示,一边说故事:小兔和小熊是好朋友,它们一起玩玩具,小熊有两个玩具,可小兔一个也没有,它该怎么向小熊借玩具呢?

幼儿回答。

教师总结:小朋友都说到了一个"请"字,现在让我们一起来学小兔说的话。

幼儿集体模仿。

2. 教师继续讲故事:小兔对小熊说后,小熊就把玩具借给它了。这时,小兔应该说什么呢?

幼儿回答。

教师总结:当别人帮助你的时候,应该说"谢谢",现在让我们一起来学习小兔是怎样向小熊道谢的。

幼儿集体模仿。

3. 教师继续讲故事:它们俩玩得真开心!突然,小熊不小心把小兔撞倒了,小兔摔在地上"呜呜"地哭了起来。小熊这时应该怎么说呢?小兔又会怎么回答呢?

幼儿思考后回答。

教师总结:不小心伤害到别人的时候要说"对不起",原谅别人的时候就说"没关系"。让我们一起来学小兔和小熊的对话!

幼儿集体模仿。

三、学习礼貌儿歌,引导幼儿思考生活中还有哪些礼貌用语

教师:现在我们来学习一首礼貌儿歌,学习里面的礼貌用语。

附:故事

小兔和小熊是好朋友,它们一起玩玩具,小熊有两个玩具,可小兔一个也没有。小兔

特别想向小熊借一个玩具玩,小兔说:"小熊小熊,请你借一个玩具给我好吗?"小熊愉快地回答:"可以呀!"小兔说:"谢谢你!"

它们俩玩得真开心! 突然,小熊不小心把小兔撞倒了,小兔摔在地上"呜呜"地哭了起来。小熊连忙把小兔扶起来,说:"对不起,我不是故意的。"小兔停止哭泣说:"没关系,我们继续玩玩具吧!"

附:儿歌

好孩子,懂礼貌,文明用语记心头。见面互相问"早""好",告别"再见"把手招。需要帮助"请"出口,"谢谢"常常挂在口。

【活动延伸】

进入角色区进行表演,将学到的礼貌用语进行应用。

【评析】

本次活动目标适宜,通过故事导入的形式开展,活动内容选择符合幼儿的年龄特点。教师通过动物布偶的故事引出活动主题,让幼儿根据故事情境学说礼貌用语、学唱礼貌儿歌,引导幼儿思考生活中的礼貌用语,并将已知晓的礼貌用语进行应用,初步培养幼儿文明礼貌的意识和行为。

本章小结

本章主要阐述了学前儿童社会行为规范教育的概念、类型、意义、目标、内容以及活动设计方案。需要掌握以下几个方面的知识点。

(1) 学前儿童社会行为规范教育以与学前儿童息息相关的社会生活、学习、活动等需要遵守的行为规范为基本教育内容,遵循学前儿童的心理年龄特点以及学前儿童社会性发展规律与特点,教育者创设良好适宜的教育环境,有目的、有计划地对学前儿童开展教育活动,使学前儿童理解并遵守社会中的规章制度、道德规范、行为准则。

(2) 学前儿童社会行为规范教育的类型主要有公共规范、集体规范、交往规范和道德规范。

(3) 学前儿童社会行为规范教育的总目标如下。

① 理解并遵守日常生活中基本的社会行为规则。

② 能主动适应和融入社会,遵守公共场所的规范。

③ 理解、参与制定集体规范,遵守集体规范。

④ 乐意与人交往,熟悉交往规范,学习互助、合作和分享等。

思考与练习

1. 学前儿童社会行为规范教育的总目标是什么?

2. 学前儿童社会行为规范教育的意义是什么?

3. 一天,在玩超市游戏时,小白和小黄因为付钱排队的问题吵起来了,小白说:"付钱需要排队,你不能插队。"小黄说:"我买得少,你买得多,我的快,我可以先付钱。"小白不服气,两个人争论不休。如果你是老师,你会怎么做?

第七章
学前儿童社会文化教育及
活动设计

本章导航

学习目标

1. 了解文化的内涵、类型。
2. 掌握幼儿园社会文化教育活动的目标及内容。
3. 掌握幼儿园社会文化教育活动的设计和实施方法。
4. 能够运用所学知识解决学前儿童社会文化教育中的问题，并能独立完成幼儿园社会文化教育活动的设计、实施与评价。

引导案例

圣诞节为什么不放假

豆豆在上学的路上看到商场门口有很多漂亮的圣诞树和圣诞老人，他问妈妈："妈妈，为什么有这么多漂亮的树呢？明天是什么节日吗？"妈妈说："明天是圣诞节呀……"豆豆心想：哇，太棒了！明天我们又要放假了！

豆豆到了幼儿园，飞奔到花花老师的身边："老师，我们明天是不是又要放假了?"

花花老师一脸疑惑地看着豆豆:"明天不是周末,不放假呀!"豆豆说:"妈妈告诉我明天是圣诞节,我们中秋节、国庆节的时候都放假,那圣诞节……"

案例解析:

案例中豆豆看到圣诞节即将到来,各大商场、街道上到处都会看到圣诞老人、圣诞树,听到圣诞歌……这些对幼儿是有影响的,幼儿不仅在幼儿园里学习知识,同时他也会吸收社会上的知识。幼儿园在节假日放假,为什么在圣诞节就不放假呢?幼儿园刚好可以利用这个时机给幼儿过一次圣诞节,让他们对圣诞节有一个更好的了解,同时感受中西节日文化的差异。

《幼儿园教育指导纲要(试行)》在"社会"领域中明确指出:"要适当向幼儿介绍我国各民族和世界其他国家、民族的文化,使其感知人类文化的多样性和差异性,培养理解、尊重、平等的态度。"西方的节日教育则是帮助幼儿了解世界各国文化的重要平台。

将西方节日引入幼儿教育的同时,我们不能忽视中国传统节日教育,我国在2007年12月7日修改了《全国年节及纪念日放假办法》,规定从2008年1月1日起,除春节长假之外,清明节、端午节、中秋节增设为国家法定假日。从这一规定来看,我国对传统节假日开始重视,以此保护中国的传统文化。此外,在节日教育中增强幼儿对各种节日的体验,学会继续并更新民族的优秀文化并尊重其他国家的文化显得尤为重要。[①]

第一节　学前儿童社会文化教育的理论基础

文化或文明,从其广泛的人种史的意义上说,是包括知识、信仰、艺术、伦理、法律、风俗以及一个人作为社会的一名成员所掌握的任何其他能力和习惯在内的一个复杂的整体。

——泰勒《原始文化》

一、社会文化教育的含义

(一)文化的内涵和特点

1. 文化的内涵

文化从广义上来说,是指人类社会历史实践过程中所创造的物质财富和精神财富的总和。从狭义上来说,是指社会的意识形态,以及与之相适应的制度和组织机构。文化是一种历史现象,每一个社会都有与其相适应的文化,并随着社会物质生产的发展而发展。作为意识形态的文化,是一定社会政治和经济的反映,又给予社会政治和经济巨大影响与作用。[②]

2016年出版的《现代汉语词典(第7版)》对文化的定义:①人类在社会历史发展过程

---

① 曾莉.幼儿园多元文化启蒙教育[D].上海:华东师范大学,2014(3):2.
② 何新.中外文化知识词典[M].哈尔滨:黑龙江人民出版社,1989.

中所创造的物质财富和精神财富的总和,特指精神财富,如文学、艺术、教育、科学等。②指运用文字的能力及一般知识。③考古学用语,指一个历史时期的不以分布地点为转移的遗迹、遗物的综合体。

2. 文化的特点

通过对不同文化的比较研究,才能了解文化的特点。

(1)文化是共有的,是一系列共有的概念、价值观和行为准则,是使个人行为能力为集体所接受的共同标准。文化与社会是密切相关的,没有社会就不会有文化,但是也存在没有文化的社会。在同一社会内部,文化也具有不一致性。例如,在任何社会中,男性的文化和女性的文化都有不同。此外,不同的年龄、职业、阶级等之间也存在着亚文化的差异。

(2)文化是学习得来的,而不是通过遗传天生具有的。生理的满足方式是由文化决定的,每种文化决定这些需求如何得到满足。从这一角度看,非人的灵长类动物也有各种文化行为的能力,但是这些文化行为只是单向的文化表现,如吃白蚁的方式、警戒的呼喊声等。这和人类社会中庞大复杂的文化象征体系相比较显得有些微不足道。

(3)文化的基础是象征。其中最重要的是语言和文字,但也包含其他表现方式,如图像(如图腾、旗帜)、肢体动作(如握手、吐舌)和行为解读(送礼)等。我们几乎可以说,整个文化体系是透过庞大无比的象征体系深植在人类思维中,而人们也透过这套象征符号体系理解和解读呈现在眼前的种种事物。因此,如何解读各种象征在该文化中的实质意义便成为人类学和语言学等社会学科诠释人类心智的重要方式之一。

(4)文化作为相互关系的整体而呈现出一体化的趋势。

(二)社会文化教育的内涵

文化是社会发展的摇篮,讲社会发展就不能不重视文化的建设,文化的发展从本质上体现着社会发展的质量和文明进步的程度。社会的发展不仅要谋求经济的繁荣,更要创造文化的繁荣。教育是社会文化的一个重要方面,是文化继承和发展的重要手段。社会文化教育意味着文化与教育的结合。通过社会文化的教育,使年青一代在享有前人文化的基础上创造更高水平的社会文化,以促进当今社会的发展。

在世界经济一体化的今天,社会文化的多元化已成为势不可当的趋势,世界各个国家在对外文化交流中,一方面吸收外来优秀文化;另一方面又要努力保持自己的传统、弘扬本民族文化。社会文化教育,是在初步了解、认同本民族文化的基础上,从小就树立平等的包容、理解、尊重和珍惜其他民族的文化,并从中汲取精华部分以便获得参与未来多元文化社会必需的价值观念、情感态度、知识与技能,以及有和平共处、维护文化平等和社会公平最粗浅的意识和信念。①

学前儿童社会文化教育,主要是通过民族传统文化教育使幼儿感受传统民族文化的多样性、丰富性,了解本民族文化的根基和内涵,激发幼儿对传统民族文化的认同感以及对祖国和民族的热爱。通过世界多元文化教育,使幼儿在认同、热爱本民族文化的基础

---

① 陈世联.幼儿社会教育[M].海口:南海出版公司,2009:79.

上，了解世界性文化的多样性，包容、理解、尊重其他民族的文化，尊重人类文化的多样性，树立多元文化价值观。

二、社会文化教育的类型①

（1）从时代角度划分：包括传统文化和现代文化。对幼儿的教育除了现代文化教育之外，仍要兼顾传统文化教育。

（2）从文化的结构层次划分：包括学校文化、社区文化、阶级（阶层文化）文化、民族文化、种族文化、世界文化。对幼儿的民族文化教育应当遵循由近及远的原则，即由社区文化教育到民族文化教育再到世界文化教育。

（3）从文化的内容划分：包括物质文化、制度文化、精神文化。物质文化是文化的表层形式，表现最为活跃，如服饰样式、建筑风格等；制度文化是中层文化，它规范着文化的整体性质，如风俗习惯、伦理道德和法律政治形势等；精神文化是深层文化，它是文化结构的核心，如宗教信仰、价值观念等。

（4）从空间上划分：包括本土文化和外来文化。从民族这个角度来说，本土文化指本民族文化，外来文化指其他民族文化；从国家这个角度来说，本土文化指本国多民族共同创造的文化，外来文化指其他国家和民族的文化。幼儿在日常生活中不仅受本土文化的影响，还会受外来文化的影响。

三、社会文化教育的意义

（一）社会文化教育能够激发幼儿对家乡的热爱

2012年颁布的《3～6岁儿童学习与发展指南》在社会领域目标中提出，让幼儿"能感受到家乡的变化并为此感到高兴"。幼儿对家乡的热爱，首先建立在对家乡文化的了解、认同的基础上。社会文化教育可以让幼儿感受自己家乡的生活方式、风俗习惯、传统节日、建筑风格等，"一方水土，养育一方人"只有在感受家乡文化的基础上才能认同家乡的文化，从而加深对家乡的认同感和归属感。

（二）社会文化教育能够激发幼儿对本民族的认同及对祖国的热爱

《幼儿园教育指导纲要（试行）》明确指出："充分利用社会资源，引导幼儿实际感受祖国文化的丰富与优秀，感受家乡的变化和发展，激发幼儿爱家乡、爱祖国的情感。"《3～6岁儿童学习与发展指南》在社会领域目标中提出，让幼儿"知道自己的民族，知道中国是一个多民族的大家庭，各民族间要相互尊重、团结友爱"。由此可见，本民族文化的教育对幼儿的重要性。社会文化教育让幼儿了解自己的民族，知道本民族的传统，激发幼儿对本民族的认同，通过爱国主义教育，培养幼儿热爱祖国的情感。例如，幼儿园开展"中秋节"制作月饼活动，使幼儿体验劳动的快乐，感受传统的节日传统；知道"重阳节"的来历，尊重

---

① 陈世联.幼儿社会教育[M].海口：南海出版公司，2009：79.

老人、关爱老人;开展"国庆"主题活动,增加对祖国的了解。通过这些社会文化教育活动,使幼儿感受本民族文化的丰富性,增强幼儿的民族自豪感,增加对本民族的认同以及对祖国的热爱。

(三) 社会文化教育能够帮助幼儿初步形成多元文化意识

社会文化的多元化已成为势不可当的趋势,各民族文化的碰撞使文化冲突和文化融合成为常态,社会文化教育让幼儿在了解本民族文化的基础上,通过对世界文化的学习,扩大儿童的地方性和全球性视野,感受各民族、各国家的优秀文化、体验中西文化的差异,理解世界文化的多样性,在认同本民族文化的基础上,学会尊重、包容其他民族国家的文化,帮助幼儿形成多元文化意识。

延伸阅读

维果斯基的文化历史发展理论①

维果斯基(1896—1934)苏联心理学家,社会文化历史学派创始人,他强调文化、社会对儿童认知发展的影响。其观点为人的高级心理机能并不是人自身所固有的,而是在与周围人的交往过程中产生和发展起来的,受人类的文化历史所制约。

维果斯基的理论具有社会文化取向,他阐述了社会和文化对儿童发展的影响,其理论强调四种层次的人类发展的相似性与差异性:①人类种族是通过进化而发展的;②人类是通过历史而发展的;③个人是通过儿童期以及成人期而发展的;④能力是通过儿童及成人个别工作或活动而发展的。

维果斯基提出心理机能的中介结构是历史文化,儿童认知能力的发展始于社会关系和文化,儿童的记忆、注意、推理能力的发展都和学习使用社会的创造发明有关。如语言、数学体系和记忆方法,在一种文化背景中,会包含学习如何借助计算机进行计算;而在另一种文化背景中,会包含用自己的手指或珠子计数。

维果斯基的儿童发展观点是假设社会互动和孩子参与真实的文化活动,均是发展的必要条件,同时在进化过程中,人类的心智能力也因需要沟通而被唤起。

第二节　学前儿童社会文化教育的目标及内容

一、学前儿童社会文化教育的总目标

《幼儿园教育指导纲要(试行)》中社会领域的第 5 条目标为"爱父母长辈、老师和同伴,爱集体、爱家乡、爱祖国"。同时在内容与要求中指出,"要充分利用社会资源,引导幼儿实际感受中国文化的丰富与优秀,感受家乡的变化和发展,引导幼儿爱家乡、爱祖国的情感。适当向幼儿介绍我国各民族和世界其他国家、民族的文化,使其感知人类文化的多样性和差异性,培养理解、尊重、平等的态度"。

根据《幼儿园教育指导纲要(试行)》的要求,我们提出学前儿童社会文化教育的具体目标有以下几点。①

(1)了解本民族的习俗、民间艺术和民间文学,了解其他民族的节日和风俗习惯与自己的民族有所区别,培养儿童热爱本民族文化、尊重其他民族文化的意识。

(2)感受本民族与国家的传统节日,了解其他民族和国家的重大节日,了解社会重大事件,激发幼儿的民族自豪感。

(3)感受世界著名的人文景观和优秀的艺术作品,激发幼儿对世界文化的兴趣,培养幼儿对美的感受力和鉴赏力。

二、学前儿童社会文化教育的内容及要求

根据社会文化教育的总目标,我们将社会文化教育的内容分为三个部分:民族文化、中华民族传统文化和世界文化。其中,节日不仅是文化的重要组成部分,还蕴含了丰富的多元文化教育资源,因此对幼儿社会文化教育以节日教育为主。

(一)民族文化教育

民族文化是人民在长期共同生产、生活实践中产生和创造出来的能够体现本民族特点的文化,是该民族历史发展的水平反映。民族文化具有鲜明的民族性、地域性和群众性,是传统文化遗产中最基本、最生动、最丰富的组成部分,是中华文化最丰厚的土壤。

民族文化包括物质文化和精神文化,饮食、衣着、住宅、生产工具等属于物质文化的内容;语言、文字、文学、科学、艺术、哲学、宗教、风俗、节日和传统等属于精神文化的内容。

1. 目标

(1)知道自己的民族,了解本民族文化。

(2)了解身边的传统节日文化,感受家乡的文化。

(3)知道中国是一个多民族的大家庭。

(4)理解各民族间的差异,热爱本民族文化,尊重其他民族文化。

2. 内容与要求

(1)能说出自己的民族,知道本民族所居住的区域。

(2)了解本民族的习俗,如服饰、饮食、居住、节日、建筑、艺术、生活习惯、宗教信仰、价值观和世界观等。

(3)知道我国是由多民族组成的大家庭,其中包括1个汉族,55个少数民族。

(4)了解其他民族,知道其他民族的生活区域、民族习俗及重要节日,感受不同民族间的差异性(如图7-1所示为幼儿制作的少数民族服饰)。

(5)知道各民族文化是中华民族文化的重要组成部分。

(6)了解少数民族的语言文字、舞蹈、乐器、地方剧种、民间歌谣等。

---

① 陈世联. 学前儿童社会教育[M]. 北京:中国人民大学出版社,2009:164.

图 7-1　幼儿制作的少数民族服饰

（胡莎提供）

延伸阅读

民族民间文化的表现形式

（1）少数民族的语言、文字。

语言是识别一个民族的重要标志，记载、保留、传播着民族的文化和历史，我国有55个少数民族，除回族和满族已经全部使用汉语之外，其他53个民族都有自己的语言，有些民族内部不同的派系还使用着相异的语言。目前全国共有55个少数民族，一共使用72种语言。这些语言又分别属于5个不同的语系，可归纳为3种不同的语言文字类型，是我国非物质文化遗产的宝贵资源。其中，蒙古语、维吾尔语、藏语、苗语、彝语等跨境民族语言几乎都是同语系、同语种，属于不同国家的同源异流的产物。[①]

（2）具有代表性的民族民间文学、舞蹈、绘画、工艺美术等。

民族民间文学包括神话、传说、故事、歌谣、平话、谚语、说唱、曲艺、山歌等丰富形式。民族民间文学、舞蹈、绘画、工艺美术是由民间百姓集体创作并流传下来的，直接反映了民间百姓的生活情趣与理想愿望，具有明显的人民性。同时也具有民族特征与时代色彩。

（3）民族民间文化传承人及其所掌握的传统工艺制作技术和技艺。

对于传统工艺制作技术和技艺来说人的传承尤其重要，民族民间文化传承人恰好就是传统工艺制作技术和技艺的重要承载者与传递者，他们以超人的才智、灵性，储存着、掌握着、承载着传统工艺制作技术和技艺，使传统工艺制作技术和技艺能够世世代代流传下来。

（4）各民族生产、生活习俗。

各民族在长期的生产、生活中形成了不同的生产、生活习俗，生产习俗是一个国家、地

---

① 张柳根.我国少数民族语言文字的法律保护研究[D].广州：广东外语外贸大学,2017.

区或民族中广大民众在一定的生态环境中所创造和传承的物质文化现象,它随着人类生产活动的产生而形成,且随着生产工具的出现和改进、生产技术的进步及对自然依赖程度的逐渐降低而不断演进。如哈尼族撒种育秧时要"吹栽秧号"直到栽完秧,西双版纳傣族妇女在浅水中捕鱼盛行用双手执两个上下开口的竹筐扣鱼。

生活习俗包括饮食、服饰、居住及器用等方面的习俗,其最先是为了满足生理需要,以生存为目的而产生的,随着社会的发展,各民族的生活习俗也日渐多样化、复杂化,它满足的已不仅仅是生理需要,同时也包含了安全、归属、自尊和自我实现等较高层次的需要。

(5) 具有民族民间文化特色的代表性建筑物、设施、标识以及在节日和庆典活动中使用的特定自然场所。

(6) 保存比较完整的民族民间文化生态区域。

"文化生态保护区"是指在一个特定的区域内构建一个保持"原生"状态的整体环境,在这个区域内非物质文化遗产和与其相关的物质文化遗产,以及与其周遭的人民的生产生活环境和谐相依,保持其"原生"状态。避免民族民间文化的同质化和庸俗化,促进民族民间文化的保护和传承。

(7) 民族民间传统节日、庆典活动、民族体育、民间游艺活动、民俗活动,如傣族的关门节、仡佬族的牛王节、佤族的年节崩南尼、彝族的火把节等。

(二) 中华民族传统文化教育

中华民族传统文化又叫华夏文化、华夏文明,是中国文化的主体部分,也是我们从先辈传承下来的丰富的历史遗产。中华文化源远流长,在文化发展的长河中呈现出顽强的生命力和持续性。

中华民族传统文化包括:①古文、古诗、词语、乐曲、赋、民族音乐、民族戏剧、曲艺、国画、书法、对联、灯谜、射覆、酒令、歇后语等;②传统节日:春节、元宵节、清明节、端午节、七夕节、中秋节、重阳节以及各种民俗活动等 ③传统历法在内的中国古代自然科学以及生活在中国的各地区、各少数民族的传统文化。

1. 目标

(1) 了解中国的传统节日,感受节日的氛围,理解传统节日的意义。

(2) 挖掘深厚的文化资源进行启蒙教育。

(3) 知道我国的一些重大成就,为自己是中国人感到自豪。

(4) 感受中国传统文化的魅力,激发幼儿对祖国的热爱。

2. 内容与要求

(1) 了解重要的传统节日(春节、元宵节、清明节、端午节、中秋节等)具体是哪一天(见表 7-1)。

(2) 通过开展传统节日游戏(课堂传统节日游戏、区域传统节日游戏、户外传统节日游戏、亲子传统节日游戏等形式),使幼儿感受传统节日文化的丰富性。

(3) 幼儿通过参与节日游戏活动,增强自信心,提升语言表达、动手操作的能力。

表 7-1　某幼儿园中国传统节日活动内容①

中国传统节日	主要活动内容
春节	1. 做拉面、剪窗花、冻冰花、玩冰爬犁 2. 串糖葫芦、做灯笼、品腊八粥、冰上陀螺 3. 超市办年货、吃火锅、放鞭炮、做冰糕 4. 农村过小年、品灶糖、放烟花、包饺子、贴对联 5. 做春饼、唐装秀、拜大年、领红包
元宵节	1. 做汤圆 2. 亲子创意灯笼展 3. 猜灯谜
清明节	1. 用餐巾纸制作小白花或小黄花（菊花） 2. 做花环 3. 扫墓 4. 讲烈士故事
端午节	1. 端午节的由来和故事 2. 做粽子吊饰 3. 分享粽子 4. 戴五彩绳或香包
中秋节	1. 讲中秋节的故事 2. 分享小朋友带的月饼 3. 吃中秋大餐

（4）知道我国的一些重大成就，例如，四大发明、2008 年奥运会等，为自己是中国人感到自豪。

（5）了解我国的饮食文化、茶文化、剪纸艺术（图 7-2 为幼儿创作的剪纸艺术作品）、童谣等，感受中国传统文化的魅力，激发幼儿对祖国的热爱。

图 7-2　幼儿创作的剪纸艺术作品

---

① 姜艳秋. 多元文化背景下幼儿园中外传统节日活动实施的个案研究[D]. 长春：东北师范大学，2013：27.

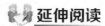 **延伸阅读**

冬至"吃饺子"的习俗[①]

冬至在古代是很隆重的节日。在二十四节气中,冬至也最受重视。这一天太阳直射南回归线,所以北半球白天最短,黑夜最长。过了冬至后,日光照射北移,白天越来越长,黑夜越来越短。古人云"冬至一阳生",指的就是阴气到冬至时盛极而衰,相反,阳气则从此开始萌芽。民间有"冬至不端饺子碗,冻掉耳朵没人管"的说法,所以冬至一定要有"吃饺子"的习俗。

传说,当年东汉"医圣"张仲景辞官回乡,在大雪纷飞的路上,看到老百姓受冻挨饿,不少人的耳朵都冻烂了,便让弟子搭起医棚,在冬至这天分发"娇耳"。张仲景把羊肉和驱寒药材放在大锅里煮,然后把羊肉、药材捞出来切碎,再用面把羊肉、药材包成耳朵状的"娇耳"。煮熟后,分给来求药的人每人两只"娇耳"、一大碗"驱寒汤"。人们吃了"娇耳",喝了"驱寒汤",随后浑身暖和、两耳发热,耳朵上的冻伤也慢慢好了。

所以,冬至吃饺子,既是不忘"医圣"张仲景热制"娇耳驱寒汤"之恩,也是为了驱寒。

(三)世界文化教育

世界文化是指世界性文化创造与文化交流活动。世界文化就是由各具鲜明特色的不同文化组成的。在世界历史上,从来不存在单一的"全球"文化模式,一部人类文明的历史,从某种意义上可以说就是各个民族多元文化发展的历史,不同的民族创造了不同的民族文化。当今世界,除了中华文化以外,还并存着东亚文化、欧洲文化、阿拉伯文化、北美文化、非洲文化等多种文化,正是各种文化形态共存于世,构成了多姿多彩的世界文化。

当今世界,任何民族都不能单纯地生活在自己的民族文化中,而是生活在世界多元文化背景下。美国学前教育专家莫里森(G. S. Mcrrison)认为,多元文化教育帮助儿童理解、欣赏、尊重其他种族、性别、社会经济、语言和文化背景。李生兰在《学前儿童多元文化教育初探》中指出,多元文化教育能扩大儿童地方性和全球性视野。幼儿经过世界文化教育,感受各民族、各国的优秀文化,体验中西文化的差异,增强民族认同感,学会尊重其他文化的多样性,认同其他文化的差异性,并从中发现文化的共同性和相互依存性,培养幼儿理解、尊重、平等的态度。[②]

1. 目标

(1)初步感知世界著名的人文景观和优秀艺术精品,对世界文化感兴趣。

(2)初步认识和了解世界,具有粗浅的多元文化意识与爱好和平的情感。

(3)培养幼儿越过文化的界限,学习与其他文化进行交流。

(4)使幼儿在理解、认同民族及国家文化的基础上,尊重、包容、理解其他民族及国家的文化,树立多元文化的信念和价值观。

---

① 王早早.冬至节[M].北京:北京师范大学出版社.2013:10-11.

② 周世华.学前儿童社会教育[M].北京:高等教育出版社,2014:163.

2. 内容与要求

（1）让幼儿了解世界著名的人文景观，埃及的金字塔、法国的埃菲尔铁塔、美国的白宫、澳大利亚的悉尼歌剧院等。

（2）了解世界上流传最广的乐器（小提琴、钢琴等）、艺术形式（油画、雕塑等）、儿童文学作品（《安徒生童话》《格林童话》等）、饮食文化等方面。

（3）了解西方传统节日，如复活节、感恩节、圣诞节（见图 7-3）、母亲节、父亲节等。

图 7-3　幼儿们的圣诞节
（胡莎提供）

（4）国际重大节日，如元旦、五一国际劳动节、六一国际儿童节、世界残疾人日等。

第三节　学前儿童社会文化教育的活动设计

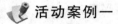 **活动案例一**

到彝乡过火把节（小班）

【设计意图】

《幼儿园教育指导纲要（试行）》指出："适当向幼儿介绍我国各民族和世界其他国家、民族的文化，使其感知人类文化的多样性和差异性，培养理解、尊重、平等的态度。"以游戏的形式让幼儿感知少数民族的传统节日，促进幼儿进一步认知和理解相关节日文化及其精神内涵,感受节日中丰富的文化魅力。

【活动目标】

1. 知道火把节是彝族的传统节日以及火把节的由来。

2. 综合发展幼儿钻、爬、跨跳、平衡、纵跳的能力。

3. 在活动中感知彝族文化,体验活动的快乐。

【活动准备】

1. 布置活动场地:低矮灌木丛,几座独木桥,竹排,害虫阵(将纸折的害虫挂在绳子上)。

2. 请三名大班幼儿扮演彝族娃娃。

【活动过程】

一、教师扮演彝族姑娘,邀请幼儿到彝乡过火把节

教师提问:"我是某某村的彝族姑娘,今天邀请小朋友到我们彝乡去做客。"带领幼儿走进布置好的场景中,对话交流对火把节的认知和了解。

教师提问:"今天请大家来做客是因为我们彝族人民传统的盛大节日——火把节到了。小朋友们参加过火把节吗?"(初步了解幼儿是否了解火把节)

教师提问:"彝族人民为什么要过火把节?""彝族人民是怎样过火把节的?"(幼儿先自由讨论,教师再讲述故事,让幼儿知道每年的农历六月二十四日至二十六日是彝族的传统节日——火把节,节日期间要举行庆祝战胜凶神、消灭害虫的活动。)

二、幼儿参加火把节庆祝活动

1. 彝族姑娘介绍游戏名称,讲解玩法,并请三名彝族娃娃分别示范游戏的基本动作。

①过低矮灌木丛:钻爬;②过独木桥:走平衡木,练习平衡;③跳竹排:练习单双脚跳。

2. 幼儿自由选择活动项目,与彝族娃娃共同庆祝火把节。彝族姑娘分别参与、观察、指导各组的活动。

3. 捕捉害虫:请幼儿帮助彝族人民捕捉害虫。(练习纵跳)

4. 彝族姑娘与幼儿一起点燃火把,烧死害虫。(提醒幼儿平时不能玩火)

5. 在彝族姑娘的带领下,幼儿围成圆圈,在彝族音乐的伴奏下,跳彝族舞蹈庆祝胜利,庆祝丰收。

三、活动结束

教师总结:今天小朋友们了解了彝族的重要节日——火把节,大家一起参加了火把节的庆祝活动,小朋友们玩得都很开心,我们回家记得把这些好玩的游戏跟爸爸妈妈一起分享。

【活动延伸】

让幼儿和父母一起感受少数民族的节日,如蒙古族的那达慕、傣族的泼水节、傈僳族的刀杆节、彝族的火把节、白族的三月街、哈尼族的扎勒特、藏族的酥油花灯节、景颇族的目脑纵歌、拉祜族的月亮节、苗族的花山节,等等。

【评析】

为了让幼儿了解少数民族的文化,本次活动围绕"到彝族乡过火把节"展开,活动开始前通过对话让幼儿知道火把节是彝族的传统节日,了解火把节的由来。通过钻爬低矮灌

木丛、过独木桥、跳竹排、捕捉害虫等游戏发展幼儿钻、爬、跨跳、平衡、纵跳的能力,通过集体跳彝族舞,感受彝族的独特文化。整个活动主要以感受彝族的节日文化为主,设计合理,符合小班幼儿的身心发展特点。

附:火把节的传说

传说很久很久以前,玉皇大帝不满人间比天上好,就派了个凶神到人间来危害人类。老百姓齐心协力杀死了凶神。玉皇大帝一怒之下,撒下天虫千千万万,想吃绝庄稼,饿死人类。彝族人聚集在各个山头上,决定举火把,烧天虫。于是,男女老幼人人手举火把,在田间绕行三天三夜,火把不歇,火种不灭,烧死了成千上万的天虫,保住了庄稼。可是还有一部分未烧死的天虫,钻到地下,第二年又钻出来吃庄稼。这样,害虫烧不完,火把举不尽,一年一年传下来,就形成了火把节。现在,火把节已成为彝族人民最隆重的传统节日,人们以点火把、燃火、载歌载舞的方式来纪念驱逐虫害的祖先,并预祝来年丰收。

(案例来源:http://www.youjiao.com/e/20170829/59a52a025dbf0.shtml.有改动)

活动案例二

十二生肖(大班)

【设计意图】

属相是孩子们生活中常接触到的一个有趣而又神秘的话题。然而,因其抽象性(如十二生肖的轮回)和复杂性(如十二生肖的顺序),要让孩子认识它有一定难度。针对上述情况,结合幼儿实际,设计了"十二生肖"观摩活动。把认识生肖和认识时钟巧妙融合,将钟点数字与十二生肖顺序相匹配,让时间的延续与生肖轮回相对应,引导幼儿把对时钟的认识迁移到十二生肖中。通过一系列活动让幼儿在观察中发现,在发现中思考,在思考中概括,在自主活动中逐步获得十二生肖的相关知识经验。

大班 十二生肖

【活动目标】

1. 感知十二生肖所包括的 12 种动物、十二生肖的排列顺序;感受、了解十二生肖一年一种属相,12 年一个轮回的规律。

2. 发展幼儿的观察力,培养简单的推理能力。

3. 感受中国传统文化,激发幼儿爱国情感。

【活动准备】

1. 教具:自制生肖钟、山洞。大山、脚印、标尺等标记小图片。

2. 学具:蛋糕盒制作的钟面、十二生肖动物图片、固体胶若干。

3. 知识准备:幼儿已认识时钟。

【活动过程】

一、活动导入

教师出示生肖钟,提问:猜猜钟面上有多少种动物?为什么?启发幼儿思考。

教师引导幼儿一起数生肖钟上的动物:我们来数数看是不是 12 种。从哪儿开始数呢?老鼠第一,谁第三?谁第六?小猪第几?了解十二生肖的 12 种动物,简单感知其顺序,理解其含义。

二、活动过程

教师引导幼儿说出自己的属相,引出"属相"一词,并启发幼儿思考。

教师总结:同一年出生的孩子属相就一样,猪年生的属猪,狗年生的属狗……一年一种属相。

教师引导幼儿结合生肖钟观察一共有多少种属相。

教师总结:钟面上的 12 种动物就是人的 12 种属相。12 种属相一种种轮流下来,要 12 年。

教师引导幼儿了解家人和老师的属相,发现、感受十二生肖 12 年轮回一次的规律。

教师提问:爸爸(妈妈/爷爷/奶奶)的属相和小朋友的属相一样是怎么回事?

启发幼儿结合生肖钟进行思考,鼓励幼儿说出"爸爸(妈妈/爷爷/奶奶)的属相是以前轮到的,小朋友的是以后轮到的。""属相是不停地轮流的,一年一种属相。"等推理结果。

教师提问:12 种属相轮流一次要多少年? 启发幼儿理解属相的轮回。

教师总结:12 种属相 12 年一个轮回。一年一种属相,不停地向前轮流。

教师讲解故事,帮助幼儿了解生肖排列的由来并初步熟悉排列顺序。

三、活动结束

教师总结:今天小朋友在生肖钟上发现了许多秘密,人的属相有 12 种,属相 12 年轮流一次,一年一种属相。

【活动延伸】

让小朋友自己动手制作生肖钟,加深对生肖顺序的认知。

【评析】

在本次活动中,教师为了让幼儿认识十二生肖,设计了一系列巧妙的活动:出示生肖钟,感知生肖的顺序;通过幼儿对家人和老师属相的了解,引发幼儿思考为什么年龄不一样的人属相会一样,培养幼儿简单的推理能力;通过讲故事,让幼儿了解生肖的由来,加深对生肖顺序的感知。整个活动设计合理,将抽象的知识形象化,符合幼儿的认知发展特点。

附:十二生肖故事

很久以前,玉皇大帝想给 12 个动物排队,可是怎么排呢?

12 个动物商量了一下,决定开展体育比赛,决出名次,比赛项目也讨论好了:钻山洞、爬大山、练跨步、比跳高。(介绍一种比赛,即出示相应标记于对应的 3 个动物之前)

鼠牛虎,钻山洞。老鼠是个小机灵,一钻就进了山洞。老虎一看,心里一急,脚下一滑,摔了一跤,结果让牛得了第二名,自己排在了最后。

兔龙蛇,爬大山。蛇一紧张犯规了,退出了比赛,当然是第三名了。小兔因为常上山吃草,爬山蹦蹦跳跳,轻快又灵巧,得了第一名。龙一步一步往上爬,就得了第二名。

马羊猴,练跨步。马的步子最大,羊的步子第二,猴的步子最小,一比就出来了。

鸡狗猪,比跳高。跳高比赛开始了,鸡加上翅膀的力量,跳过去了。狗也跳过去了,可竹竿掉在了地上。猪鼓足了劲儿,没跳起来,反而一屁股摔倒在地上——它太胖了!

玉皇大帝根据比赛结果,很快就排好了 12 个动物的顺序:鼠、牛、虎、兔、龙、蛇、马、羊、猴、鸡、狗、猪。还编了一首儿歌：

　　鼠牛虎，钻山洞；兔龙蛇，爬大山。

　　马羊猴，练跨步；鸡狗猪，比跳高。

　　十二生肖排排好，认真锻炼不骄傲。

（案例来源：http://www.youjiao.com/e/20090702/4b8bcbfa7d6ff.shtml. 有改动）

 活动案例三

重阳节（大班）

【设计意图】

　　农历九月初九是我国的重阳节，重阳节又叫"老人节"，尊老、敬老是中华民族的传统美德，所以结合重阳节开展关于"尊老、敬老"主题活动是非常必要的。重阳节带给我们的不仅是登高、赏菊、吃重阳糕，还是一种信息：老年人更需要关爱，需要健康、快乐。爱老、敬老、养老、助老需要全社会的参与。儿童是祖国的未来，为了更好地从小培养他们尊老、敬老的良好品德，重阳节幼儿园会组织孩子们与爷爷、奶奶一起联欢，用自己的方式表达对爷爷、奶奶等老人的关心和爱护。

【活动目标】

1. 让幼儿了解重阳节是我国民间传统节日之一，有其独特的活动和风俗习惯。

2. 了解重阳节的由来。

3. 让幼儿懂得尊老、敬老是中华民族的光荣传统，要尊敬长辈。

【活动准备】

1.《常回家看看》视频。

2. 剪辑中央电视台《夕阳红》栏目中《百岁老人》幸福生活的精彩片段。

3. 计算机课件《九月九日忆山东兄弟》。

4. 课前和幼儿园的爷爷、奶奶取得联系，到重阳节这一天把他们请来。

5. 幼儿人手一份自制礼物。

【活动过程】

一、请幼儿观看《常回家看看》视频

师幼谈话：

1. 刚才你看到的是什么？（引起孩子们的情感共鸣）

2. 片中表现的是什么内容？（孩子和爸爸妈妈一起看望老人，回家团圆的情境）

3. 引出老人节：小朋友有自己的节日，老人也有自己的节日，介绍农历九月初九就是老人节。

4. 你们知道老人节是怎么来的吗？

二、介绍重阳节的来历

1. 老人节也称重阳节，相传在我国古代有个叫恒景的名士，九月九日那天，全家一起登高，插茱萸，饮菊花酒。当时据说这样可以避邪。因此，重阳节登高以后就逐渐形成一种风俗。此后，在九九重阳这一天有不少诗人都作诗来纪念。

2. 播放课件：古诗《九月九日忆山东兄弟》。

"独在异乡为异客,每逢佳节倍思亲。遥知兄弟登高处,遍插茱萸少一人。"让幼儿领略诗中重阳节的风俗和诗人身处异地想念兄弟之情。

3. 教师讲述：在这一天,许多地方的人们都有登高、爬山、赏菊、吃重阳糕的习俗,其中登高和吃重阳糕都含有"步步高"的祝愿,为表示对老人的敬意,我国将重阳节又定为老人节。

4. 观看专题录像片《百岁老人》(老人们欢乐度晚年的情境)。

教师讲述：敬老、爱老是中华民族的光荣传统,我们国家非常重视和关心老人,各地都为老人修建了敬老院,我们小朋友要尊敬长辈,在长辈生病时要表示关心,老人过生日,送一些礼物给他们。

5. 引导幼儿说出自己周围的老人是怎样过重阳节的?(扭秧歌、跑旱船、打腰鼓等)

6. 重阳节你是如何做的?(给老人送礼物等)

7. 在日常生活中,你是怎样尊敬老人的?

三、敬老、爱老活动

1. 重阳节是老人的节日,是爷爷、奶奶、姥姥、姥爷的节日,在过节的时候,我们在家里可以给老人买许多东西,和他们一块儿过节,可是我们这里的爷爷奶奶们天天为我们做菜做饭很辛苦,我们一起来孝敬他们吧,也让他们感到幸福温暖。

2. 给老人送礼物,并对老人说句祝福的话。

3. 请小朋友一起跟老人合影留念,活动在《常回家看看》乐曲声中结束。

【活动延伸】

1. 取得家长配合,让家长和幼儿一起给爷爷、奶奶、姥姥、姥爷买礼物,表达孝心。

2. 在家中为老人做一件力所能及的事情。

【评析】

在本次活动中,教师将传统习俗与现代文明巧妙结合,把重阳节简化到尊老、敬老、爱老的知识上,将孩子不易懂的知识简单化后,更易于幼儿接受,符合幼儿的发展特点。通过本次活动,让幼儿感受亲情,了解重阳节的风俗习惯,认识中华民族优秀的传统文化。

(案例来源：http://www.youjiao.com/e/20091 18/4b8bd3edc0ff4.shtml.有改动)

活动案例四

欢度圣诞节(大班)[1]

【设计意图】

随着国际交往的密切,各种文化相互渗透,尊重他人的前提是尊重、认同他人的生活习惯、社会文化。近年来,西方节日越来越受到国人的重视,特别是圣诞节已成为年轻人热衷的节日。本次活动的设计意图是既让幼儿了解圣诞节的由来,又让幼儿通过与春节的比较感知中西文化的差异。

---

[1] 周世华.学前儿童社会教育[M].北京：高等教育出版社,2014：163.

【活动目标】

1. 了解圣诞老人、圣诞树的由来,并与中国的春节进行对比,感受中西文化的不同。

2. 通过尝试制作装饰圣诞树、圣诞老人,画心中的圣诞,折圣诞帽等活动体验节日的喜悦。

3. 通过欣赏《圣诞快乐》歌曲来感受"四三拍"欢快的节奏,尝试进行打击乐配器。

【活动准备】

1. 收集有关"圣诞"主题的图书和故事。

2. 收集有关圣诞布置的装饰品、食品、卡片、图片等进行圣诞节及春节的主题环境创设。

3. 歌曲《铃儿响叮当》的碟片或多媒体课件。

4. 剪刀、胶水、抹布、操作作业纸、彩色皱纹纸、图片、拉花等。

【活动过程】

一、复习节奏乐《铃儿响叮当》

二、介绍圣诞节的由来,激发幼儿的学习兴趣

三、请幼儿相互交流自己对圣诞节的经验

四、出示圣诞老人、圣诞树,丰富幼儿有关圣诞节的知识

(一) 播放多媒体课件,了解圣诞老人的传说。

教师提问:圣诞老人是谁?

教师提问:圣诞老人是怎样给小朋友送礼物的?

(二) 播放多媒体课件或图片,了解圣诞树的传说。

教师提问:老爷爷为什么会有一棵挂满礼物的树?

美工活动:画圣诞树、折圣诞帽。

(三) 圣诞节与春节的对比。

1. 回忆我国的春节文化,讲述人们欢度春节的情境。

2. 从吉祥物、食物、人们的主要实现方式和活动等方面进行比较,感受中西文化的相似性和差异性,感受人们对美好生活的向往和祝福。

(四) 欣赏歌曲《圣诞快乐》。

1. 感受歌曲"四三拍"欢快的节奏。

2. 请"圣诞老人"给小朋友发放礼品,同小朋友一起做游戏,在愉快的氛围中结束。

【活动延伸】

让幼儿在圣诞节当天扮演圣诞老人,为自己的家人和朋友送上圣诞礼物。

【评析】

本次活动目标定位准确,切入点把握较好。活动内容选择符合幼儿年龄特点,体现生活性、整合性,环节衔接自然、流畅。整个活动在欢快、愉悦的气氛中进行,师幼互动,为幼儿营造自由、和谐的物质环境和精神环境。

延伸阅读

俄罗斯幼儿园活动区创设中的民族文化及启示

何 菲

摘要：俄罗斯幼儿园活动区是对幼儿进行民族文化教育的重要场所。文章基于两种俄罗斯幼儿园活动区的介绍,分析总结其创设的特征,并提出对我国民族地区幼儿园活动区创设的几点启示。

关键词：俄罗斯幼儿园;活动区;民族文化;启示

在俄罗斯,幼儿园活动区是幼儿教学活动的重要场所,很多幼儿教育活动都在活动区中完成,特别是民族文化教育活动。活动区强烈的情境性及可操作性,使其在对幼儿进行民族文化教育方面更具优势和潜能。笔者在本文中介绍了两种富有特色的俄罗斯幼儿园活动区角,总结其特征,并提出对我国民族地三幼儿园活动区创设的启示。

1 两种富有特色的俄罗斯幼儿园活动区角

1.1 民族历史角

民族历史角是俄罗斯幼儿园极富特色的活动区域。在区角内,投放某个民族的房屋建筑、服饰、书籍、动植物群、日常用品等材料,比较完整地模拟这个民族的日常生活场景,为幼儿呈现一个鲜活而丰富的"小社会环境",利于幼儿在与环境的作用中获取民族历史文化知识。在俄罗斯的一些幼儿园经常能够看到,在体现俄罗斯族人生活气息的 баня 区角内,幼儿学习自制黑面包,整理日常用品;在体现布里亚特族人生活的区角内,幼儿在蒙古包(Юрта)内用兽皮缝制衣物,用罐制作奶酪;在体现巴什基尔族人生活的区角内,幼儿用茶炊烧制茶水,使用纺轮纺线。幼儿通过亲自动手操作,体验各民族人民的生活,感受民族文化的独特魅力,潜移默化地汲取民族文化的养料,愉快地获取民族文化知识。一些幼儿园还专门为幼儿创建民族风俗文化区,通常在区内设置两个以上的民族活动区角,有表现不同民族的,也有表现同一民族过去与现在的,为的是让幼儿了解文化之间差异的同时了解同一民族的文化变迁。

1.2 地方象征角

地方象征角,顾名思义,就是在幼儿园创设一个展现国家、地方特征的区域。俄罗斯有很多幼儿园利用这样的区角对幼儿进行爱国、爱城、爱家教育。在区角内,你可以看到地方的地方志、地方城市历史建筑、地方大的民族族谱和家族家谱,还可以看到国家的国旗、国徽。在俄罗斯,这样的区角一般创设在幼儿园公共并比较显眼的位置,利于全园幼儿的观察。比如,诺亚布里斯克幼儿园前厅的一个区角"我是国家公民,我是诺亚布里斯克市民",一面墙向幼儿展示主席像、国家地图、国旗等国家标志物,另一面墙向幼儿展示市徽、市民的生活照片、特殊的城市艺术设计等城市标志物。还有伏尔加格勒州弗罗洛沃城 No.12 幼儿园利用走廊创设区角,向幼儿介绍该城市的建筑、雕塑、绘画以及桥梁、河流、交通、城市历史等,这些区角是幼儿教师重要的教学素材,幼儿教师经常带领幼儿进入活动区,让幼儿从身边的景物开始,用自己的双眼、双手亲自感受自己的国家、城市,真正地了解并热爱自己生活的地方。

2　俄罗斯幼儿园活动区创设的特征

总结以上,笔者认为,俄罗斯幼儿园活动区创设有以下几个特征。

2.1　民族性

民族性的教育理念贯穿俄罗斯教育的始终,俄罗斯十分重视幼儿的民族教育及爱国教育,并将其作为幼儿园教学活动的重要组成部分。俄罗斯的乌申斯基曾经说过:"教育的本质是民族性",这种有积极价值的理论值得我们借鉴和学习。其活动区的创设也秉承了这种理念,我们看到,幼儿园活动区创设给予民族文化传承的空间和发展平台,在活动区内,幼儿通过扮演角色,了解各民族的生活习俗、礼仪禁忌、服饰饮食等独特的民族文化,体现了浓厚的民族性特点。

2.2　本土性

2006 年俄罗斯新修订的《幼儿园教育与教学大纲》重点强调对幼儿进行民族教育和爱国主义教育的价值,同时,规定应依据幼儿的发展特点,从其所处的文化环境开始进行教育,从幼儿的亲人到家族,从幼儿生活的社区到城市,最后再过渡到较抽象的"爱国"教育。也就是说,要想让爱国主义的种子在幼儿心中发芽,必须根植于地方本土文化的土壤,其幼儿园活动区的创设也非常注重文化本土性,活动区中本地大家族族谱的投放、城市生活的介绍无不体现了这一原则。众多实验表明,幼儿对家乡和祖国的热爱都是始于对极富魅力的地方传统文化的了解、认同与兴趣。

2.3　多元文化性

俄罗斯人认为,每个民族都有自己的民族文化、民族意识,民族之间文化理解的缺失是造成民族冲突的最主要根源。幼儿教育作为教育体系中基础教育的有机组成部分,应当实施民族文化教育,让幼儿感知人类文化的多样性和差异性,培养幼儿理解、尊重、平等的情感,来加强民族团结,促进国家的和谐。俄罗斯幼儿园创设活动区时,经常将几个体现不同民族的区角摆放在一起,或是在同一区角内投放多民族的用品,幼儿通过角色游戏间相互的交往,将游戏的角色、规则、情节逐渐内化为自己的思想、感情和体验,加深对各民族文化交流与合作的了解,理解和尊重绚丽多彩的多元文化。

3　对我国民族地区幼儿园活动区创设的启示

3.1　活动区的创设要适当体现本民族的特色

社会发展的全球化趋势拓宽了人们的视野和活动领域,学前教育也在跟随历史发展的潮流主动接纳域外的理论。于是"瑞吉欧、蒙台梭利、奥尔夫"在我国开始风靡,连幼儿园活动区也受到了牵连,娃娃家里的金发娃娃、小超市里的德国巧克力及图书区的英文读物让我们不得不反思属于本土的活动区材料是否在逐渐丧失其存在的空间,有一点我们必须明确,土生土长的东西才最适合我们的孩子。我国有 56 个民族,各民族有绚丽多彩的民族文化,这些民族文化都是幼儿园活动区创设的丰富资源,将其引入活动区中,让幼儿从小就接触到、学习到具有我国民族特色的文化,增进幼儿对国家、对本民族的崇敬之情,这对一个民族、一个国家的发展非常重要。蒙古族文化历史悠久,是蒙古人民智慧的结晶。将蒙古族文化延伸和渗透到幼儿园区域活动中可以克服传统灌输式被动的教育活动形式,使幼儿在自我探索、自我操作过程中积极主动地感受蒙古文化的内涵,以生动、浅显的方式加深幼儿对本民族的情感和文化的认同。

3.2 活动区的创设要适当体现本地方的特色

民族传统文化包罗万象,涉及领域众多。在幼儿园开展民族文化教育要从与幼儿生活密切相关的角度入手,以富有浓郁地方特色的传统文化为基点,由熟悉到陌生、由易到难地延伸到区域活动中,使区域活动与幼儿感性化、趣味性的生活经验有机结合。拿内蒙古通辽市来说,通辽有着悠久的地域文化——科尔沁文化。其中科尔沁服饰、乌力格尔、安代舞、科尔沁草原版画、科尔沁美食等草原文化的瑰宝蕴含着无穷的教育资源,将其引入当地幼儿园的活动区是了解幼儿真正需求的正确选择,这些文化来自幼儿身边,是幼儿最为熟悉和最易接受的。我们可以创设专门的活动区角,让幼儿在区角内通过品尝奶制品、哈达火烧、手把肉等本地的美食,更加深刻地了解科尔沁的饮食习惯及文化;也可以将当地有名的嘎达梅林、孝庄皇后等历史人物的经典故事整编成册投放在图书区供幼儿阅读;还可以创设草原风光区角,向幼儿展示大青沟、珠日河、奈曼王府、元代佛塔等自然风土旅游文化,幼儿通过实践操作和观察,切身感受与本土文化间的密切联系,感悟和体验地域文化的精髓,激发其对本土文化的认同和自豪,从而培养幼儿热爱科尔沁、热爱内蒙古、热爱中国的情感和责任感。

3.3 活动区的创设要适当体现多元文化性

美国学者沃尔特(F. Walter)认为,没有接受本族文化教育的学生固然可能产生疏远感和无根感,但缺少主流文化教育的学生将会失去许多经济性、政治性和社会性的机会。当今世界,单一、封闭的文化群落已渐远去,取而代之的是多元文化的格局,这使得生活在多元文化交融社会环境中的幼儿不可能割裂地只接受一种文化的学习,而应该广泛涉猎不同的文化,以适应时代的发展,这就要求我们在创设活动区时,既要考虑本土材料的投放,又要考虑符合时代感的资源的引入。内蒙古地区幼儿园活动区创设既要体现蒙古族文化,又不能忽略汉文化及其他民族的文化,而应该将多种文化紧密结合起来,实现多元文化的共融共生。例如,在表演区,投放蒙古袍、汉服及其他民族的服饰,让幼儿在着装表演的过程中,了解不同民族的服饰文化;在建构区,幼儿可以利用材料制作蒙古包、勒勒车,也可以制作现代的高楼大厦。

总之,幼儿园活动区创设不能离开本土、本民族的文化,因为只有民族的才是世界的。只有根植民族,放眼世界,才能培养幼儿正确的世界观和民族情,促进幼儿的全面和谐发展,才能保证人类文化的美好传承。

(案例来源:中国学前教育研究会.)

本章小结

本章主要包括学前儿童社会文化教育的理论基础;学前儿童社会文化教育的目标及内容;学前儿童社会文化的活动设计。具体内容如下。

(1)学前儿童社会文化教育的内涵;学前儿童社会文化教育的类型;学前儿童社会文化教育的作用。

(2)学前儿童社会文化教育的总目标;学前儿童社会文化教育的内容(民族文化、中华民族传统文化、世界文化)及要求。

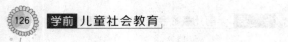

（3）学前儿童社会文化教育活动设计。

思考与练习

1. 什么是社会文化教育？

2. 中华民族传统文化教育对学前儿童发展的重要性体现在哪些方面？

3. 在多元文化时代背景下,对儿童进行多元文化教育的目标应是：引导儿童感受中国和世界的先进文化,在学前儿童的社会文化教育活动设计时,如何做到既能够教育幼儿热爱我们的传统文化,又能够理解文化的差异性,尊重、包容外来文化？

第八章
学前儿童自我意识教育及活动设计

本章导航

学习目标

1. 理解学前儿童自我意识的内涵、作用。
2. 掌握儿童情绪自我意识教育的目标及内容。
3. 能运用所学知识设计学前儿童自我意识教育活动。

引导案例

妈妈的烦恼

妈妈最近发现,快 3 岁的小天不像以前那么听话了,经常出现和妈妈唱反调的现象。例如,妈妈给她穿衣服,她总是拒绝妈妈给她挑选的衣服,只有穿自己选的衣服时才不哭闹。吃饭时,总是拒绝长辈给她夹菜……

案例解析:

小天之所以出现唱反调、拒绝妈妈选的衣服、拒绝长辈给她夹菜是因为出现了自我意识,并且用这种方式证明自己的存在。

第一节 学前儿童自我意识教育的理论基础

一、自我意识的内涵

自我意识是心理学理论中最受关注的概念之一。然而迄今为止,自我意识仍是一个定义不明的、模糊的概念。"自我意识""自我概念""自尊""自我""自我认同"等术语经常混用。由于侧重角度的不同,研究者们阐述自我意识时所使用的术语也不完全相同。从广义上来说,自我意识又称自我概念、自我等;狭义而言,又称自我认知、自我评价、自我监控、自我调节、自尊及自我形象等。[①] 国内外研究界对自我意识概念的界定尚未统一。有的从自我意识的表现形式和过程进行解释,也有的从自我意识的范围和对象进行解释。虽然各种表述不太一致,但有一点是大体类似的:即认为自我意识是个体对自身生理、心理和社会功能状态的知觉和主观评价。[②]

延伸阅读

自我意识概述[③]

詹姆士认为,我们的自我是有两个我:主我"I"和宾我(又叫客体我)"me","I"是我们去认知和思考的自我,"me"是我们感知到被他人思考与知觉的概念。客体我包含 material me、social me 和 spiritual me。

精神分析学派关于自我的研究主要包括 ego 和 self,弗洛伊德在他的人格结构中提出 ego 表示自我概念,意指人格的有机方面,强调它主要在个体内部产生和发挥作用。Hartmann 延伸了弗洛伊德的自我,提出了 self 并认为 self 是自我的认知和意向,是相对于他人而产生,体现个体在人际交往中的自我调节作用。

社会心理学家 Cooley(1902)提出自我是社会交往的结果,人们不但想象他人如何看待自己,而且想象他人如何评价他们的所见所闻。

Mead(1934)提出"符号相互作用论",强调社会经验在自我形成中的作用,认为"重要他人"与"广义他人"的反馈都是社会镜子,影响着自我意识的形成,人们有能力在想象中处于他人角色,如同他人看人们怎样看待自己。

Hattie(1992)则提出自我意识是在对对象的认知评价特征的过程中的自我认知与评价。

英国心理学家 Rudolf Schaffer(2010)则把儿童的自我意识解释为个体与他人相区别的方面,是儿童意识到每个个体都是一个特别的存在,是一个拥有自己身份的实体。

国内学者对自我意识的概念表述也有所不同,其中具有代表性的观点如表8-1所示。

① 周宗奎.儿童青少年发展心理学[M].武汉:华中师范大学出版社,2011:197.
② 桑标.促进儿童自我意识的发展[J].幼儿教育,2004(17):23.
③ 宋丹.大班儿童自我意识与家长子女教育心理控制源的关系研究[D].上海:华东师范大学,2017.

表 8-1   自我意识的概念表述

研 究 者	自我意识的概念表述
林崇德、傅安球(1982)	自我意识是关于作为三体的自我的意识以及人我关系的意识,是个体对自身的认知和态度
彭运石(1989)	自我意识是对于自己以及自己和周围关系的一种认知
张春兴(1989)	自我意识是个体自身心理、生理和社会功能状态的知觉与主观评价,指主体对其自身的意识
张文新(1999)	儿童的自我意识是儿童对自己在环境和社会中所处地位的认知
高玉祥(2007)	自我意识是指个体对自己作为客体存在的各方面的意识

自我意识是作为主体对于自己以及自己与周围事物的关系,尤其是人我关系的认知。自我意识至少表现在以下三个方面。

(1) 生理的我:能了解到外形特征、身体状况和性别等。

(2) 心理的我:能认知并体验到内心进行的心理活动,即认识到自己的意愿。

(3) 社会的我:能了解自己的社会角色与社会地位,即别人眼中的你。

简而言之,自我意识是人格的核心,是一个人对自己的心理倾向、个性心理特征和心理过程的认知与评价,具有帮助人认知自我、进行自我教育和自我完善的作用。

延伸阅读

点 红 实 验

点红实验是由心理学家阿姆斯特丹等人为了解学前儿童自我意识的发展而设计,主要是在学前儿童毫无察觉的情况下,在其鼻头涂上红点,然后观察儿童照镜子的反应,以了解儿童是否能区别客体与自我。根据心理学家阿姆斯特丹等人的研究结果得出,婴儿对自我形象的认知要经历三个发展阶段。

第一阶段是游戏伙伴阶段:6~10 个月。此阶段婴儿对镜中自我的映像很感兴趣,但认不出他自己。

第二阶段是退缩阶段:13~20 个月。此时婴儿特别注意镜子里的映像与镜子外的东西的对应关系,对镜中映像的动作伴随自己的动作更是显得好奇,但似乎不愿与"他"交往。

第三阶段是自我意识出现阶段:20~2□ 个月。这是婴儿在有无自我意识问题上的质的飞跃阶段,这时婴儿能明确意识到自己鼻子上的红点并立刻用手去摸。

二、自我意识的结构

自我意识是一个复杂的结构,大多学者以知、情、意三种形式维度划分自我意识结构,即自我认知、自我体验和自我调控（林崇德，2003；彭聃龄，2007）。①②

（一）自我认知

自我认知是自我意识中的认知成分，在学前期主要包括自我概念、自我评价和性别意识等。具体而言，自我概念是个人心目中对自己的印象，包括对自身存在以及个人身体、能力、性格、态度和思想等方面的认知。自我评价是个体对自己的思想、愿望、行为和个性特点的判断与评价。自我评价是儿童在别人评价他（她）的过程中逐渐学会的，是对自己品德、能力和行为等方面的社会价值的评估。对性别的认知也是学前儿童对自己的认知的重要内容。1～2岁的儿童开始知道自己的性别，直至6岁，儿童才形成比较全面、稳定的性别意识。

（二）自我体验

自我体验是自我意识中情感方面的表现，是伴随自我认知而产生的，自我体验的内容十分丰富，比如，自尊与自信、成功感与失败感、自豪感与羞耻感等都是自我体验的产物。自尊与自信是自我体验的主要内容，其中自尊心是个体在社会交往中通过比较所获得的有关价值的积极评价与体验。自信则是个体对自己能力是否适合所承担的任务而产生的自我体验。

（三）自我调控

自我调控是自我意识中的意志成分。自我调控主要表现为个人对自己的行为、活动和态度的控制与调节，包括自我监督、自我控制和自我调节。首先，自我调控的前提是自我监督。自我监督是指个体根据自身内在的行为准则，独立自主、自觉地对自己的行为与言论进行管理与监督的过程。自我控制是在自我监督的基础上，依据周围环境的变化来进行自我控制，是个体对自身心理与行为的主动掌握。最后，自我调节是个体为了能更好地符合变化的环境或社会要求，不断修正自己的行为的过程，具有修正性。

【案例 8-1】

赖皮的小茗

4岁的小茗和妈妈一同逛超市，当小茗看到自己喜欢的飞机模型时，要求妈妈购买。当妈妈拒绝他的要求时，小茗就在超市大哭大闹，最后，妈妈在无奈的情况下，给他购买了飞机模型，小茗的目的达到了。

案例解析：

4岁的儿童开始能够用外在的规则来控制和调节自己的行为，开始出现真正意义上的自我控制行为，这个年龄段是培养孩子自制力的关键期。小茗妈妈的做法是满足其要

①　林崇德.心理学大词典[M].上海：上海教育出版社，2003.
②　彭聃龄.普通心理学[M].北京：北京师范大学出版社，2007(2)：442.

求,如一味地纵容孩子的要求,这不利于孩子自控能力的发展。

三、自我意识的发展特征

(一)学前儿童自我意识的产生和发展

1. 自我感觉的发展(1 岁之前)

大多数学者认为 1 岁之前的婴幼儿没有自我,无法区分自己与周围事物,对自己的身体部位认识不清,甚至不知道手、脚属于自己身体的一部分,所以喜欢咬自己的手、脚,喜欢抓耳朵(见图 8-1)。1 岁左右的幼儿开始认只自己的身体以及身体的各部位,这是自我意只的初级形式,即自我感知阶段。

图 8-1 咬自己的小手
(龙琴提供)

2. 自我意识的萌芽(2~3 岁)

自我意识的出现与学前儿童语言的发展关系密切。随着语言能力的发展,幼儿学会使用自己的名字。但此时的幼儿只是把名字理解为自己的信号,遇到别人也叫相同的名字时就会感到困惑。

幼儿在 2~3 岁的时候,掌握人称代词"我"和物主名词"我的",是幼儿自我意识萌芽的最重要标志,即从把自己看作客体转变为把自己当作主体来认知。这个年龄的幼儿经常会说"我的",开始不让别人动自己的东西。为了证明自己的存在,经常会用"我不"来反亢家长的要求。这标志着幼儿的自我意识的产生。

3. 自我意识各方面的发展(3 岁以后)

当幼儿知道自己是一个独立个体的基础上,逐渐开始了对自己的评价,如评价自己乖不乖等。但这种评价是非常简单的。进入幼儿期后,幼儿的自我评价逐渐发展起来,同时,自我体验、自我控制已开始发展。如被家长批评时,能够意识到自己犯了错误,在被成人表扬时,也能领会到自己的优点,从而控制自己的行为,自觉地培养良好的行为习惯,为幼儿的自我教育奠定基础。

(二)学前儿童自我意识的发展特征

1. 学前儿童自我认知的发展特征

学前儿童自我认知的发展主要包括自我概念、自我评价和性别意识。

(1)学前儿童自我概念

自我概念是自我意识的重要组成部分,集中反映了个体意识的发展状况,是自我体验与自我调控的前提。它是个体与外界(特别是"重要他人")相互影响的结果。自我概念是逐渐发展的过程,主要有以下几方面特征。

① 具有渐成性。从无法区分身体的各部位与自己的关系,到开始用名字代表自己,再到用人称代词"我"来表达自己与自身愿望,是一个逐渐形成的过程。随着年龄的增长,逐渐加深对自己的认知。到了3岁左右,认识到了自己的意愿,开始出现对自己心理特征的描述,比如,我喜欢妈妈,我爱笑,等等。5~6岁的幼儿在社会性方面的自我概念有了很大的发展,通过与他人的交往逐步加深了对自己特征的了解,如爸爸说我是可爱的小宝贝等。但是总体而言,学前儿童自我概念的发展水平仍较低。

　　② 呈现出具体性。让一个刚入园的幼儿来进行自我介绍,他往往只会告诉大家他的名字,但如果让一个6岁的儿童来介绍一下自己,你会发现他的描述非常具体,从自己的姓名、年龄,到喜欢做什么等。但是很少会听到概括性的介绍,如"我是一个外向的女孩"。

　　③ 认知维度简单。例如,3岁的幼儿对自己的描述多与性别和年龄有关,"我3岁了,我是个女孩"。4~5岁时,幼儿典型的自我描述常常集中于身体特征(如长头发)、所有物(如有2个芭比娃娃)和喜好(如喜欢吃巧克力)。5~6岁的幼儿则能从能力(如会自己吃饭)、社会关系(如有很多好朋友)等方面来介绍自己,并开始意识到自己对于物体与事件的简单态度和情绪(Harter,1998)。

　　(2) 学前儿童自我评价

　　儿童把自己当作认知主体从客体中区分出来,开始理解我与物的关系后,通过别人对自己的评价以及自己对别人言行的评价,逐渐学会自我评价。它是自我意识发展的产物,是自我意识的核心。学前儿童自我评价有下列特点。

　　① 从依从成人评价到独立自主的评价。

　　幼儿初期对自己或对别人的评价带有依附性,往往都是成人评价的简单复述。评价自己是不是"好孩子"的标准是家长或教师的看法,而到幼儿晚期,出现独立评价,对成人的评价持有批判态度。从发生过程来讲,自我评价开始是接受别人对自己的评价,而以后是把自己和别人相比较这一过程不断内化的结果。

　　② 从对局部、笼统的评价发展到对多方面、细致的评价。

　　4岁的幼儿可以进行自我评价,但主要是个别方面或局部的自我评价。例如,问幼儿为什么说自己是好孩子时,他会说:"我不骂人。""我帮助老师收玩具。"6岁的幼儿则不但能从个别方面进行自我评价,而且能从几个方面进行自我评价,表现出自我评价的多向性。例如,让6岁幼儿回答他是好孩子的理由时,他会说:"我对人有礼貌,上课认真,大声发言,还帮助老师收小朋友的作业。"等。

　　③ 从外部的具体行为评价渐渐过渡到内在品质的评价。

　　总体来说,学前儿童大多数对自己的外部行为进行评价,幼儿初期只能评价一些外部的行为表现,如问幼儿"为什么说你是好孩子",4岁幼儿回答"我不抢玩具"。而6岁的幼儿则会说一些抽象的、内在的品质如"我听话,我对小朋友好"等。

　　④ 从带有主观情绪评价到相对客观评价。

　　幼儿初期儿童认为自己喜欢的才是最好的,到幼儿晚期才开始有相对客观的评价。

　　(3) 学前儿童性别意识的发展

　　性别认同是对自身性别的正确认知,即掌握自己的性属性或相应的作用。柯尔伯格把幼儿性别认同的发展划分为以下三个阶段。

① 性别同一性的获得(1.5～2岁)。这时的幼儿能正确标志自己以及他人的性别,出现性别角色的刻板印象,经常会用性别的标签去评价和要求同伴的行为。例如,穿裙子的是女孩,男孩穿裙子就会被嘲笑,但认识性别的依据是外部的、表面的特征,如头发长度、服饰等。

② 性别稳定性的获得(3～4岁)。这阶段的幼儿已经能意识到个体的性别不随年龄的发展而变化,具有稳定性。如意识到3岁是女孩,长大了也是女孩,但他们仍相信改变服饰、发型等就能导致性别转换。

③ 性别恒常性的获得(6岁以后)。性别恒常性是指一个人的外表和活动不论怎么变化,学前儿童对其性别保持不变的认知,幼儿园大班幼儿开始获得性别的一致性,他们知道即使一个人"穿错了衣服",也不会改变性别。

【案例8-2】

"他"是女孩

在幼儿园经常会看到这样的现象,如果一个小男孩留着一小撮小辫子,常常会遭受其同伴的嘲笑:"你已经不是男孩了,是女孩。"

案例解析:

对于6岁之前的幼儿来说,当看见一个男孩穿裙子、留辫子、玩洋娃娃,他们往往会认为这个男孩已经变成女孩了。相反,看到一个女孩剪短发、玩玩具手枪也会认为这个女孩已经是男孩了,这是因为6岁之前的幼儿没有获得性别角色的恒常性,即个体的外表和活动不论怎么变化,其性别保持不变。

2. 学前儿童自我体验的发展特征

幼儿的自我体验是指个体对自我情感的意识,从低级到高级发展。学前儿童自我体验的发展较晚,大约到4岁才开始学会用语言来表达自己内心的感受,如"我生气了"。随着年龄的增长,他们开始体验到较为复杂的社会情感,如自尊与自信。此外,幼儿自我意识中各个因素的发生和发展不同步,自我体验还表现出易变性、暗示性。

延伸阅读

自　尊

1. 自尊的含义与发展

自尊是指自我所做出的对自己的价值判断,以及由这种判断所引发的情感。

最早提出自尊概念的是詹姆士,他认为自尊是个人抱负的实现程度,他还提出了一个有关自尊的公式,即自尊=成功/抱负,认为个体获得的成功体验越多,自尊越高。

学前儿童的自尊大约在3岁出现,在整个学前期都呈现出先扬后抑的态势。杨丽珠在对3～9岁的幼儿进行调查时发现,自尊萌芽于3岁左右,稳定于学龄初期。对于3岁的幼儿来说,生活能力的获得、成长与进步是自尊发展的坚实基础。国内外大量研究都表明,4 岁是幼儿自尊水平最高的时期,4～7 岁幼儿自尊水平开始下降。这是因为随着年龄的增长,幼儿的抽象逻辑思维能力开始萌芽,合作能力、道德感和责任感都在逐渐发展,他们不再盲目相信自己的能力,而是会比较客观地判断自己的自我价值。

2. 自尊形成的影响因素

(1) 父母的教养方式

家庭教养环境,家庭环境中的言语刺激数量、亲子关系的亲密度、孩子自己解决问题的机会会影响幼儿自尊的形成。有利于高自尊形成的父母的四种行为类型:①对待孩子包容、平等;②严慈相济、给予孩子行为客观一致的评价;③给予幼儿自己解决问题的机会;④协商、建议而不是强制。相反,若父母的支持鼓励是有条件的(只有孩子达到很高的标准时才予以支持),孩子则会做些他们认为是"错误"的行为而不是真实地表现自己。

(2) 社会比较(同伴关系)

社会比较是指个体在实践活动和社会交往中将自己与他人做比较的过程。社会比较出现于学前期,而 6 岁左右的幼儿已经开始通过社会比较来判别自己在同龄伙伴中的能力高低。幼儿的同伴关系对其自尊发展的影响主要表现在以下两方面:①亲密的同伴关系有利于幼儿建立同伴间的依恋关系和获得社会支持,从而有助于缓解社会生活压力对幼儿的消极影响;②那些受到同伴喜欢的幼儿在与同伴交往的过程中,其自我效能感和归属感得到强化。相反,受到排斥与拒绝的幼儿,自尊水平较低。

(3) 成功体验和失败体验

在学业和工作中有更多的成功体验时,个体会表现出高自尊。反之,失败体验带来较低的自尊水平。许多研究都证实学生的学业成绩与其自尊存在密切关系。一般来讲,成功体验带来的地位和声望可以提高个体的自我效能感,从而增强自尊。但是个体的成功体验和失败体验还取决于自己的期望水平。

(4) 幼儿的自身特征

幼儿自身的因素对其自尊发展也具有不可忽视的影响。这些因素主要包括幼儿的性别、年龄及个体的控制特点等。有研究表明,3～6 岁幼儿自信的发展与年龄相关,随着认知、运动、语言等能力的不断发展,幼儿能够完成的任务越来越复杂,自信一步步发展起来。小、中、大班幼儿间的自信水平有着显著差异,且都有性别差异,女童的自信水平要高于男童,这主要是由于儿童语言能力发展的性别差异造成的。

3. 学前儿童自我调控的发展特征

自我调控是学前儿童的自我意志方面的表现,主要包括自我监督、自我控制和自我调节三个成分。但是,对于学前儿童自我调控的研究主要集中在自我控制能力上。

自我控制是在缺乏外在监督时,个体在坚持性和自制力等方面能力的体现。自我控制的发展是一个"由外向内"的过程,可分为前道德、遵从、认同和内化四个阶段(Marion,1999)。学前儿童自我控制能力发展的趋势如下。

（1）开始从受他人的控制发展到自己的控制

2 岁的幼儿,其自我控制的水平是很低的,在遇到外界诱惑时主要是受成人控制,例如,教师告诉幼儿"吃饭的时候不允许说话",通常幼儿会遵从教师的教导去做。而且成人一旦离开,就会发现幼儿很难控制自己的行为,很快就会违反规则。如著名的棉花糖实验（延迟满足实验）,是斯坦福大学 Walter Mischel 博士 1966—1970 年在幼儿园进行的有关自制力的一系列心理学经典实验。在这些实验中,幼儿可以选择一样奖励（可以是棉花糖,也可以是曲奇饼、巧克力等）,或者选择等待一段时间直到实验者返回房间（通常为 15 分钟）,得到相同的两个奖励。我们会发现处于遵从阶段的幼儿往往会要求马上获得奖励,因为此时成人没有对他们提出要求,他们不能控制马上想要得到糖果的本能。处于认同阶段的幼儿能够遵循一定的行为规则来控制自己的行为。

（2）从不会自我控制发展到使用策略

控制策略是影响幼儿控制能力的一个重要因素,对于年龄较小的幼儿来说,他们还不会使用有效的控制策略。随着幼儿年龄的增长,他们逐渐学会使用简单的控制策略来进行自我控制。如关于延迟满足的研究表明,有少数 4～5 岁的幼儿能运用小声地唱歌把手藏在手臂里,用脚敲打地板或睡觉等许多分心的策略不去碰诱惑物,4 岁的幼儿开始能够用外在的规则来控制和调节自己的行为,开始出现真正意义上的自我控制行为。而五六岁的幼儿已懂得如何将诱惑物盖起来。

（3）幼儿自我控制的发展受父母控制特征的影响

有研究表明,父母要求少或要求低的幼儿有高攻击性的特征,而严厉控制下的幼儿有情绪压抑、盲目顺从等过度自我控制的倾向,在幼儿后期自我控制发展中有一定的稳定性。

四、自我意识的作用及意义

1. 有利于维持幼儿的心理健康

荣格认为自我概念在调节心理健康方面有着重要意义。例如,自我评价过高的个体容易产生孤独心理（罗杰斯,1958）。个体对自己的前景持有乐观的看法,则有利于其心理健康,情感坚韧,较少焦虑和消沉,更能获得学术上的成功（班杜拉,1986）。在幼儿期,发展良好的自我意识,有利于幼儿在成长过程中形成对自己、他人以及周围事物的正确态度,使幼儿容易建立良好的人际关系,对学习有兴趣,情绪稳定。否则,幼儿就会对自己没有信心,对周围世界缺乏兴趣,就会产生较多的消极情绪,有的甚至会产生一种焦虑和恐惧心理,害怕与他人接触和交往,行为退缩,也会产生自卑的性格特征,这将影响幼儿各方面的发展。

2. 有利于形成良好的个性

自我意识是个性系统中最重要的组成部分,制约着个性的发展,是整合、统一个性各个部分的核心力量,也是推动个性发展的内部动因。自我意识发展水平直接影响个性的发展水平,自我意识发展水平越高,个性也就越成熟和稳定。自我意识的成熟标志着个性的成熟。

第二节　学前儿童自我意识教育的目标及内容

　　学前儿童自我意识教育是教师有目的、有计划地对学前儿童实施教育的过程,帮助学前儿童认识自己、评价自己并学会调节自己的行为。开展学前儿童自我意识教育活动首先要确定活动目标,目标的制定是学前儿童自我意识教育活动实施的出发点,目标制定得是否恰当直接影响整个活动的效果。具体要达成什么样的目标? 开展哪些活动? 是本节要阐述的内容。

一、学前儿童自我意识教育的总目标

　　结合《幼儿园教育指导纲要(试行)》中社会领域的目标及学前儿童社会自我意识教育的要求,现将学前儿童自我意识教育的总目标归结如下。

　　(1) 帮助幼儿认识自己和接纳自己,增进幼儿的自我价值感和自信心。

　　(2) 帮助幼儿认识、理解和适当地表达自己的情绪,控制自己的行为。

　　(3) 支持和鼓励幼儿大胆表达自己的想法。

　　(4) 积极鼓励幼儿主动参与各项活动,体验与同伴交往的快乐。

　　(5) 帮助幼儿努力做好力所能及的事,培养其意志力与责任感。

　　(6) 帮助幼儿学会独立选择活动、自我决断,培养其独立性、自主性和自己对自己行为负责的意识。

二、学前儿童自我意识教育的内容及要求

　　学前儿童自我意识教育总目标的实现归结于自我认知、自我体验、自我调控三个方面的组织和实施,接下来围绕这三个方面的目标及内容展开。

(一) 自我认知

自我认知是指个体对自身身体、能力、性格、态度和思想等方面的认知与评价。

1. 目标

(1) 能介绍自己,并能说出自己的特长与爱好。

(2) 了解自己与同伴,并能说出一些异同点。

(3) 学会表达自己的想法。

(4) 能按照社会准则评价自己与他人的言行举止。

2. 内容与要求

(1) 帮助幼儿认识自己,知道自己的姓名、性别、年龄等。

(2) 知道自己的爱好。

（3）能说出自己的身体特征。

（4）认识自己的朋友，能介绍朋友的外貌特征、衣着等。

（5）能理解性别差异。

（6）初步了解自己从哪里来。

（7）能进行自我评价，能认识自己的能力和优点，克服自己的缺点和不足。

（8）能判断自己与他人行为的对与错。

（二）自我体验

幼儿的自我体验是指个体对自我情感的意识，从低级到高级发展。

1. 目标

（1）认知自己的情绪和表达自己的情绪。

（2）体验自信心与自我价值感。

（3）体验成功的快乐，具有初步的自尊心、成就感和进取心。

2. 内容与要求

（1）能根据自己的兴趣、想法进行游戏或其他活动。

（2）知道自己的优点与长处，对自己感到满意。

（3）为自己好的行为或活动成果感到高兴。

（4）喜欢承担一些小任务。

（5）能主动帮助父母和老师做一些力所能及的事，如扫地、拖地、发放碗筷等。

（6）敢于尝试有一定难度的活动和任务。

（7）能主动为集体、他人做事，体验初步的成就感。

（8）愿意与他人交往、游戏，体验集体生活的快乐。

（三）自我调控

自我调控主要表现为个人对自己的行为、活动和态度的控制与调节。

1. 目标

（1）学会认识和控制自己的行为。

（2）培养幼儿初步的独立性。

（3）能遵守各种规则，逐步养成遵守规则的意识。

2. 内容与要求

（1）逐步学会独立起床、穿衣、吃饭、洗漱等，培养幼儿初步的独立性。

（2）遵守游戏和日常生活规则，初步学会等待、轮流和排队等。

（3）独立整理个人物品等。

（4）初步学会控制自己的情绪与行为。

（5）学会自己选择活动内容，遇到困难、挫折不会害怕。

（6）能在老师的要求和鼓励下独立做事情。

（7）能在较长时间内主动克服困难，实现活动目标。

第三节　学前儿童自我意识教育的活动设计

活动案例一

认识自己的身体（小班）

【设计意图】

《幼儿园教育指导纲要（试行）》中指出要用多种方式引导幼儿认识自己、了解自己的身体器官。因此,设计了本次活动,引导幼儿认识自己的五官及其功能。

【活动目标】

1. 初步认识自己的五官、手脚及功用。

2. 培养幼儿的自信心和手口一致的能力。

【活动准备】

身体挂图、小朋友的照片。

【活动过程】

一、出示挂图,激发幼儿兴趣

教师出示身体挂图,小朋友指认挂图上的五官及手脚。

教师提问:指一下图片上的一个部位,摸一下自己身体的相应部位,并说一句完整的话:"我的鼻子（或其他）在这儿!"

二、引导讨论

1. 教师引导幼儿讨论五官、手脚的作用,每说一个作用,要做出相应的动作,如鼻子闻味,引导幼儿做出闻一闻的动作。

2. 教师带领幼儿做"点鼻子点眼睛"的游戏,要求幼儿迅速准确地指出五官及身体部位。

三、创编儿歌,加深体验

教师引导幼儿利用身体部位、五官以及相应的动作编儿歌,如"我的小手拍拍拍,我的小脚踏踏踏,我的眼睛看一看,我的耳朵听一听"等。

四、加深认知

幼儿拿出自己的照片能说出自己的五官及作用,如"这是我的耳朵,它可以听声音"。

五、活动结束

教师总结:今天小朋友们知道了自己的五官及身体部位,我们要学会认识并保护它们。

【活动延伸】

协助幼儿用自己的照片装饰主题墙。

【评析】

幼儿的自我意识是从对自己的生理特征的认知开始,因此本次活动内容很有意义。通过本次活动,幼儿初步了解了自己的五官、手脚等,通过游戏与照片的形式加深了幼儿对五官的认识。

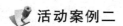 **活动案例二**

我的好朋友（中班）

中班 好朋友

【设计意图】

在《3～6岁儿童学习与发展指南》社会领域中提出：幼儿社会领域的学习与发展过程是其社会性不断完善并奠定健全人格基础的过程。描述与欣赏他人是幼儿社会学习的主要内容，也是其社会性发展的基本途径。良好的社会性发展对幼儿身心健康和其他各方面的发展都具有重要影响。

因此设计了本次活动，鼓励幼儿描述朋友的特征，学会欣赏他人。在活动中给予幼儿发言的机会，并要求幼儿做到别人说话时不打断别人，培养幼儿的倾听能力。

【活动目标】

1. 能在集体中大胆描述好朋友的特征。

2. 学会等别人把话说完以后再发表自己的意见，培养倾听能力。

3. 懂得只有团结友爱才会有许多朋友。

【活动准备】

音乐《找朋友》。

【活动过程】

一、谈话引出话题，激发幼儿的兴趣

教师提问：你们有好朋友吗？请你把自己好朋友的特征给大家说一说，比如，穿什么样的衣服、外表有什么特征等。

二、猜朋友

1. 请幼儿轮流在集体面前描述自己好朋友的外貌、衣着、发型等特征，其他幼儿根据其描述猜一猜他（她）的好朋友是谁。

提醒幼儿要认真倾听，不能打断别人说话。

2. 分组让幼儿把自己的好朋友介绍给大家猜。

3. 教师巡回参与各组幼儿的谈话，并根据各组的具体情况有针对性地提一些问题。如你的好朋友长得胖还是瘦、是高还是矮、他最喜欢什么？帮助幼儿打开思路讲述。如果幼儿还不等别人把话说完就插嘴或者抢着说话，要及时提醒他们耐心倾听别人说话，等别人说完了以后自己再说。

三、讨论

教师提问：你的好朋友有哪些优点？你为什么和他（她）做好朋友？

引导幼儿说出好朋友的优点。

教师提问：如果一个小朋友经常欺负别人，经常做一些让大家不高兴的事情，你会选择他做你的好朋友吗？你应该怎样帮助他呢？

教师总结：小朋友们真棒，你们让老师知道了你们的好朋友的特征，他们的优点和不足。

四、结束

玩音乐游戏《找朋友》结束。

【活动延伸】

在美工区画画我的好朋友。

【评析】

通过本次活动,激发幼儿大胆描述好朋友特征的勇气,学会描述与欣赏他人,学会让别人把话说完以后再发表自己的意见,培养倾听能力。此次活动有利于幼儿良好社会性的发展。

活动案例三

自己走着去(大班)

【设计意图】

在《3～6岁儿童学习与发展指南》社会领域的内容中提出:培养幼儿的自信心、坚持性是塑造良好个性的重要内容,对幼儿身心健康和其他各方面的发展都具有重要影响。

因此设计了本次活动,培养幼儿"我能行"的自信心和克服困难的勇气、毅力,培养幼儿互助、合作、友好交往等品质。

【活动目标】

1. 培养幼儿"我能行"的自信心和克服困难的勇气、毅力。

2. 培养幼儿互助、合作、友好交往等品质。

【活动准备】

幼儿到公园里所需的物品(水、点心、纸巾等)、绑带。

【活动过程】

一、出发前谈话

教师向幼儿说明爬山地点(金山公园),激发幼儿的自信心和努力克服困难的意识。

二、注意事项

1. 注意看路、不掉队、不打闹、互相帮助。

2. 注意鼓励幼儿良好的行为表现。

教师鼓励语:累不累,还走得动吗?还能坚持真勇敢,××已经累了还坚持要自己背东西。

教师鼓励语:看××多棒呀,走这么长的路还这么有精神。

教师鼓励语:看××自己也走了那么长的路,还能主动帮助好朋友,真棒!

三、在公园

教师提问:我们背着包,走了这么远的路,小朋友们累不累?

(对幼儿来说长时间的徒步会造成身体上的疲劳,针对幼儿的坚持教师进行及时鼓励。)

两人三足游戏:

教师讲解两人三足游戏规则,对幼儿进行分组,并以先到达顶峰的小组为胜。

教师总结:两个人绑着腿走路,不像我们平时走路那么容易,并且要合作上山坡,难度更大,小朋友们很勇敢地克服困难,老师为你们感到高兴与自豪。希望小朋友们以后在遇到困难时应该努力克服,坚持到底。

四、回园

1. 回园讨论

教师与幼儿讨论回园方式,鼓励幼儿徒步回园。

2. 路上

及时发现,鼓励不怕困难的孩子。

3. 到园

教师总结:今天我们徒步往返金山公园的活动,在活动中表现出了合作、勇敢、坚强,老师为你们感到自豪。

【活动延伸】

回家后和爸爸妈妈讲述自己走路去金山公园的感受。

【评析】

此次活动主要通过幼儿自己徒步往返金山公园,在活动中感受身体累、疲惫等状况,鼓励幼儿克服困难、坚持到底并学会帮助其他小朋友。本次活动有利于培养幼儿的自信心,激发幼儿克服困难的勇气和毅力,形成互助、合作、友好交往等社会品质,有利于形成良好的个性。

(案例来源:m.youjiao.com/e/20091205/4b8b-5bb20854_2.shtml)

 活动案例四

我从哪里来(大班)

【设计意图】

《3~6岁儿童学习与发展指南》指出,社会教育的目标之一是使幼儿认识自己,了解自己。针对大班幼儿对生命起源有着强烈好奇心的普遍现象设计了本次活动,使幼儿初步感知自己从哪里来,了解自己在妈妈肚子里的生长过程并通过游戏体会妈妈怀胎十月的辛苦,从而激发幼儿爱妈妈的情感。

大班 我从哪里来

【活动目标】

1. 通过看看讲讲,让幼儿了解自己在妈妈肚子里的生长过程。

2. 在游戏中体会妈妈怀胎十月的辛苦,从而激发幼儿爱妈妈的情感。

【活动准备】

1. PPT课件:胎儿的发育过程

2. 音乐《我的好妈妈》

【活动过程】

一、以谈话形式引出话题

教师提问:小朋友,你知道你是从哪里来的吗?(让幼儿互相说说自己的猜测)

二、播放课件,进行演示

教师引导幼儿观看PPT课件:胎儿的发育过程,通过课件让幼儿初步认知生命孕育的过程。

1. 让幼儿观看图片,初步知道精子和卵子。

2. 教师与幼儿讨论宝宝在妈妈肚子里的名字。(胎儿)

3. 教师与幼儿讨论胎儿在肚子里需要待多长时间。(十个月)

三、观察图片,互相讨论图片内容

1. 讨论胎儿在妈妈肚子里如何摄取营养。

(脐带是母体孕育婴儿时母体和婴儿交流物资的通道,婴儿在出生之前所需要的所有营养都是通过脐带来运送的)

2. 教师提问:小宝宝马上就要和妈妈见面了。咦! 宝宝怎么出来呢?(幼儿讨论)

教师总结:妈妈的"子宫"有一扇通向外面的门和走廊,当宝宝把妈妈的肚子撑得很疼的时候,在医生的帮助下,宝宝就沿着走廊出来啦! 哇! 哇! 哭着叫妈妈啦!

四、游戏:体验母恩

教师引导小朋友体验妈妈大肚子时候的生活。(小朋友在自己的衣服里塞上一个皮球,跟着老师表演慢慢起床,小心走路,弯腰打扫卫生,抚着肚子散步,弯腰捡东西,轻轻坐下,感受孕妈妈的辛苦。)

教师总结:妈妈生了我们,养育了我们,她是最值得我们爱的人,我们一定要非常爱妈妈,听妈妈的话,帮妈妈做些事情……

【活动延伸】

回家帮妈妈做力所能及的事情并亲吻妈妈。

【评析】

幼儿的自我意识是从对自己的生理认知开始的,知道自己怎么来的,了解自己在妈妈肚子里的生长过程并通过游戏体会妈妈怀胎十月的辛苦,从而激发幼儿爱妈妈的情感。通过本次活动,解决了幼儿对自己生命的困惑,对生命起源有了形象科学的解释。

本章小结

本章主要介绍了学前儿童自我意识教育的理论基础、学前儿童自我意识教育的目标以及活动设计这几个方面的内容。具体内容如下。

(1) 自我意识是个体对自身生理、心理和社会功能状态的知觉与主观评价。

(2) 自我意识是一个复杂的结构,大多数学者以知、情、意三种形式维度划分自我意识结构,即自我认知、自我体验和自我调控。

(3) 学前儿童自我意识的产生和发展:儿童在2~3岁的时候,掌握人称代词"我"和物主名词"我的",是儿童自我意识萌芽的最重要标志。

(4) 学前儿童自我意识教育总目标为:

① 帮助幼儿认识自己和接纳自己,增进幼儿的自我价值感和自信心。

② 帮助幼儿认识、理解和适当表达自己的情绪,控制自己的行为。

③ 支持和鼓励幼儿大胆表达自己的想法。

④ 积极鼓励幼儿主动参与各项活动,体验与同伴交往的快乐。

⑤ 帮助幼儿努力做好力所能及的事,培养其意志力与责任感。

⑥ 帮助幼儿学会独立选择活动、自我决断,培养其独立性、自主性和对自己行为负责的意识。

思考与练习

1. 什么是自我意识?

2. 自我意识的结构和发展特征有哪些?

3. 完成某个年龄段儿童自我意识教育教学活动设计。

第九章
学前儿童情绪情感教育及活动设计

本章导航

学习目标

1. 理解学前儿童情绪情感的内涵、作用。
2. 掌握儿童情绪情感教育的目标及内容。
3. 能运用所学知识设计学前儿童情绪情感教育活动。

引导案例

下 雨 天

在日常生活中我们经常能看到这样的现象，同是下雨天，有的人会欢呼这场雨来得太及时了，有的人则会抱怨早不来晚不来，偏偏在出去玩的时候来……

案例解析：

情绪情感的产生以需要为中介。当客观事物满足个体需要时，个体就会对它持肯定态度；当客观事物不能满足人的需要时，个体就会对其持否定态度，从而产生愤怒、悲伤、讨厌、恐惧等体验。即使同一事物因个体需要不同也会产生不同的情绪体验。这些内心体验并不能反映事物本身的属性，而是反映客观事物与主体需要之间的关系。

第一节 学前儿童情绪情感教育的理论基础

一、情绪情感的内涵

（一）情绪情感

情绪和情感是个体对于客观事物是否符合自身的需要而产生的态度体验。

情绪情感是人脑对客观事物的主观反映。个体对所接触到的人、物有着不同的态度，于是就产生了各种不同的体验。例如，取得成功时感到喜悦与激动、遇到挫折时会无助与伤心、被别人唾骂时感到愤怒等，这些都是人情绪情感的不同表现形式。

情绪和情感是由人所认知的客观事物引起的。没有认知就没有情绪和情感的产生，人们只有在认知事物之后，才能产生情绪和情感。情绪和情感与认知的关系主要表现在三个方面：①情绪和情感总是伴随着一定的认知过程而产生；②情绪和情感总是随着认知的发展而变化；③伴随认知而产生的情绪和情感，反过来又对认知起推动或阻碍作用。

（二）情绪和情感的区别与联系

1. 从需要的角度看

通常把与个体的生理需求（饮食、睡眠、安全等）是否得到满足而产生的内心体验称为情绪。与社会性需求（交往、教育、道德等）是否得到满足产生的内心体验称为情感。

2. 从时间的角度看

情绪发生得早，个体出生时就有了情绪反应。情绪是人与动物共有的，情感发生得晚，情感是人特有的。

3. 从表现的形式看

情绪是短暂的、外显的，具有情境性、激动性和暂时性。情感是持久的、内隐的、稳定的。个体一出生并不懂得什么是亲情、友情，而是随着年龄的增长，逐渐社会化的过程中才出现的。情绪维持时间短，如人不可能哭一辈子。情感维持时间长，如父母对子女的爱。

情绪与情感的关系：情绪是情感的基础和外部表现，情感是情绪的深化和本质内容。

📖 **延伸阅读**

苏霍姆林斯基情感教育思想体系①

郭 慧

苏霍姆林斯基认为情感渗透教育的方方面面,在培养个性全面和谐发展的人中具有非常重要的作用,它是全面发展的动力系统,是和谐发展的纽带,是个性发展的前提条件。

一、情感教育是全面发展的动力系统

苏霍姆林斯基的全面发展是指德育、智育、体育、美育和劳动教育都能得到发展并且达到一定要求的发展。情感是全面发展的各个方面的组成成分,是能够促使全面发展达到"完美"要求的动力系统。

首先,情感促进智力的发展。面对大自然奥秘和人类创造的丰富物质财富与精神财富,儿童首先产生一种惊异感,同时为此震撼,震撼带来探究事物的强烈愿望。这时好像有一股强有力的刺激在产生作用,过去沉睡的大脑变得活跃起来,思维开始积极活动,为了解决心中的疑问而克服一定的困难,最终发现问题的实质。由发现带来的知识能深深地铭刻在儿童的脑海里,情感让这些知识富有生命力。儿童天生就是世界的探究者和发现者。儿童对这个世界了解得越多,就越想知道更多,这是他的幸福所在,求知带来的愉悦感是儿童智力不断发展的巨大情感动机。学生的大脑不是知识的存储器,没有情感参与的智力劳动只会带来疲劳和对知识的冷漠,掌握知识"取决于智力劳动的情感色彩:如果人在与书本的精神交往中感到愉快,那么他并不打算熟记的大量事实、事物、真理、规律,就会进入他的意识中……与书本交往的愉悦所引起的精神振奋状态是一种强大的推动力,借助这种力量能托起沉重的知识"。教师要善于"从情绪上激发理智",让教学过程不流于机械的程序,教学过程的每一个环节都应该饱含激情。甚至对于困难儿童来说,情感可以治愈"大脑两半球神经细胞的萎缩、惰性和虚弱,正像用体育锻炼可以治疗肌肉萎缩一样"。用形象的比喻来说:情感是水,思维是船,只有丰富深刻的情感之水才能载动思维这条大船。

其次,道德情感是道德教育的核心和关键。苏霍姆林斯基的道德教育包括道德习惯、道德情感、道德信念和道德理想,其中道德情感是道德教育的灵魂。他认为道德上的冷漠往往是由于情感的冷漠。"情感,是道德信念、原则性和精神力量的核心和血肉。没有情感,道德就会变成枯燥无味的空话,只会培养伪君子。"道德观念、观点和习惯都与道德情感紧密相连。道德情感是形成道德习惯的前提条件,是高尚道德行为的肥沃土壤,是将道德行为转化为道德信念的关键。总之,"没有情感的培养就不可能有真正的道德教育。"

再次,愉悦的情感是儿童健康的源泉。身体健康与否在很大程度上取决于儿童的精神生活是不是愉悦。儿童在童话、幻想性形象、游戏中创作的欢乐是"健康的身体和健康精神和谐一致"的标志。愉悦的情绪还是"预防疾病和避免健康状况异常的最好办法"。

---

① 郭慧.苏霍姆林斯基情感教育思想及其对幼儿教育的启示[D].南京:南京师范大学,2015.

相反负面的情绪会使儿童产生不良的身体反应，比如，对于教师的不公正对待，儿童的大脑会瞬间兴奋起来，产生紧张和愤怒的情绪，受强烈情绪的影响，体温急剧升高，持续几分钟后，大脑又逐渐进入抑制状态。长此以往，导致儿童的消化功能紊乱，一般会患一种叫作"神经官能症"的神经系统疾病。

最后，情感促进与审美教育一体化发展。审美教育的本质是人在意象世界中的一种积极的情感体验。审美素养的培育和情操的培养都是从感受和认知美开始的，审美教育既是认知过程也是情感过程。在这个过程中，概念、观念、判断，即全部思维的这个方面与体验和情感的另一个方面是相关联的。审美教育的成效如何，要根据向学生揭示美的本质的深度而定。但是大自然、艺术作品以及环境对学生精神世界的影响不仅仅取决于客观存在的美，还取决于他的活动，取决于这种美以什么方式加入他周围人们的关系之中。只有进入了人的生活而成为他精神世界的一部分的那种美，才能唤起美感。

二、情感教育是和谐发展的纽带

苏霍姆林斯基认为要实现全面发展，就要使智育、体育、德育、劳动教育和审美教育深入地相互渗透和相互交织，使这几方面的教育呈现为一个统一的完整过程。情感是联系这"五育"的使者，是将"五育"融合为一个有机整体的"一条强有力的纽带"。大脑是一个复杂的整体，如果大脑的某一部分没有得到足够的发展，整个大脑就会受到抑制。同样，大脑在某个区间思维活跃就会促进其他思维区间产生积极的联系，这是情感在和谐教育中发挥巨大作用的生理依据。因此可以说，在和谐发展中一切都是相互关联的。教育就是要善于找到每个学生身上的"金矿脉""闪光点"，促使他在某一领域取得自尊、自信、自豪感。这种自尊、自信和自豪感是一股情感动力，可以推动学生在其他领域同样取得理想的成绩。"创作的欢乐是这种和谐的完满结局。"

三、情感教育是个性化发展的前提条件

苏霍姆林斯基认为每个儿童都有自己的爱好、特长以及特有的先天禀赋，这些爱好、特长和禀赋就像是火花，要点燃它，使每个学生的长处都能充分发挥出来，就需要火星，这些火星就是兴趣，只有寻找和激发每个孩子对事物的热爱之情，才能促进其个性发展。无疑，情感是开发这些潜能的有效形式。要挖掘每个孩子的天赋才能，必须靠教师。教师首先要爱孩子，相信孩子，相信每个孩子的潜力，给孩子爱的教育，呵护孩子的个性发展。其次，引导孩子通过课外阅读和课外活动找到自己的"金矿脉""闪光点"，从而使学生能够树立对自己的信心，促进个性的发展。

二、情绪情感的种类

（一）情绪的种类

人类的基本情绪包括喜、怒、哀、惧，学前儿童情绪的出现与发展具有一定的顺序性，遵循一定的规律。根据情绪发生的强度、持续性和紧张性，可将情绪分为心境、激情和应激。心境是一种微弱的、持续时间较长的、带有弥漫性的心理状态；激情是一种爆发式、猛烈而短暂的情绪状态；应激是在出乎意料的紧迫情况下引起的急速而紧张的情绪状态。

（二）情感的种类

学前儿童的高级情感是在社会交往过程中，随着情绪社会化的发展，幼儿的社会性需要是否得到满足而引起的社会性情感。到幼儿期，幼儿逐渐学会调控情感并且情感内容日益丰富和深刻。随着其社会性需要的发展，在成人的正确教育影响下，幼儿的高级情感逐步形成。幼儿的高级情感主要体现在道德感、理智感和美感三个方面。

1. 道德感

道德感是个体依据一定的道德标准评价自身与他人的言论、想法与行为时产生的主观体验，如同情、憎恨、敬佩等。道德感是在社会交往中发生和发展的，根据一定时期的经济、文化、伦理的道德标准评价个体的言行举止时产生的情感体验。在社会生活中，一个人的道德品质常常通过道德感表现出来。

道德感的表现形式包括：对民族、国家的自豪感与责任感；对文化的自信感；对集体的荣誉感；对社会交往中的同情感与友谊感；对反社会行为的厌恶感等。

2. 理智感

理智感是个体在认知活动中，认知和追求真理的需要是否得到满足而产生的情感体验。这类情感与个体的认知活动、求知欲望、人生观、世界观等有着密切联系。在认知活动中产生，又进一步推动认知活动的发展。

理智感的表现形式包括：对未知事物的求知欲、好奇心；对新事物的兴趣；在探索新知时的惊讶、疑惑；解决问题时的喜悦；遭遇挫折时的焦虑、烦恼等。

3. 美感

美感是个体对美好事物产生的情感体验。

美感根据对象可分为自然美感、社会美感和艺术美感。美感可来源于自然景观，也可来源于社会，如见义勇为、舍己为人等品质给人美的感受，还可来源于文学作品、音乐、绘画和舞蹈等。

三、学前儿童情绪情感教育的发展特征

（一）学前儿童情绪的发展

1. 新生儿原始的情绪反应

儿童在出生时就有原始的、笼统的、不分化的情绪反应，主要有两个突出的特点：一是与生俱来的遗传本能，具有先天性；二是与生理需要是否得到满足有极大的关系，具有生理性。如新生儿对引起其身体不适的各种情境——惊吓、饥饿等，都会做出哭喊、挠耳、蹬腿等杂乱的无方向的反应，使成人难以分辨出其确切的原因。

2. 婴儿期情绪逐渐分化

婴儿的情绪发展表现为情绪的逐渐分化，随着年龄的增长，在外界环境的影响下，婴儿的情绪反应逐渐分化为愉快的积极反应和不愉快的消极反应，即表现为喜爱和高兴或厌恶、恐惧和发怒。1岁半以后，婴儿情绪的分化更为明显。

延伸阅读

笑

第一阶段，自发的笑（0～5周）

婴儿最初的笑是自发性的，或称内源性的笑，或早期笑。通常发生在婴儿的睡眠中或困倦时，并且是突然出现，低强度的，并无意义的。有研究报告，婴儿出生2～12小时中，面部即有像微笑的运动。

第二阶段，无选择的社会性微笑（5周～3.5月）

对人脸和人说话的声音开始有特别的选择，明显对社会刺激笑得更多，出现了最初的社会性微笑，但还不能区分不同的人。

第三阶段，有选择的社会性微笑

从3.5个月，尤其是4个月开始，随着婴儿处理刺激内容能力的增强，他能够区别熟悉的面孔和不熟悉的事物，开始对亲人（特别是主要抚养者）出现微笑，对陌生人表现阻抗，出现有选择的社会性微笑，这是真正意义上的社会性微笑。

（二）幼儿高级情感的发展

1. 道德感的发展

道德感是在掌握道德标准的基础上产生的，是幼儿评价自己或别人的行为是否符合道德标准而产生的情绪体验。幼儿的道德情感是在成人的道德评价和潜移默化的榜样作用影响下形成的。

婴儿期的婴儿只有同情感、怕羞等道德感的萌芽。在集体生活中，通过对幼儿进行集体生活的教育，随着各种行为规则的掌握，到幼儿中晚期，幼儿的道德感逐渐发展起来。

起初，小班幼儿的道德感主要是指向个别行为的，往往直接根据权威人士的评价而产生。这时，他们受到成人的表扬就高兴，受到责骂就哭泣。以后，幼儿的道德感比较明显地和一些概括化的道德标准相联系。比如，幼儿在完成了老师的要求或做了好事时就会产生快感；反之，就会产生悲伤感。

幼儿中期，幼儿不但关注自己的行为是否符合道德标准，而且开始关注别人的行为是否符合道德标准，并由此产生一定的道德情感。这时期常常出现向大人"告状"的现象，即由于不满意别的小朋友违反规则的行为而引起的。

大班幼儿的道德感进一步发展和复杂化，他们的道德感不仅表现在具体行为的是非上，还表现在更为广泛的观念和体验上。如看电视、读故事书时经常会问"谁是好人，谁是坏人"，对"好人、英雄"就表现出喜欢，对"坏蛋"就表现出讨厌。这些都是是非感、责任感和爱憎感的萌芽，并开始形成热爱祖国、痛恨坏人，对集体负责、帮助他人的情感体验。

2. 理智感的发展

幼儿期是学前儿童理智感开始萌芽发展的时期，主要有两种表现形式：一是"好奇好问"即喜欢问"这是什么""那是什么"，对任何新鲜事物都想"探索"一下，"打破砂锅问到底"等特点；二是动作相联系的"破坏"行为，由于对新鲜事物有着极大的兴趣，常常会出现拆分东西的现象，如成人适当满足其要求，帮助幼儿解惑，有利于培养幼儿的创造力与解决问题的能力。

3. 美感的发展

学前儿童美感的发展与道德感的发展有着密切的联系，符合道德标准的行为，能引起幼儿美的感受，如帮助老师的行为；反之，则使人产生丑恶、厌恶的感受。幼儿初期往往从颜色鲜明的物体感受美，如新的衣服、新鞋、新袜等。在教师和父母的影响下，幼儿中期能够从文学作品、音乐、绘画作品、舞蹈中产生美的体验。到了幼儿晚期，对美的体验有更大的发展。学前儿童不再满足于颜色鲜艳，还要求颜色搭配协调，他们对于衣服搭配以及对艺术创作的美都有更高的要求。他们对大自然也产生了美感，对自然风景有了一定的欣赏能力，带他们到公园、野外去游玩、散步，他们就感到非常高兴。

四、学前儿童情绪情感教育发展的特点

到了幼儿期幼儿的情绪和情感变化带有一定的规律性，呈现出其发展的一般特点。

（一）情绪的易冲动性

幼儿常常处于激动的情绪状态，来势凶猛，极容易受外界事物的影响而冲动并且不能自制。年龄越小，这种现象就越明显。在日常生活中，我们经常可以看到幼儿由于某件小事而情绪激动。比如，为争一个玩具，两个幼儿会对彼此大声吼叫，甚至动手打起来，即使成人要求其停下来，也无济于事。当幼儿处于非常激动的情绪状态时，他们完全不能控制自己，而且在短时间内不能平静下来，成人不妨先等其冷静下来再进行教育。随着年龄的增长，不断进行的集体活动以及父母和教师的不断教育与要求都有利于幼儿逐渐学会控制自己的情绪，减少冲动。幼儿晚期，幼儿的情绪冲动性逐渐减少，自我调节情绪的能力逐渐发展。

（二）情绪的不稳定性

婴幼儿的情绪是多变的、极其不稳定的，表现为喜怒、哀乐两种对立的情绪在极短时间内快速转换。例如，幼儿常因为得不到喜爱的玩具或者手中的食物被人抢走而立马哭泣，当成人递给其一块糖时，马上停止哭泣，并且笑了起来。在幼儿初期，这种"破涕为笑"的现象最为明显。

情绪的不稳定性表现为：幼儿情绪易受情境的影响，幼儿情绪易受感染与暗示。随着年龄的增长，幼儿的情绪和情感逐渐趋向于稳定，但易受家长与教师的影响，所以家长与教师不应随意在幼儿面前展现自己的不良情绪。幼儿情绪和情感的稳定性发展与幼儿个性的形成有着密切的联系。

（三）情绪的外显性

婴儿期的幼儿情感情绪完全表露于外，丝毫不加控制或掩盖。比如，刚上幼儿园的幼

儿,由于离开了熟悉的家庭环境而大哭起来。幼儿晚期,随着其对是非观念的掌握,幼儿调节自己情绪的能力得到进一步发展,如当自己的需要得不到满足时,学会控制自己不哭,并很快开始愉快的游戏。

五、情绪情感在学前儿童心理发展中的作用

(一)动机作用

情绪情感是学前儿童认知和行为的组织者和激发者,它对人的行为具有明显推动或抑制作用。当客观事物使人产生愉快、喜爱等积极情绪时人们更愿意去接近和探索;而使人产生恐惧、愤怒等消极情绪的事物,则使人厌恶、退缩或攻击。

(二)组织作用

情绪是心理活动的调控者,它对其他心理活动有着组织作用。积极的情绪起着促进、协调的作用;消极的情绪起着阻抗、瓦解的作用。研究表明,不同的情绪状态对幼儿智力操作有不同的影响,过度兴奋不利于儿童的智力操作。适中的愉快情绪,可以提高幼儿智力活动的效果。其中,起核心作用的是幼儿的兴趣;相反,痛苦、惧怕、紧张等消极情绪,对幼儿的智力活动则有明显的抑制作用。

(三)适应作用

情绪情感是个体早期适应生存和发展的一种重要方式。如婴儿出生时,由于不具备言语沟通与独立生活的能力,他主要通过情绪向抚养者传递信息,以获得生理或心理的满足。

(四)感染作用

情绪情感的感染作用是指在一定的条件下,一个人的情绪情感可以影响别人,使之产生同样的情感,此种以情动情的现象称为情感的感染作用。例如,在幼儿园经常能看到这样的现象:一个幼儿由于妈妈的离开而哭泣,其他幼儿也逐渐哭泣起来。

(五)信号作用

情绪和情感具有向他人表达、传递信息的功能,这种信号功能主要通过情绪情感的外显形式,即面部表情、语调表情及行为动作等来实现。

延伸阅读

调节负面情绪的策略

(一)教师与成人调节幼儿负面情绪的方法

1.转移注意法

3岁幼儿刚进入幼儿园时往往会哭闹,教师常常用转移注意的方法,要么给他玩具,

要么指着书上的动物给他讲故事,一段时间后幼儿的情绪会有所好转。对4岁以后的幼儿,当他处于情绪困扰之中时,可以用精神的而非物质的转移方法。例如,幼儿哭时对他说:"看这里这么多的泪水,就像下雨一样。下雨了,我们多难受啊!"也许幼儿会被这幽默的话语逗笑的。

2. 冷处理法

当幼儿情绪十分激动时,可以采取暂时置之不理的办法,幼儿自己会慢慢停止哭喊。当幼儿处于激动状态时,成人切莫激动起来。例如,对幼儿大声喊叫"你再哭! 我打你!"或"你哭什么? 不准哭! 赶快闭上嘴"之类。这样做会使幼儿的情绪更加激动,无异于火上浇油。

3. 消退法

对幼儿的消极情绪可以采用消退法。例如,有个幼儿总不愿意把水果分给爸爸妈妈吃,父母要吃他手中的水果,他总要哭闹。后来父母商量好,采用消退法,对他的哭闹不予理睬。第一天吃水果时,父母把一个水果分成几块,幼儿拿着水果哭了很久,看着父母不理会他,只好把手中的水果吃了。第二天他哭的时间缩短了。以后他的哭闹时间逐渐减少,最后看着父母把他手中的水果拿去分成几块给大家吃也不哭了。

(二)婴幼儿调节负面情绪的主要策略

1. 行为反思法

让幼儿想一想自己的情绪表现是否恰当。例如,在幼儿哭闹后,让他想一想这样哭闹好不好。和小朋友为玩玩具发生争执时,想一想自己的行为对不对,还有哪些解决问题的办法。

2. 想象法

当幼儿遇到困难或挫折而伤心时。教他想一想自己是"大姐姐""大哥哥""男子汉"或某个英雄人物等。

3. 自我说服法

幼儿初入园由于要找妈妈而伤心地哭泣时,可以教他大声说:"好孩子不哭。"幼儿起先是边说边抽泣,以后渐渐地不哭了。幼儿和小朋友打架,很生气时,可以要求他讲述打架发生的过程,幼儿会越讲越平静。随着年龄的增长,在正确地引导和培养下,幼儿能学会恰当地调节自己的情绪并学会情绪的适当表现方式。

第二节　学前儿童情绪情感教育的目标及内容

学前儿童情绪情感教育是教师有目的、有计划地对学前儿童实施教育的过程,帮助学前儿童认识自己并学会调节自己的情绪情感。开展学前儿童情绪情感的教育活动首先要确定活动目标,目标的制定是学前儿童情绪情感的教育活动实施的出发点,目标制定得是否恰当直接影响了整个活动的效果。具体要达成什么样的目标? 开展哪些活动? 这些都是本节要阐述的内容。

一、学前儿童情绪情感教育的总目标

《3～6岁儿童学习与发展指南》指出,学前儿童情绪情感的发展是学前儿童社会性发展的重要组成部分,在教学中应注重良好情感的培养。现将学前儿童情绪情感教育的总目标归结如下。

(1)正确认识与表达自我情绪。

(2)体验、理解别人的情绪、情感。

(3)逐步适应并喜欢集体生活,学会关心集体,逐渐形成集体荣誉感和责任感。

(4)培养幼儿热爱劳动的情感,使幼儿懂得珍惜劳动成果,爱护公共财物,培养幼儿的内疚感、公正感、爱惜感。

(5)培养幼儿爱父母、爱家乡、爱祖国、爱人民的情感,并萌发幼儿热爱世界和平的情感。

(6)初步了解中华民族优秀文化,并激发幼儿热爱民族文化的情感。

(7)激发幼儿的好奇心与求知欲。

二、学前儿童情绪情感教育的内容及要求

学前儿童情绪情感教育总目标的实现归结于情绪、情感两个方面的组织和实施。

(一)情绪

情绪和情感是个体对于客观事物是否符合自身的需要而产生的态度体验。

1. 目标

(1)了解基本的情绪。

(2)帮助幼儿正确表达自己的情绪。

(3)认识他人的情绪。

(4)学习情绪转化的方法。

2. 内容与要求

(1)学会控制自己的情绪,不因为一仵小事而发脾气。

(2)不哭闹,不怕生,保持愉快情绪。

(3)能从五官的细微变化中观察出情绪的变化,知道五官与表情的关系。

(4)知道生气是一种正常的情绪,简单了解情绪与健康的关系。

(5)学会在日常生活中保持乐观的情绪,逐渐养成乐观开朗的性格。

(二)情感

高级情感的发展主要体现在道德感、理智感和美感。

1. 目标

(1)对人和事物具有同情心,引导幼儿学会同情他人、关心他人。

（2）喜欢班集体并积极参加集体活动。

（3）能体会父母的情感。

（4）知道传统节日并感受节日的快乐。

（5）具备热爱祖国的情感。

（6）激发幼儿的求知欲与兴趣。

（7）爱护生物和周围世界里的美好事物。

（8）感知和领会自然美、社会美、艺术美。

2. 内容与要求

（1）能为他人着想，感受他人的欢乐。

（2）了解自己所在的集体，知道自己是集体中的一员。能主动做对集体有益的事，有初步的集体荣誉感（见图 9-1）。

（3）知道爱父母，爱老师。

（4）愿意参加六一国际儿童节、新年等主要节日的庆祝活动，能大胆地表现自己，感受节日的欢乐。

（5）乐于参加社区活动和民族民间节日活动，萌发爱家乡的情感。

（6）了解国外的一些重要节日及风俗习惯，具有热爱世界文化的情感。

（7）学会分辨简单是非，懂得学习好的榜样，不模仿不良行为，有初步的爱憎感。

（8）让孩子体验脑力劳动和取得学习成绩的快乐。

（9）通过了解我国主要城市的人文景观，感受自然美（见图 9-2）。

图 9-1 幼儿体验合作与分享的快乐
（胡莎提供）

图 9-2 幼儿种薄荷感受自然美
（胡莎提供）

（10）能感受四季的变化，敏锐地察觉每个季节独特的美。

（11）能初步欣赏艺术作品，如舞蹈、音乐、文学作品等。

第三节 学前儿童情绪情感教育的活动设计

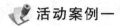 活动案例一

哭娃和笑娃(中班)

【设计意图】

在《3～6岁儿童学习与发展指南》社会领域内容中提出：正确认知和表达情绪是其社会性发展的基本途径,对幼儿身心健康和其他各方面的发展都具有重要影响。因此设计了本次活动,鼓励幼儿从五官的细微变化中观察情绪的变化,进而体验哭与笑给人带来的感受,引导幼儿学会关心他人。

【活动目标】

1. 能从五官的细微变化中观察情绪的变化,知道五官与表情的关系。

2. 会用简单的方法表现哭与笑两种不同的表情。

3. 能关心他人,愿为好朋友带来快乐。

【活动准备】

1. 幼儿人手一面小镜子,圆形卡片若干、彩笔。

2. 表现哭、笑表情的人物头像各一幅。

3. 主题板(用于粘贴幼儿作品)。

【活动过程】

一、活动导入

教师出示哭、笑两幅人物头像,并向幼儿提问：说说他们怎么了？你是怎么知道的？(引导幼儿知道是根据他们的表情观察出来的。)

教师总结：笑的时候眉毛、眼睛弯弯的,嘴巴往上翘;哭的时候眉毛、眼角和嘴巴往下拉。

二、活动实施

教师要求幼儿根据图片表演哭和笑,从而加深幼儿对哭和笑的认知。接着教师向幼儿提问：小朋友们来猜猜他们为什么哭？为什么笑呢？

教师引导幼儿理解不高兴、难过的时候会哭;高兴、开心的时候会笑。

教师鼓励幼儿分享自己经历的伤心和高兴的事,这一分享有助于提升幼儿对哭和笑的情感体验,提高幼儿的语言表达能力和共情能力。

教师向幼儿提问：假如我们的好朋友哭了,怎么让他们快乐起来？给幼儿思考讨论的时间,引导幼儿提出安慰好友的办法,如给好朋友讲笑话逗他们开心,把自己的玩具送给他们一起玩,跟他们做游戏等。

三、活动延伸——游戏：照镜子

请幼儿照镜子,老师说五官,幼儿根据五官的名称指出五官(让幼儿了解五官的位置,并锻炼幼儿的反应能力)。

请幼儿继续照镜子,对着镜子做出哭和笑的表情,引导幼儿观察表情的细微变化。

四、制作心情卡片

教师分发圆形卡片,请幼儿利用绘画的方式表现自己伤心和高兴的心情。邀请画好的幼儿展示自己的表情卡片,其他幼儿来猜猜他的心情。

将制作好的心情卡片粘贴在主题板上,鼓励幼儿自由结伴、互作笑脸把快乐带给同伴。

【活动延伸】

提醒幼儿每天结束幼儿园生活后,将自己一天的心情表现在主题板上,对于不开心的幼儿及时关注,并让他开心起来。

【评析】

正确认知和表达情绪对幼儿社会交往与身心健康有着重要影响,此次活动通过观察五官变化认知哭与笑,体验哭与笑给人带来的不同感受,引导幼儿学会关心他人,帮助他人,对幼儿社会性的发展有着重要意义。

活动案例二

我不想生气(中班)

中班 我不想生气

【设计意图】

生气是人类最基本的情绪,在幼儿园经常能看到幼儿因为一些小事而向对方大吼大叫,这不利于幼儿社会性的发展。因此设计本次活动,使幼儿了解情绪与健康的关系,初步学会一些调节自己心情的好方法,懂得尽量控制自己的情绪,不把坏情绪带给其他人。

【活动目标】

1. 知道生气是一种正常的情绪,简单了解情绪与健康的关系。

2. 初步学会一些调节自己心情的好方法,懂得尽量控制自己的情绪,不把坏情绪带给其他人。

3. 感受人们更愿意跟活泼开朗、不愿生气的小朋友交往,鼓励幼儿做豁达开朗的人。

【活动准备】

1. 图片(小兔子生气)。

2. 动画"心情娃娃"视频片段(《大头儿子和小头爸爸》片段)。

【活动过程】

一、导入活动

教师引导:出示小兔子生气的图片,引导幼儿观察小兔子的心情。

教师提问:图片上的小兔子怎么了?你怎么知道的?

出示其余图片,说说图片上的小兔子为什么生气。

二、引导幼儿回忆经验

教师提问:小朋友,你生过气吗?你为什么事儿生气呢?

教师总结:原来人人都会生气,很多不好的事情都能让我们生气,生气是一种正常的情绪。

教师引导幼儿结合经验回忆体验生气时的表现。

教师总结：生气的时候，我们的心情不愉快，就会做一些激动的事儿，对身体健康有影响。

三、观看视频片段"心情娃娃"

教师提问：动画片中生气的妈妈受欢迎吗？为什么？你更愿意跟什么样的人交朋友？

教师总结：生气的时候心情不好，会说一些难听的话，伤害到身边的人，会慢慢失去朋友。大家更愿意跟活泼开朗、不愿生气的人做朋友。

四、讨论总结

引导幼儿讨论怎样让心情好起来？

教师总结：每个人都会有生气的时候，也都有理由生气。但是我们要学会用各种办法在生气之后让自己快乐起来，恢复好心情。每个人遇事都会产生不同的情绪，那是很自然的现象。但是愤怒、悲伤、痛苦等不良情绪对人的身体健康不好，而愉快、高兴等良好的情绪对我们的健康是有利的。当我们生气难过的时候，要想想快乐的事情，或找别人谈谈自己的心情、感受，让自己保持一个好心情。

【活动延伸】

将想到的调节心情的方法用自己的方式记录下来。

【评析】

整个活动的设计符合孩子的学习特点，通过观察图片，体验生气是一种正常的情绪，观看视频片段"心情娃娃"，体验生气带给人的感受，进而使幼儿了解情绪与健康的关系，初步学会一些调节自己心情的好方法，懂得尽量控制自己的情绪，不把坏情绪带给其他人。

活动案例三

我爱我家（大班）

【设计意图】

《3～6岁儿童学习与发展指南》指出幼儿情绪情感教育的目标之一：了解自己家，分享家庭的快乐。因此设计了本次活动，让幼儿知道自己是家庭及集体中的一员，能主动地做对集体有益的事，有初步的集体荣誉感，进而萌发幼儿爱父母、爱集体、爱家乡、爱祖国的情感。

【活动目标】

1. 进一步感受家的温暖，产生爱家的情感。

2. 乐于和同伴说说爱家的理由，分享家庭的快乐。

【活动准备】

1. 家的图片。

2. 诗歌《家》。

3. 音乐《让爱住我家》《相亲相爱一家人》。

【活动过程】

一、引导幼儿说说自己爱家的理由,分享家庭的快乐

教师出示"家"的图片,并提问:你喜欢自己的家吗?你最喜欢家里的什么?为什么最喜欢它?请幼儿逐一讲述自己爱家的理由,分享家庭的快乐。

教师总结:小朋友们都有自己最喜欢的人或宠物、物品、玩具、房间等,小朋友都爱自己的家。

二、教师演示课件,幼儿通过欣赏诗歌《家是什么》产生爱家的情感

教师边演示课件边朗诵诗歌《家是什么》。

教师提问:你听到了什么?(幼儿回答)

引发幼幼互动、师幼互动,互相解答,提升自己的理解和认知。

教师总结:妈妈用勤劳的双手把家里整理得干净、漂亮,让家人感到很温暖;爸爸用坚实的肩膀撑起一把保护伞,为家人遮风挡雨,让家人享受幸福和快乐。所以说家是妈妈温暖的手、是爸爸宽阔的肩膀。

三、幼儿根据自己的感受说说家是什么,感受家的温暖

教师提问:除了诗歌里所说的外,你感觉家还是什么?

幼儿自由思考,教师请幼儿回答家是什么,尽量理解它的寓意。

四、教师和幼儿共同欣赏歌曲《让爱住我家》

进一步感受家的温暖,加深爱家的情感。

五、理解广义的家,引导幼儿关爱身边的每一个人

教师总结:一家人在一起特别温馨,小朋友们和老师在一起组成了大一些的家——大二班。所有的中国人团结在一起组成了更大的家——中国。(由小家联系到班级、国家,将感情上升到新的高度)

引导幼儿关爱身边的每一个人,幼儿相互拥抱,感受相互的爱。

教师总结:我们爱自己的小家,也爱我们的大家。我们是相亲相爱的一家人,我爱我家!

【活动延伸】

为家人、老师、朋友说一句话或给一个深深的拥抱。

【评析】

本次活动谈话"家"与欣赏诗歌《家是什么》,初步了解家是什么,产生爱家的情感与家庭的快乐。通过欣赏歌曲《让爱住我家》进一步感受家的温暖,加深爱家的情感。教师引导幼儿理解广义的家,使幼儿学会关爱身边的每一个人,进而萌发幼儿爱父母、爱集体、爱家乡、爱祖国的情感,符合情感教育的目标。

附诗歌:家是什么

小兔子说,家是温暖的地方;

小老鼠说,家是安全的地方;

小鸟说,家是幸福的地方;

小朋友说,家是妈妈温暖的手、是爸爸宽阔的肩膀。

(案例来源:http://m.youjiao.com/e/20180713/5b4850c578163.shtml)

活动案例四

爱心手语（大班）

【设计意图】

《3～6岁儿童学习与发展指南》指出，幼儿要学会同情、照顾、关心、帮助他人。手语作为一种交流的符号、工具，运用手语认知与情感体验相结合的方式，使幼儿进一步关爱聋哑人，并逐步引导幼儿的心灵变得更加美丽、友善。让幼儿去体验聋哑人的世界，同时产生进一步学习的欲望。

【活动目标】

1. 初步学习用手语关爱聋哑人，体验爱与被爱的情感交流。

2. 知道通过手的不同动作可以表达多种情感，感知聋哑人的非言语交往和表达方式。

【活动准备】

1. PPT（内容包括女教师教聋哑儿童手语；你、我、他、爱、爸爸和妈妈手语图片；舞蹈《千手观音》图片）。

2. 伴奏音乐《天使的翅膀》。

3. 视频舞蹈《千手观音》、大字卡（哭、笑、多、少）、邰丽华的故事。

【活动过程】

一、活动导入

教师组织"猜一猜"和"捂耳朵"这两个游戏，引导幼儿初步体验聋和哑的两种状态，为进一步的情感体验奠定一定的基础。

1. "猜一猜"游戏规则：让一个幼儿到黑板后面看字卡，然后把看到的内容用动作来表示，嘴不能说，让大家来猜。

2. "捂耳朵"游戏规则：首先要求全部幼儿捂上耳朵，教师来说两句话（"我爱你们""见到你们很开心"），鼓励小朋友分享当捂上耳朵时他们是否能听见教师所说的话。

二、活动实施

1. 看手语图片

教师引导幼儿看女教师教聋哑儿童手语的图片，并用问题引导幼儿知道：聋哑人和我们一样也需要交流，他们听不到、也说不出来，只好用手势做手语和别人交流。

2. 初步认识手语

教师向幼儿出示有关"你、我、他、爱、爸爸、妈妈"这些字词的手语图片，先鼓励幼儿猜一猜图片中的手语表达的意思，进而带领幼儿一起做一做这些手语。

3. 讲述聋哑人邰丽华的故事

教师播放《天使的翅膀》音乐，伴随着背景音乐，教师向幼儿讲述聋哑人邰丽华的故事，在讲述故事过程中向幼儿出示《千手观音》的图片。故事结束以后，带领幼儿一起观看视频舞蹈《千手观音》。

最后要求幼儿讨论和分享自己听完故事、看完视频的感受，针对幼儿的分享，教师进行总结：这些聋哑姐姐们，尽管听不见、说不好，但她们为了自己喜欢的舞蹈不断地努力，给我们带来美丽的舞蹈表演，她们得到了许多人的帮助才有了今天的精彩。

【活动延伸】

鼓励幼儿回到家里和爸爸妈妈分享展示今天学的手语、听到的有关邰丽华的故事。

【评析】

本次活动通过初步认知手语，体验聋哑人的世界，使幼儿进一步关爱聋哑人，并逐步引导幼儿的心灵变得更加美丽、友善。通过运用手语动作、讲故事、欣赏录像等教育手段，使幼儿知道应该正确对待残疾人，同情、照顾、关心、帮助残疾人，有利于幼儿亲社会行为的发展。

（案例来源：http://m.youjiao.com/e/20180822/5b7cfefd0d6ee.shtml）

本章小结

本章主要介绍了学前儿童情绪情感教育的理论基础、学前儿童情绪情感教育的目标以及活动设计这几个方面的内容。具体内容如下。

（1）情绪和情感是个体对于客观事物是否符合自身的需要而产生的态度体验。

（2）人类的基本情绪包括喜、怒、哀、惧；根据情绪发生的强度、持续性和紧张性，可将情绪分为心境、激情和应激。

（3）幼儿的高级情感主要体现在道德感、美感和理智感三个方面。

（4）《3～6岁儿童学习与发展指南》指出，学前儿童情绪情感的发展是学前儿童社会性发展的重要组成部分，在教学中应注重幼儿良好情感的培养，现将学前儿童情绪情感教育的总目标归结如下。

① 正确认识与表达自我情绪。

② 体验、理解别人的情绪、情感。

③ 逐步适应并喜欢集体生活，学会关心集体，逐渐形成集体荣誉感和责任感。

④ 培养幼儿热爱劳动的情感，使幼儿懂得珍惜劳动成果，爱护公共财物，培养幼儿的内疚感、公正感、爱惜感。

⑤ 培养幼儿爱父母、爱家乡、爱祖国、爱人民的情感，并萌发幼儿热爱世界和平的情感。

⑥ 初步了解中华民族优秀文化，并激发幼儿热爱民族文化的情感。

⑦ 激发幼儿的好奇心与求知欲。

思考与练习

1. 什么是情绪情感？

2. 高级情感主要包括哪些方面？

3. 完成某个年龄段学前儿童情绪情感教育教学活动设计。

第十章
学前儿童问题行为的矫正与教育

本章导航

学前儿童问题行
为的矫正与教育

学习目标

1. 掌握学前儿童问题行为的概念、类型及特点。
2. 理解攻击性行为的概念、原因及矫正方法。
3. 了解社会退缩行为的概念、原因及矫正方法。

引导案例

强强的暴力

强强又打了班里的小明小朋友,这是他今天在幼儿园第三次主动打别的小朋友。小明哭着向颜老师告状说:"我们正在积木区玩积木,强强过来就把我们堆得城堡给踢坏了,还打我的头。呜呜呜……"颜老师找来强强,问强强刚才发生了什么事情? 强强大声说:"他们不跟我玩,我很生气,我就打他们了!"第一次打小朋友是因为他看到刚刚在玩滑滑梯,他过去推刚刚;第二次是在活动时间踢前面座位的花儿小姑娘。颜老师告诉强强:"我知道你很生气,但你不应该打人,你今天已经是第三次主动打别的小朋友了,老师希望你能在这个办公室待三分钟,没有人打扰你,老师希望你能静下心来想一想自己错在哪里了!"

最终,强强很生气地坐在颜老师的办公室,三分钟结束后,颜老师回到办公室。强强看到老师回到办公室,主动跟颜老师交流:"老师,我知道错了,我下次不会主动打小朋友了!"

可惜,第二天,强强又打了小朋友!

案例解析:

案例中强强小朋友表现出了比较强的攻击性,颜老师采用隔离法对他进行惩罚,也遵循了"一岁一分钟"的原则!但后续强强依然表现出了较强的攻击性,这时颜老师应该主动联系强强的父母,跟父母沟通,了解强强产生攻击性行为的原因,从而在接下来的工作中对症下药,减少强强的攻击性行为。

学前儿童在日常的幼儿园生活和家庭生活中,会表现出不合常规的行为,有时这些行为会给家庭、幼儿园甚至社会带来负面影响。常见的学前儿童问题行为有哪些类型?是什么原因导致学前儿童产生这些不合常规的问题行为?如何通过学前儿童社会教育的相关方法对这些行为进行矫正和引导?

第一节　常见的学前儿童问题行为

一、学前儿童问题行为概述

(一)学前儿童问题行为的界定

儿童问题行为是指妨碍儿童身心健康发展和良好品德的形成,给家庭、幼儿园乃至社会带来麻烦的行为。这一定义主要从行为的影响和结果对学前儿童问题行为进行界定,学者张亚丽指出目前学界都在此定义的基础上从不同角度去阐释问题行为,主要包括以下 6 种。

(1)在心理学中,问题行为泛指那些可能导致心理问题的行为,一般包括使他人不可理解的行为及反社会的、破坏性的、分裂性的或明显顺应不良的行为。

(2)指不符合社会规范并引发某种社会控制的行为。

(3)指所有显著异于常态而妨碍个人正常生活适应的行为。

(4)问题行为是指任何一种引起麻烦的行为(干扰学生或班集体发挥有效的作用),或者说这种行为所产生的麻烦。

(5)问题行为是儿童不能遵守公认的正常儿童行为规范和道德标准,不能正常与人交往和参与学习的行为。

(6)问题行为是指给家庭、学校带来麻烦,妨碍学生身心健康发展,容易导致品德不良,甚至走上犯罪道路的不正确行为。[①]

---

① 吴丽亚.学前儿童问题行为的成因与教育对策[J].考试周刊,2016(86):194.

（二）学前儿童问题行为的特点

学前儿童问题行为是学前儿童行为异常的表现，具体有以下几个方面的特点。

（1）行为表现异常。具有问题行为的学前儿童在行为上会有跟一般儿童差异较大的行为表现，如发生攻击性行为的频率或强度要远远高于一般儿童。

（2）具有负面的行为结果和影响。正如定义所说，儿童的问题行为不仅仅影响学前儿童的身心健康发展和品德的形成，同时也会给家庭、幼儿园和社会带来一定的负面影响。这一行为结果或影响也是学前儿童问题行为的一大特点。

（3）行为影响因素的综合性。对于学前儿童问题行为的原因探究，学界有很多研究成果，综合起来，既有基于遗传的先天性影响因素，也有基于环境的后天性影响因素。因此，学前儿童问题行为的影响因素是综合性的，这也是其一个特点。

二、学前儿童亲社会行为

与学前儿童问题行为相对应的是学前儿童亲社会行为，关于儿童亲社会行为的实证研究始于 20 世纪 70 年代以后。[①] 儿童亲社会行为主要是指儿童在社会交往的过程中表现出来的利他性行为，这种利他性行为是对他人、群体或社会有益的行为。在赵章留、寇彧（2006）看来，帮助、合作、分享、安慰是儿童亲社会行为的主要类型。这四种亲社会行为在儿童身上的发展表现出以下特点：①儿童对这四种亲社会行为的分化发生在 18～24 个月；②四种亲社会行为随着儿童年龄的增长表现出不同的变化趋势；③四种亲社会行为的发展既受个人因素的影响，也受情境因素的影响。[②]

学前幼儿期是培养学前儿童亲社会行为的关键阶段，因此需要幼儿园和家庭共同合作，营造良好的环境，利用各种游戏和活动，激发学前儿童的亲社会意识，培养他们的亲社会情感，从而最终促进学前儿童亲社会行为的发展。

三、学前儿童问题行为的类型

（一）攻击性行为

对儿童攻击性行为的定义界定，经历了几个阶段：20 世纪 20 年代，"攻击性行为"被看作"避免痛苦与寻求快乐的行为遭受挫折时的基本反应"；30—70 年代人们通过大量研究后，较多的心理学家赞同"以直接伤害他人为目的的任何行为序列"的定义。然而，班杜拉却认为，攻击性行为是一种复杂的事件，对其下定义不但要考虑到伤害的意图，而且要考虑到社会的判断，看究竟哪一种伤害行为称得上"攻击性行为"。后来，L. D. Eron 将其定义为"是一种经常性有意地伤害和挑衅他人的行为"。我国的心理工作者认为，攻击性行为就是"伤害他人的身体行为或语言行为""是有意伤害别人且不为社会规范所许可的

① 寇彧，王磊.儿童亲社会行为及其干预研究述评[J].心理发展与教育，2003(4)：86-91.
② 赵章留，寇彧.儿童四种典型亲社会行为发展的特点[J].心理发展与教育，2006(1)：117-121.

行为"。其中,伤害意图、伤害行动与社会评价,是攻击性行为概念的三个要素,攻击者具有伤害他人的主观意图,目的是直接造成被攻击者的伤害或通过唤起被攻击者的恐惧而达到其目的。[①]

心理学研究发现攻击性行为具有以下几个特点。[②]

1. 攻击性行为随年龄变化而减少

Olweus[③]对挪威和瑞典中小学儿童欺侮行为的研究表明,在中小学,随着年龄的增长,儿童报告的被欺侮的比率呈下降趋势,导致这种欺侮或被欺侮发生率随年龄变化的原因主要有两个方面:一是儿童通常被其他同龄或年长儿童欺侮,因此,当他们长大时,欺侮他们的年长儿童相对减少了。二是随着年龄的增长,学生逐渐"社会化",他们比以前更清楚什么行为是可接受的,而且更能体会到被别人欺侮的"感情"。

2. 攻击性是一种比较稳定的特征

研究表明,3岁时爱打架的幼儿,5岁时仍然爱打架。6~10岁时的身体和言语攻击数量能很好地预示10~14岁时的打架、嘲笑、戏弄别人、与同伴争斗的倾向性。而且这种攻击性无论对男性还是女性都适用。心理学家对600多名受试者进行了长达22年的追踪研究,发现无论男性还是女性,8岁时的攻击性记录能有效地预测成年期(30岁)的攻击性(如犯罪行为、夫妻不和、自我报告的身体性攻击)。另一项研究发现,不论男孩还是女孩,10岁时爱发脾气,攻击性强的长大成人后大多与同事关系紧张。实验还表明,虽然男性和女性的攻击性都具有稳定性,但男性比女性具有更高的攻击性。世界各国100多个研究的结果表明,男性不仅在身体性攻击方面,在言语性攻击方面也高于女性。

3. 儿童攻击性行为的性别差异

儿童的攻击性行为存在性别差异。这些差异既表现在男女儿童参与欺侮的比率上,同时也存在于欺侮的方式中。早在20世纪70年代末的研究结果表明,男生成为欺侮者的可能性大约是女生的两倍。近期的研究也进一步表明,男孩比女孩更多地卷入欺侮行为。欺侮的性别差异主要表现为,女生更多地使用言语和心理欺侮,而男生则更好地使用身体欺侮,研究发现男孩最普遍地使用直接身体攻击,而女孩最普遍地使用间接攻击,但在言语攻击上无明显性别差异。随着年龄的增长,儿童从直接身体攻击逐渐变为更多地采用其他攻击方式。

(二) 社会退缩行为

对社会退缩行为的概念界定,多数学者认同鲁宾和阿森道夫的观点,即社会退缩(Social Withdrawal)是指个体在社会情境中不与他人交往、游戏,独自一个人打发时间的行为。[④] 我国学者左恩玲博士一直致力于研究社会退缩行为,她指出大量研究表明社会

① 智银利,刘丽. 儿童攻击性行为研究综述[J]. 教育理论与实践,2003(7):43-45.

② 苏科,李菁. 儿童攻击性行为研究[J]. 中北大学学报(社会科学版),2006(5):86-88,92.

③ Olweus D. Bullying at school:What we know and what we can do[M]. Oxford:Blackwell,1993.

④ K. H. Rubin, J. B. Asendorpf. Social withdrawal, inhibition, and shyness in childhood:Conceptual and definitional issues[A]. J. B. Asendorpf, K. H. Rubin. Social withdrawal, inhibition, and shyness in childhood[M]. Hillsdale, NJ:Lawrence Erlbaum Associates,1993:3-17.

退缩是儿童常见的问题行为之一,这种行为不仅与童年期的学习困难、语言障碍、学校适应不良及消极情绪密切相关,也是青春初期甚至成年早期社会适应不良、社会情感匮乏、社会认知功能障碍、消极情绪及自我评价较低的重要预测因素。

她梳理了近 30 年的理论和实证研究,总结出不同亚型社会退缩儿童在行为、情绪、动机和社会信息加工四个维度上的不同表现,具本如表 10-1 所示。①

表 10-1 三种亚型社会退缩儿童的不同表现

亚 型	行 为	情 绪	动 机	社会信息加工
安静退缩	独自进行结构游戏或探索活动	平静	低社交趋近动机	几乎不存在社会信息加工偏差
焦虑退缩	谨小慎微,无所事事或者旁观行为	紧张、焦虑、恐惧、尴尬等	趋避动机冲突	编码精确性较差,编码错误较多
活跃退缩	频繁、夸张的独自游戏,包括喧闹、重复和多动的行为及夸张的戏剧性表演	恼怒、自卑、失落等	高社交趋近动机	编码错误最多;敌意归因水平最高;胜任反应最少;采取的攻击策略最多

四、学前儿童问题行为的成因分析

(一)攻击性行为的成因分析

吴霞波在文章《幼儿攻击性行为的成因及矫正策略》中具体分析了幼儿攻击性行为的成因,主要包括生理因素、家庭因素、环境因素和心理因素四个方面,具体分析如下。②

1. 生理因素

幼儿的某些生理特征(如荷尔蒙的分泌、外貌体征、体质、气质等)对攻击性行为的表现有一定的影响。比如,那些天生爱热闹的、爱着急的"难带型"婴儿,长大后容易产生攻击性行为,但是生理因素只是影响因素的次要部分。

2. 家庭因素

有研究表明,幼儿的攻击性与家庭教育模式有关。高度攻击性幼儿大多数来自"绝对权威"和"过度溺爱"类型家庭,这两类家庭类型的共同特征是对儿童限制的失当。"绝对权威"型父母过于控制幼儿的自主性,易于使幼儿产生逆反心理,产生对抗的要求,并常常从父母的言行中学会攻击。"过度溺爱"型父母则完全放弃对幼儿的限制,使幼儿的利己排他行为滋长,一旦他们的某种需要受到限制,就会大哭大闹,以反抗来达到目的,从而导致攻击性行为的产生。所以说家长过分溺爱幼儿、过分要求幼儿、过分放任幼儿都是造成幼儿攻击性行为的重要原因。

3. 环境因素

现代社会,环境因素对幼儿的影响越来越大。尤其是电视大众化以后,幼儿用于看电

---

① 左恩玲.儿童社会退缩的亚型、特征与干预[J].长春师范大学学报,2016,35(3):22-26.
② 吴霞波.幼儿攻击性行为的成因及矫正策略[J].学前教育研究,2008(9):64-65.

视的时间逐渐增多,电视中的暴力场面无疑为幼儿提供了攻击样板,使幼儿在不知不觉中模仿学习了攻击性行为。

4. 心理因素

心理学家多拉德认为,攻击性行为的起因是挫折,当一个人朝着特定的目标前进时,一旦受到阻碍,就会产生挫折感,而这种挫折感在行为上就表现为对人对物产生攻击性行为。

(二) 儿童社会退缩行为的成因分析

左恩玲对儿童社会退缩行为的成因进行了具体的分析,以内部因素和外部因素两个方面进行分析,具体如下。[①]

1. 内部因素

(1) 生理基础。已有研究表明,学前儿童的社会退缩行为与右脑额叶、心率以及迷走神经节律等生理指标关系密切。其中,婴儿期右脑额叶不对称的儿童在童年期更容易出现抑制行为和气质性恐惧;婴儿期出现抑制行为而童年期未出现抑制行为的儿童则没有表现出右脑额叶不对称的特征。而抑制型儿童比非抑制型儿童表现出更高、更稳定的心率水平,这种相关度随着年龄的增长逐渐提高,如 5.5 岁时的相关度要高于 21 个月时的相关度。而且具有更高、更稳定心率的抑制型儿童比具有较低、变化较大心率的抑制型儿童更有可能保持抑制性。最后,社会退缩行为儿童具有迷走神经节律活动水平较低的特点。低迷走神经节律表现为稳定的高心率、容易紧张而且不易控制。

(2) 气质特征。20 世纪 80 年代,美国心理学家凯根开辟了气质研究的新取向,他采用"抑制性—非抑制性"来描述儿童在陌生情境中面对陌生人或陌生物体时所表现出来的气质特征,把气质类型划分为"抑制性"和"非抑制性"两种。"抑制性"气质类型的儿童在遇到陌生情境、陌生人或陌生物体时,一直非常安静,盯着陌生人或陌生物体但几乎不去主动接近,躲到妈妈身边;而"非抑制性"气质类型的儿童在相似情况下则没有任何害羞拘谨的表现,继续从事自己的活动,愿意主动接近陌生人或陌生物体。

儿童的抑制性气质是其社会退缩行为的重要预测指标,也对儿童的长远发展具有重要的影响。凯根等在一项追踪研究中发现,在实验中表现较多"被动性"(现在称为"对陌生情境的行为抑制性")的儿童在日后的社会交往中表现出更多的受支配性、回避、服从、胆小、害羞和退缩行为。我国学者侯静通过对儿童的高抑制气质和低抑制气质的极端组分析发现:抑制性儿童在与一个最初不熟悉的同伴自由游戏中不能表现出正常的从单独行为转换到社会行为;他们比非抑制性儿童从抑制行为或单独被动活动转换为社会行为的可能性更小,更有可能从社会行为退回到抑制行为。而且,抑制性儿童在行为状态的保持上表现出一种不同的发展转换。随着年龄的增长,他们用更长的时间进行单独被动活动,而非抑制性儿童表现出更长时间的社会交往。

(3) 社会认知。社会认知是指个体对他人的表情、性格、行为原因以及人际关系的认知。社会退缩儿童与正常儿童的社会认知不同,具体体现在社会信息加工存在障碍和偏

---

① 左恩玲,张向葵.儿童社会退缩的成因与教育对策[J].现代中小学教育,2016,32(5):77-81.

差、消极的社会自我知觉、社交策略匮乏、观点采择能力较差和社会交往归因不当等方面。

2. 外部因素

（1）家庭因素。第一，父母的教养方式。大量的理论和实证研究表明，父母教养方式中高控制策略、过度保护、缺乏鼓励、干涉、拒绝、惩罚、缺乏情感温暖与理解等因素与儿童的社会退缩行为密切相关。首先，如果父母采用情感温暖与理解的教养方式，儿童发生抑郁、社交退缩等问题行为的可能性较低；如果缺乏正确的关爱，而父母又习惯于过分关注甚至干涉子女，则儿童更易表现为退缩、回避、交往不良等行为倾向。其次，路径分析研究发现，高控制策略对 2～4 岁儿童的矛盾型退缩行为有直接影响。造成这一结果的原因是高控制策略限制了儿童的探索和独立行为，从而影响了儿童的社会能力发展，也剥夺了与同伴交往的机会。最后，社会退缩高分组的孩子受到父母温暖理解的教养方式显著少于社会退缩低分组；而受到父母拒绝、严厉惩罚等教养方式则明显多于社会退缩低分组。第二，亲子关系。依恋概念的提出者英国心理学家 John Bowlby 认为个体在早期对母亲或父亲的依恋中形成的自我内部工作模式，会影响到其他各种关系（伴侣、朋友或兄弟姐妹的关系），并对人际交往中的情感、情绪、认知和行为起着指导作用。一般来说，研究者们把儿童的亲子依恋划分为 A（焦虑/回避型）、B（安全型）和 C（焦虑/矛盾型）三种类型，A 型和 C 型又统称不安全型。大量研究表明，儿童的社会退缩行为与 C 型（焦虑/矛盾型）依恋密切相关。C 型依恋的儿童不能建立起安全的自我发展模式和思维方式，他们倾向于将社会归为不可预知的、不愉快的和不负责任的，因而不喜欢探索周围的社会环境。而且，C 型依恋的婴儿在与同伴互动时社会技能较差，教师对他们在社交行为中的评价是依赖、无助、紧张、害怕，C 型依恋与社会退缩行为有关且能对社会退缩行为进行预测。

（2）学校教育因素。第一，师生互动。在儿童社会退缩影响因素的研究中，师生互动的研究非常薄弱，只是在近 10 年才有一些研究和进展。教师与退缩儿童的互动存在两方面的问题：师生互动质量较差和教师对退缩儿童的关注度较低。一方面，教师与退缩儿童的互动也遵循人际互动的相互作用原则，即积极的互动会引起积极的回应；反之，则会导致消极的互动。另一方面，退缩儿童经常被教师忽视，这些儿童的退缩行为是被教师认可和接受的，因为含蓄而安静的社会退缩行为有助于维持课堂纪律和秩序，也有可能是教师在与社会退缩儿童的多次互动中体会到习得性无力感，也逐渐降低对社会退缩儿童的关注。第二，同伴关系。目前，学界默认把同伴关系作为社会退缩行为的原因即影响因素来阐述。如 Rubin 等认为儿童的社会退缩行为受儿童的气质因素、社会化因素和环境因素的共同影响。社会退缩行为不是儿童在同伴交往中被拒绝的原因而是结果。然而，这种观点是片面的，同伴关系和社会退缩行为之间互为因果，不良的同伴关系会导致社会退缩行为；反之，社会退缩行为也会加剧不良的同伴关系。

（3）社会文化因素。西方文化提倡独立、自我、主动和个性，每个人都按照自己喜欢和希望的方式生活，不太在意外界的评价，行为自由，非抑制性较强。而东方文化强调集体主义，把随和、顺从、安静和谦恭看作为人处世之道，不主张特别张扬和个性的非抑制性行为，认为内敛、稳重等抑制性行为是个体素质和涵养的体现。因此，在西方，如果儿童出现了社会退缩行为，父母会很担心，立即寻求有效方式来减少孩子的这种行为。而在东方，父母大多把儿童的社会退缩行为看作孩子害羞的表现，会随着年龄的增长而逐渐减少乃至消失。如凯根(1962)等通过对华裔美国儿童和白人儿童的纵向研究发现,华裔美国儿童比白人儿童更压抑、害羞、恐惧,当他们遇到陌生人或短暂离开母亲时哭得更厉害。

延伸阅读

国内外关于亲社会行为研究的理论①

一、斯陶布的社会行为理论

任何行为都会是由多重因素决定的,是个体特征和情境因素相互作用的结果。斯陶布(E. Staub,1978,1980,1984)曾提出了一个社会行为理论(Theory of Social Behavior)来解释社会行为是怎样产生的。该理论把价值取向和其他因素结合起来,试图形成道德行为的综合理论。

社会行为理论认为,人在发展中形成了各种动机,而人的行为多数是以目的性为特征的,所以应侧重于探讨追求期望的目的的动机,它把动机概括化为个人目的(Personal Goal)或目的取向(Goalorientations),目的是个人追求的最终状态,是由相互联系的认知网络组成的,其中包括与对结果的评价相关的信念、思想和意义。在一定条件下可以被激活,环境(包括内在环境)条件可以同时激活一个、两个或多个目的,且激活程度不同。我们可以把价值取向看作道德领域中的个人目的。亲社会价值取向则是利他和不伤害别人的个人目的。斯陶布的研究发现,亲社会价值取向越强,人们对激活条件(身体或心理的困扰)做出的帮助行为就越多。换言之,人的亲社会价值取向越强,在特定情境中被激活的可能性就越大。亲社会价值取向体现为两种动机源:一是作为利他的无私行为的动机源,其目的在于帮助他人,是以他人为中心的。二是以规则为中心的道德取向为特征的动机源,目的在于坚持行为规则或原则。所以,两种道德取向的目的不同,并且对行为产生不同影响。

社会行为理论还认为,除了两个价值取向的动机源外,移情(Empathy)是第三个主要动机因素。移情取决于三个条件:①初级移情;②对他人的积极评价;③自我概念。初级移情是指儿童由于他人的不安所引起的最初的情绪反应。这是移情的最初形式(还不能称其为移情)。对他人的积极评价是亲社会价值取向的一个成分。亲社会价值取向是移情的动机因素。最后,自我概念影响移情。移情在某种程度上是从自我到他人的延伸,所以,人们更有可能对与自己相类似的人做出反应。缺乏精确的自我概念就难以以助人的方式扩展自我的界限。

总之,社会行为理论提供了一个分析和预测亲社会行为的方法或思路。在特定的情境下,通过综合考虑各种动机因素有可能预测亲社会行为或对其做出较全面的理解或解释(见图 10-1)。

二、施瓦茨的决策理论

施瓦茨(S. H. Schwartz,1968,1970,1977)是把内化的社会规范作为利他行为的动机

---

① 百度百科 https://baike.baidu.com/item/%E4%BA%B2%E7%A4%BE%E4%BC%9A%E8%A1%8C%E4%B8%BA.

图 10-1

（图片来源：https://baike.baidu.com/亲社会行为）

因素。他认为内化的社会规范的激活产生对人的道德义务感，而义务感以及义务感的强度影响利他行为。他认为个人规范和对他人行为后果的意识，决定了情境能否真正产生道德义务感，而责任归因则促进了个人规范和义务感的激活。他认为把个人福利的责任归因于自己，就能激活个人规范和产生义务感，从而有可能导致助人行为。

施瓦茨（1977）曾指出，助人行为的四个步骤：与需要和责任知觉有关的激活阶段；与规范结构和义务感的产生有关的义务阶段（人们根据一般的规范和价值，在他们所处的特定情境下构建一种规范）；与反应的估计、评价、再估计有关的防卫阶段；最后，是人们做出行动或不行动的反应。

施瓦茨的决策理论认为，特定的社会规范应用于具体情境时，人们是否根据规范来行动，取决于现有的条件（内在的和外在的）是否从心理上激活了这些规范。他特别强调后果意识和助人行为的责任归因这两个人格因素对激活规范的重要作用，并且认为它们受当时情境的影响，即情境能唤起或激活责任意识的责任归因。

施瓦茨认为，后果意识和责任归因是与亲社会行为直接相连的一般特征。它们虽然受情境的影响，但并不是决定情境和个人规范以及与之相互结合的中介因素，而是亲社会取向的两个方面。它们如同价值和规范的认知结构一样，是稳定的人格倾向并影响到规范的激活和防卫。

三、波马扎尔和杰卡德的决策理论

波马扎尔和杰卡德（R. J. Pomazal, J. J. Jaccard, 1978）指出的另一项决策理论，强调人们做决策时可获得信息的重要性。人们根据当时有关情境和人格的信息，形成行为意向（Behavior Intentions）。行为意向决定了人们是否助人，根据该理论，个人做出行为的意向取决于两个因素："①个体对于做某一行为的后果的信念，这要根据它对个体的价值来评价。②个体对于认为其他重要人物应当做什么的信念，这要根据他遵从别人的动机来评价。"（波马扎尔，1973）在他们两人的一项研究中，有献血意向的被试，53人实际献血，102人没有献血。没有献血意向的99人中，只有2人献血。意向和实际献血行为之间的相关为0.46（$P<0.01$）。在实验中，他们也测量了其他与助人相关的变量。如献血经历、互惠、社会责任、需要等。他们发现这些因素对于行为意向的测量以及实际行为的预测没有什么帮助，然而，有些变量与行为意向有高相关。如社会责任与它的相关为0.52，如果把社会责任作为对他人的一般定向来测量，那么它就具有预测行为的重要意义。

与其他决策理论相比,该理论更强调情境相关的因素,它比一般有关人格定向的信息能更好地预测特定的行为。而施瓦茨的决策理论强调一般的人格特征,大大涉及个体的情境因素。

综上所述,价值取向,特别是亲社会价值取向作为价值观的一部分,是在社会化过程中,受外界影响逐渐发展起来的,并且是亲社会行为的重要动机因素。但是,正如社会行为理论指出的,在特定的情境下,亲社会价值取向未必能成为最突出的动机,它对亲社会行为的影响必须借助于情境的激活作用以及其他各种人格和情境因素。因此,结合其他因素来研究亲社会价值取向与亲社会行为的关系,更能全面地理解价值取向的动机作用。然而,社会行为理论试图用动机竞争或冲突解释亲社会行为,并把亲社会价值取向作为其中的主要动机,从这个意义上说,社会行为理论仍然不够具体精确。

四、章志光等的研究

章志光等认为,关于事物对于个人或对社会的重要意义的观念,便是价值观(Values)。价值观是一种有层次的结构,因而也被叫作"价值系统"(System of Value)。当一种价值观经内化而成为人的行为向导时,这就被称为"价值取向"(Value Orientation)。近几年来,他们在中学开展了两项有关价值取向的试探性研究。如董婉月的"青少年的个体—集体价值取向及其与合作行为的关系的实验研究"(1989)和刘磊的"个体—集体价值取向与合作行为中分酬规范关系的研究"(1990)。研究者认为,价值取向是一种较稳固的人格定型,教育在促使认知上的变化比促进价值取向的质变也许更容易。认知变化固然也能对人格结构的变化产生影响,但要见效可能需要时日和更为有力的教育措施。实验说明:价值取向不仅在个体身上存在,且有可能进行测查;个人的价值取向对社会行为有一定的甚至是决定性的影响。但这种影响并非都是直接的。在本实验中可以看到它是通过具体的动机(合作或竞争)和规范的认知(公平或平均)而发生作用,这里存在着许多亟待探索的问题,它比人们想象得要复杂得多。[①]

第二节 学前儿童问题行为的矫正与教育方法

一、学前儿童攻击性行为的矫正与教育方法

针对学前儿童攻击性行为的矫正,本书主要参考了吴霞波在其文章《幼儿攻击性行为的成因及矫正策略》中提出的四种策略,即从认知、家庭、传媒和幼儿自身四个方面入手对其进行有效引导,具体内容如下。[②]

(一)认知矫正

提升幼儿的认知能力,有助于减少其攻击性行为发生的频率。例如在幼儿人际交往过程中,帮助幼儿理解同伴行为的原因,一旦幼儿能够理解对方不是故意做出让他或她感

---

① 俞国良.社会心理学[M].北京:北京师范大学出版社,2010.
② 吴霞波.幼儿攻击性行为的成因及矫正策略[J].学前教育研究,2008(9):64-65.

到愤怒的行为时,幼儿通常不会出现报复性的攻击行为;而一旦幼儿认为对方是故意的时候,则攻击性行为会增加。因此如果幼儿教师和父母能够提升幼儿的认知能力与理解能力,则可以有效避免攻击性行为的发生。

认知智能训练采取小组训练和个别训练相结合的方法。小组训练采用 Ladd 等提出的系统的社会技能训练法——社会学习模型。社会行为技能是指幼儿在与人交往和参与社会活动时表现的行为技能,包括交往的技能、倾听交谈的技能、非语言交往技能、辨别和表达自己感情的技能。而个别训练法则是对个别幼儿进行语言交流技巧训练,提高交往能力。许多拙于与人相处的孩子都缺乏与其年龄相适应的谈话技巧,他们不能用合适的语言把自己的需要传达给别人,也不能理解别人的需要和想法。因此,教师应先教给儿童基本的谈话技巧,帮助孩子得到社交门票,从而被他人所接受。[①]

(二)创设良好的家庭氛围

有攻击性行为的儿童之所以在解决冲突或人际交往中更多地运用攻击性行为方式,不仅是因为其所想到的解决冲突或进行沟通的方法的数量少于一般儿童,而且因为他们所想到的方法普遍带有攻击性倾向,这就与他们所受到的家庭教育有很大的关系。如有的孩子平时生性懦弱,小朋友欺负他,他也无法反击。于是父母就在家里教他“有人打你,你就打他”之类的话,于是有一次就在他奋起反击的时候,反被同伴用指甲划破了脸。没想到,其父母非但不在自己和孩子的身上找原因,反而严厉指责老师没有看管好孩子,使教师工作不能很好地开展。

事实上,父母是孩子的第一任老师。作为父母,应加强与孩子心灵上的沟通。因为加强与孩子心灵上的沟通,能使儿童对父母产生信任并从父母那里学会正确解决问题的办法,父母应耐心仔细地倾听孩子的说话,了解他们的真实想法;尽量不要打断孩子说话,让孩子感到你十分尊重他;等孩子讲完以后,父母对其讲的内容要做出反应。这样父母才能更好地了解孩子的内心世界,从而彻底抑制其攻击性行为。

(三)营造良好的传媒环境

大众传媒是一把双刃剑。在带给儿童美和享受的同时,也在潜移默化中让儿童接触到了许多不利于儿童心理成长的因素。因此,儿童在观看电视时,家长应恰当地解释和评价他们所看到的电视节目中的人物形象,比如说奥特曼,以此减轻电视暴力的影响,培养幼儿的英雄主义情结。家庭成员在看电视时应经常互相交谈,成人可以利用这种方式帮助幼儿将行动与后果联系起来,以改变儿童对电视的反应,强化电视的正面影响,减少负面影响。

(四)培养幼儿的自我控制能力

既要让孩子对侵犯性行为感到忧虑不安,又要培养他们的同情心,把自己置于受害者的地位,设身处地地体会受害者的苦痛,认识到侵犯行为所带来的恶果,学会对侵犯行为

---

① 吴霞波.幼儿攻击性行为的成因及矫正策略[J].学前教育研究,2008(9):64-65.

的自我反省和自我控制,从而有效地抑制侵犯行为。儿童是在社会互动过程中获得行为准则和社会技能的,而游戏训练可以为幼儿提供一个有利的良性的社会互动环境,使幼儿在游戏中学会遵守规则,学会站在他人的角度看问题,学会建立和维护秩序,学会等待、轮流、合作、自律等社会技能。

总之,幼儿攻击性行为产生的原因众多。作为教师,应运用多角度的思维方式探明不同个体产生攻击性行为的原因,并选择相应的矫正策略以消除幼儿的攻击性行为。同时,要积极取得家长的配合,加强家园联系,以便从根本上预防幼儿攻击性行为的产生,促进幼儿社会性发展。

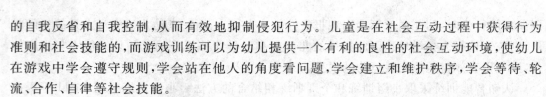

【案例 10-1】

矫治幼儿攻击性行为的个案研究[①]

范文翼　周　萌

(辽宁师范大学心理学院,青岛市市北区第三教工幼儿园)

一、研究对象与设计

（一）研究对象

小 Y,5 岁,男孩。其爸爸经商,忙于工作,因此多数时间由其妈妈及保姆陪伴。小 Y身体健康、智力正常、动手能力强、体能较好,但是性格暴躁,行为霸道,经常欺负其他幼儿。如常常抢夺玩具,动手打人,不按规则轮流游戏,经常出现踢、打、咬、推、掐、抢、冲撞等形式的身体攻击和辱骂他人等形式的言语攻击性行为。根据对小 Y 日常表现的观察,本研究采用经由忻仁娥等中国常模标准化修订后的 Achenbach 儿童行为量表对其进行了测查。结果显示,小 Y 的总得分为 48 分,攻击性因子得分为 23 分,均达到问题行为的标准。经过与小 Y 父母沟通,并征得他们的同意,本研究确定以小 Y 为研究对象。

（二）研究设计

因为是个案研究,本研究采用倒返实验设计。倒返实验设计也称为 A1B1A2B2 式设计,适合于对单一被试的研究,目的在于探索实验处理与行为变化之间的因果关系。首先,在施加实验处理前(A1 阶段)的一段时间内测量研究对象的某种行为表现,以此作为基线水平;其次,施加实验处理(B1 阶段),测量研究对象在经过实验处理后的行为表现;再次,撤销实验处理,返回实验处理之前的状态(A2 阶段),记录研究对象此后的行为表现;最后,再次施加实验处理(B2 阶段),测量研究对象的行为表现。如果研究对象在施加实验处理之后行为表现不同于基线阶段,撤销实验处理后,行为表现又重返基线阶段水平,再次施加实验处理后,行为又发生了类似的变化,则可以推测,自变量(实验处理)引起了因变量(行为表现)的变化。

二、研究目标与过程

（一）研究目标

本研究的目标在于减少研究对象踢、打、咬、推、掐、抢、冲撞等形式的身体攻击和辱骂

① 范文翼,周萌.矫治幼儿攻击性行为的个案研究[J].幼儿教育,2014(12)：30-34.

他人等形式的言语攻击性行为。

（二）变量控制

1. 自变量控制

本研究采用计时隔离、正性强化与角色扮演游戏相结合的方法对小Y的攻击性行为进行干预。

计时隔离：当小Y出现攻击性行为时，要求他立即停止当前正在进行的活动，到休息室站着。计时隔离的方法在隔离时间的设计上需视幼儿的年龄和其攻击性行为情节的轻重而定，一般来说，3岁幼儿隔离的时间以3分钟为宜，幼儿每增长1岁，隔离时间可以延长1分钟，如果攻击性行为情节特别严重则可以适当延长隔离时间。本研究的计时隔离时间控制在5～10分钟。

正性强化：当小Y没有发生攻击性行为或出现亲社会行为（如分享、合作、助人等行为）时，教师及时给予表扬和鼓励。

角色扮演游戏：根据小Y攻击性行为的具体表现，研究者和教师共同设计了融入移情训练和榜样示范的角色扮演游戏，其中有受伤的小松鼠、受惩罚的霸王龙、勇于认错的小狗熊、变身为礼貌兔的流氓兔、铁面无私的猫头鹰等角色，游戏由该班全体幼儿共同参与。游戏中，教师向所有幼儿讲述整个故事情节，然后有意安排小Y扮演弱小、受欺负的角色，让他亲身体验难过、委屈的感觉。同时，已安排其他幼儿扮演公平、公正、宽容、友爱等正面角色，为孩子树立学习的榜样。游戏结束后，教师带领全体幼儿进行讨论：最喜欢游戏中的哪个角色？为什么？不喜欢哪个角色？为什么？同时，引导小Y表达受欺负时的感受。当小Y有正确的认知后即"委以重任"，安排他扮演正面角色，让他在游戏中学习如何遵守社会规则、约束自己的行为、正确处理人际关系、解决冲突等。以"受伤的小松鼠"为例，小Y扮演受欺负的小松鼠，三名幼儿分别扮演欺负小松鼠的金钱豹、花狐狸和大狮子，其他幼儿分别扮演乐于助人的长颈鹿、心地善良的小白兔、冷嘲热讽的大河马等。角色扮演游戏一般安排在下午3:00—4:00，每天一次，每次游戏大约30分钟。

2. 因变量控制

因变量为小Y在单位时间内主动攻击他人的次数，由两名教师在规定的时间段进行观察和记录。观察时间分别为上午10:00—11:00，下午3:00—4:00，教师的观察者信度为0.96，小Y在单位时间内出现攻击性行为的次数取两名教师记录次数的平均值。

3. 无关变量控制

研究者对参与实验的教师进行了实验程序标准化培训，实验对全体幼儿包括研究对象小Y保密，以防止研究对象由于觉察教师意图而产生行为变化。

（三）研究过程

研究按照A1B1A2B2的步骤展开，分为4个阶段，历时8周。

基线期（A1）：第一周，教师观察并记录小Y的攻击性行为，收集5次数据。

干预期（B1）：第二周，采用计时隔离进行干预；第三周采用正性强化进行干预；第四周采用计时隔离与正性强化相结合的方法进行干预；第五周采用角色扮演游戏的方法进行干预；第六周采用计时隔离、正性强化与角色扮演游戏相结合的方法进行干预。在采用不同方法进行干预的同时，教师观察并记录小Y的攻击性行为。

撤销干预期(A2):第七周,撤销所有的实验干预,观察和记录小 Y 的行为变化。

再次干预期(B2):第八周,再次采用计时隔离、正性强化与角色扮演游戏相结合的方法对小 Y 进行干预,观察并记录小 Y 的攻击性行为。

三、研究结果

结果显示,与基线期(A1)相比,小 Y 在干预期(B1)和再次干预期(B2)的攻击性行为显著减少($F=22.855,P<0.01$);撤销干预期(A2)的攻击性行为虽然比基线期(A1)少,但不存在显著差异($P>0.05$)(见图 10-2)。

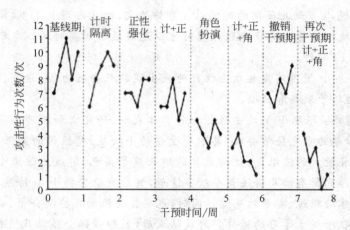

图 10-2 不同时期小 Y 单位时间内攻击性行为的次数

由图 10-2 可以看出,在基线期(A1),小 Y 单位时间内的攻击性行为为 7~11 次;初次实施干预后(B1),小 Y 单位时间内的攻击性行为次数明显下降;撤销干预后(A2),小 Y 单位时间内的攻击性行为次数有所回升;再次施加干预后(B2),小 Y 单位时间内的攻击性行为次数再次减少,在再次干预阶段后期,小 Y 单位时间内的攻击性行为次数稳定于 0~1 次。

单独对干预期(B1)的数据进行分析后发现,不同方法的干预效果存在差异。计时隔离的干预效果不显著($P>0.05$);正性强化、角色扮演游戏、计时隔离与正性强化两者相结合的方法以及计时隔离、正性强化与角色扮演游戏三者相结合的方法均能够有效减少小 Y 的攻击性行为($P<0.05$);其中,角色扮演游戏的干预效果显著优于计时隔离、正性强化的单独干预效果以及计时隔离与正性强化两者相结合的干预效果($P<0.01$);计时隔离与正性强化相结合的干预效果优于单独使用计时隔离的干预效果($P<0.05$);而计时隔离、正性强化与角色扮演游戏三者相结合的干预效果最佳($P<0.01$)。

随着干预的持续进行,小 Y 的攻击性行为明显减少了,甚至还出现了一些亲社会行为。一次活动中,小 Y 由于鲁莽将另一名幼儿撞在门上,在没有教师提醒的情况下,小 Y 主动向该幼儿道歉,并且询问:"你疼吗? 我给你揉揉吧。"事后还帮助该幼儿搬椅子,做出一些补偿性行为。还有一次,两名幼儿发生争执,小 Y 拉住其中一人说:"别打架,别打架,好朋友不打架。"此外,小 Y 有时还能主动要求帮教师拿道具、分发和回收铅笔等小物品。由于小 Y 的攻击性行为减少了,同伴冲突也明显减少了,原本不愿和小 Y 一起玩的幼儿态度也发生了转变。当询问个别幼儿为什么愿意和小 Y 交朋友时,有的回答是"他不打人了"。

二、学前儿童社会退缩行为的矫正与教育方法

对学前儿童社会退缩行为的矫正与教育方法·主要参照左恩玲所做的研究,她主要介绍了三种矫正方法,即游戏疗法、行为疗法和认知行为疗法。具体如下。

(一)游戏疗法——安静退缩儿童的干预

安静退缩儿童不存在行为、认知和情绪障碍,他们的突出问题是缺乏交往动机和互动兴趣,可以采取游戏疗法对其进行干预。角色游戏是儿童最喜爱的游戏之一,它所具有的自主性和创造性的特点能够最大限度地激发安静退缩儿童社会交往的主动性和积极性。Jupp 和 Griffiths 曾将 30 名社会孤独儿童随机分配到三组:社会技能训练组、心理动力倾向的角色游戏组和控制组。通过 13 周的干预发现,两个干预组都能有效提高社会孤独儿童的社会技能,且差异不显著;角色游戏组儿童的自尊水平提高程度显著高于社会技能训练组儿童。[①]

首先,角色游戏的实施有助于培养幼儿在角色扮演过程中的换位思考以及角色体验能力,幼儿教师和父母需要根据幼儿的年龄特点选择恰当的表演主题。其次,需要引导组织幼儿积极地参与角色游戏中,在游戏中体验角色,相互交往,进而提升幼儿的共情能力和语言表达能力。最后,在游戏扮演结束以后,幼儿教师需要引导幼儿进行总结讨论,从而使幼儿得到一定的提升。

(二)行为疗法——焦虑退缩儿童的干预

焦虑退缩儿童的突出问题是在社交情境中表现出较多的恐惧、焦虑情绪。因此,采用行为疗法中的系统脱敏法干预焦虑退缩儿童,无论从理论上还是实践上都是可行的。

系统脱敏法(Systematic Desensitization)又称交互抑制法,是一种逐步消除不良条件情绪反应的治疗技术。该方法适用于条件反射建立起来的过敏性情绪和行为。Lowenstein 的研究将"强迫"同伴互动与脱敏训练相结合,有效改善了实验组 11 名 6～19 岁被教师评价为"害羞"的儿童的社交退缩状况,且实验组和控制组的差异在干预训练结束后 6 个月依然存在。[②]

采用系统脱敏法对焦虑退缩儿童进行干预,可以按照以下程序进行。第一步,建立恐怖或焦虑的等级层次。找出使焦虑退缩儿童感到恐怖或焦虑的社交情境,并将这些情境按照等级程度由小到大的顺序排列。第二步,放松训练。每天 1～2 次,每次约 30 分钟,以达到全身肌肉能够迅速进入松弛状态为宜,共需 6～10 次。第三步,系统脱敏训练。让焦虑退缩儿童逐渐暴露在恐怖或焦虑等级程度由弱到强的一系列社交情境中,逐渐训练其心理承受力和行为适应力。在每一社交情境中,如果儿童仍然表现出恐惧紧张情绪,可以重复该步骤多次,直至儿童不再惧怕为止;如果儿童不再对该社交情境担忧恐惧,则可

① 叶平枝.幼儿社会退缩的特征及教育干预研究[M].北京:中国社会科学出版社,2007:18.

② Lowenstein L F. Treatment of extreme shyness:By implosive,counselling and conditioning approaches[J]. Association of Educational Psychologists,1983,6(2):64-69.

以进行下一步。

（三）认知行为疗法——活跃退缩儿童的干预

活跃退缩儿童的突出问题是社会交往能力较差、社会信息加工偏差较多,认知行为疗法是针对这类儿童的最佳干预方法。

认知行为疗法(Cognitive-Behavioral Therapy,CBT)是通过改变不合理的思想、信念等不良认知来消除不良情绪和行为的心理治疗方法。该方法是对行为疗法的一种扩展,是在行为疗法上加上认知成分,以达到行为、认知双管齐下,标本兼治的目的。临床研究表明,认知行为疗法能够有效矫治儿童的内化问题行为,尤其在同伴或父母参与时效果更好。

认知行为疗法的种类很多,主要包括埃利斯(Ellis)的理性情绪疗法、贝壳(Beck)的认知疗法和梅晨保(Meichenbaum)的自我指导训练法。其中,自我指导训练法最适用于儿童社会退缩的干预和治疗。自我指导训练法主要是教会活跃退缩儿童自我指导(即告诉自己在不同情境下干什么),面对产生焦虑和应激的情境采取适宜的对策,其重点是对付消极的情绪而不是彻底消灭,它包括三个步骤[1]:①训练活跃退缩儿童能确认不适当的想法(包括内在的自我声明);②由治疗者示范适当的行为,并口头说明有效的活动方式及策略。这些口头说明包括对指定作业的评价,让活跃退缩儿童自行宣称自己能胜任并打消受挫念头,以及在想象中对成功的作业进行自我强化;③活跃退缩儿童配合口头说明,先自导自演几次,然后再经过想象,在内心重复演练几次。这时,治疗者要适时给予反馈。[2]

 【案例 10-2】

对一个有社会退缩行为的幼儿的叙事研究[3]

一、观察实录与分析及应对措施

观察对象:李辉,男,2002 年 8 月 29 日出生。

观察时间:2005 年 8 月 29 日至 2005 年 12 月 1 日。

观察目的:帮助幼儿改变社会退缩行为,适应新环境,乐意上幼儿园。

观察实况:大哭入园。

开学了,新生李辉入园,好长一段时间里,他每天总是双手缠绕着妈妈的脖子,双脚紧夹车椅,放声大哭,不肯入园。妈妈硬把他往教室里一推,嘴里骂骂咧咧地走后,老师过来劝他,但怎么劝也没用,半个多小时后,他才开始透过泪眼观察教室里的每个人,一遇到老师的眼睛就把头低得很厉害而且吸吮手指,一整天除了老师牵他的手去厕所外,无论怎么抱也抱不出门,他整天不说话,只有中午老师喂饭时,才能看见他的嘴动。

分析:上学哭闹,是一般幼儿常有的事。但正常幼儿的适应期很短,像李辉这样持续

① 吕静. 儿童行为矫正[M]. 杭州:浙江教育出版社,2000:190-191.

② 左恩玲. 儿童社会退缩的亚型、特征与干预[J]. 长春师范大学学报,2016,35(3):22-26.

③ 幼教网 http://www.youjiao.com/e/20091214/4b8bd601dfc74.shtml.

多日,且孤僻、固执的幼儿还不多见。他喜欢低头、吮吸手指、怕与人接触,教室里这么新鲜的玩具和游戏怎么也吸引不了他,说明这个幼儿与正常的幼儿有不同的地方,他的害羞、焦虑等种种表现反映出他有典型的儿童社会退缩行为的特征。对这类儿童的教育,主要的是要消除他的这一不正常心理特征。为此,首先要弄清造成他这一现象的原因。于是,我采取了初步措施。

(1) 家访。我了解到李辉从小住在乡下,和奶奶住在一个大院内,平常不与其他同伴交往,接触范围小,只会讲家乡话。最近刚刚进城,但其父常常出差在外,其母是一家工厂的计件工,经常加班,接送小孩匆匆忙忙,没有时间了解孩子的情况,缺乏与孩子的交流。这些情况说明,李辉有着形成社会退缩行为表现的客观条件。我们可以先从外部因素的改变着手,进一步观察其变化并作适当调节。

(2) 主动亲近他。从李辉低着头的神态中,我观察到他有恐惧、陌生、孤独的心理,于是我主动关注他、亲近他,给他擦眼泪、抚摸他,经常陪他。我经常这样做的结果,在观察的初期并未收到理想的回报,但我没有灰心,继续注意观察。

观察实况:他承认我这个老师了。

十月的一天早晨,又哭又闹的李辉又被妈妈"塞"进了教室。我抱起他,他拉着我的衣服喊:"打电话,打电话。"我对他说:"不哭,我去打电话。"他坐在椅子上不断重复"不哭,打电话"。随着晨间活动的开展,他的哭声渐近尾声,但仍以顽强的毅力拒绝一切活动。

分析:他抱住我并开口说话,说明他已经承认我的存在,他要我去打电话说明他已经理解了我平时对他说的"宝宝来上学,妈妈在上班"的话了。在此基础上我适当调整了引导措施。

(1) 在活动中亲近他。我经常同他搭积木或给他讲故事,多看他,对着他讲话,帮他摆脱孤独感,让他意识到,他在集体中、整体中。

(2) 争取家长配合。就李辉的情况,我与其母建立了联系。根据和他妈妈接触的情况,我觉得,李辉的行为表现其家庭影响是主要原因,因此,要使李辉目前的状况得到改善,先要使他的家长对他的态度有所改变,得到家长的配合。于是,我建议他的家长订一份《家庭教育》,并决定和他多接触、多交流。

观察实况:他走出教室了。

这天,李辉哭着,脚却知道往教室挪了。晨间活动时,有一块积木滚落下来,他用脚踢了一下,积木滚动了几下,停住了。他抬眼看了四周,没有人注意,他又踢了几下,忽然望见了我,便缩回了脚,坐好低着头,手指仍不紧不慢地在嘴唇上磨蹭。我拿积木给他,他不要,我走开,他好一会儿才慢慢拿起来,见到别人的眼光立即不动。户外活动开始了,他又坐着不动,知道我要来招呼他,他双手抓住桌面,脚紧夹椅子,准备拼命大哭一场。我没有去理他,只对小朋友们说:"昨天的那个电话修好了,我们去玩打电话的游戏。"电话只是院内一个半人高的玩具而已,上面套着铁链,取下来就像一个电话听筒,小朋友都爱玩。当小朋友散出去后,我装作不经意地说:"我要出去打电话了,教室里还有人啊,一起出去玩吧?"我说这话时,看也不看他,不给他犹豫的机会,拉着他的手就出来了。来到院子里,我让他先打电话,他拿起话筒就说:"妈妈快来接我。"并不肯放手。其他小朋友说:"你打好了,给我打打吧。"他松开手,又大哭,"妈妈来,妈妈来。"喊个不停。

教师感受：我的不经意，终于把他引出教室，解决了一让他出教室他就抱着桌腿大哭大闹的问题。我想，这其中适当的冷处理也是有作用的。在经过了两个月的集体生活后，他能从游戏的旁观者转变为自己单独游戏，这是一个大的转变，为了使他消除孤独感，能参与集体活动，我采取了以下教育措施。

（1）创设游戏环境，增添游戏内容，创立贴星星等小玩意奖励吸引他，并让他在同伴身边玩相似的玩具，让他多模仿。

（2）通过家园联系册我了解到李辉近来家里的情况：他会许多儿歌，在家常自言自语地念。这说明李辉内心还是蛮想学的。于是，我建议他妈妈多给孩子一些鼓励，多交流。

（3）经常和他共同合作捏橡皮泥、剪纸、搭梯子，增强他的动手能力，在合作制作过程中，诱导他的主动性，发展他的动手能力、欣赏能力和成就感。

观察实况：哭声小，没有泪水。

进入冬季，李辉入园时，穿戴多了，经常戴着帽子、手套，穿着大衣，整个一个套中人，当帮他褪去围脖、手套等物时，他就大哭。讲道理，他也不听，死命护住自己的东西，别的老师也来教育他，可最终都摇头走开了，认为这样的孩子真少见。但我发现他的哭声比以前小些，没有泪水，低着头，手指机械地磨蹭在唇间，眼睛向上、向四周瞄，别人碰他，他便往里坐一下，再碰他一下，它就对小朋友或者老师大哭："他打我，他打我！"不断重复几十遍，惹得小朋友们不敢碰他。

教师感受：尽管李辉仍然在哭，但他是哭着向老师和其他小朋友告别人的状，这是他希望引起别人的注意、求救于人的信号，说明他正在迈向与人相处的第一步，这时积极的引导教育对他来说很重要，于是在教育中我注意了以下环节。

（1）教育其他小朋友要和他说话，聚集在他面前做游戏，便于他看到，让他用心与别人交流。

（2）每人分得的一个放衣柜子上都贴上苹果、五星、花之类的图形，特别给李辉的柜子上贴上一只小白兔图案。

（3）让他目睹其他幼儿进教室后，自己放衣物入柜，回去时自取的做法。

（4）放学时，我经常对他亲切地说："再见，明天早上我等你。"

（5）经常与他妈妈交流，及时了解他的情况，以便调整对他的教育。最近她妈妈说，现在他已经不那么想他奶奶了，想也没用，只是脚前脚后跟着我，我也不打他了。这说明家长的做法也有改变，对幼儿的行为改变是有益处的。

观察实况：他笑了。

虽然李辉还是哭着走进教室，但停止哭后坐下，老师帮他拿掉帽子、手套放入他的柜子中，他已经习惯了。有一个周末过后，他穿着新衣服进来，我说："这衣服真好看，谁买的？""妈妈。"他笑着回答我。这是他入园以来的第一次笑，羞涩的笑。从这个星期开始，他已经能默默地参与大家的活动，如做操、跳绳、在桌上折纸等。

教师感受：李辉的种种不良行为已有所改善，有些还比较明显，说明以上种种措施有一定的合理性、适应性。继续为之，将会强化他表现出正常的行为，达到教育好他的基本目的。

这时我最纳闷的是为什么他至今早晨入园仍要一直哭个不停。后来我细问原委才知道，原来每天他上学时，他妈妈总要他喊"老师早"，他不肯喊"老师早"不等于他不接受老师，很可能是腼腆害羞。于是每次早晨入园，我主动地喊他"早"，跟他打招呼，把他领进教室。几次下来，他习惯了，哭着上幼儿园的情况也得到了改变。李辉好了一段时间后，又是哭着来幼儿园的，问他哭的原因，原来是妈妈答应晚上带他出去玩，结果没去，他妈妈不守信用，还恐吓他，要打他。事后我与他妈妈交换意见，他妈妈红着脸说，昨晚下雨了不能出去。尽管这是客观原因，但是如果家长善于换一种方式向孩子解释清楚，孩子恐怕不至于如此。还有几次早晨哭，是因为妈妈没有给他买他要吃的早饭，他不顺心，其实这可能是他妈妈怕迟到，来不及买，也可能是他妈妈随便说说而已，岂料孩子是认真的，得不到满足，他便逐渐怨恨妈妈，向我告状。看来，家长的言行在自己看来是个不经意的事情，但对孩子产生的影响是巨大的，不同的言行对孩子的引导作用有很大的价值差别，作为家长必须意识到这一点。

二、小结

有资料显示，儿童社会退缩行为多见于5~7岁的儿童。造成社会退缩行为的原因可能与遗传有关，也可能与儿童以往的经验有关，如缺乏与他人进行社会交往的经验与技能。适时地转变儿童的这一不良行为，对儿童身心的健康成长非常关键。在李辉小朋友开始哭闹着入园时，我观察他的目的，只是为了让他尽快适应环境，乐意上幼儿园，但是经过一个月的观察记录，我发现李辉在与人交往和相处时候所显出的踌躇、害羞，在人际关系上出现的困难，与儿童社会退缩行为表现十分相似。这引起了我的兴趣和注意，经过近一个学期的努力，收到较好的效果，我有以下体会。

（1）注意观察幼儿的生活习惯，了解其家庭的生活背景，综合分析其形成原因以及原因的主次方面，是教育成功的前提。其中，在不同的时期、不同的氛围时其形成原因可能会有变化，我们不妨经常从孩子、家庭、教师这三方面多加以分析，以求原因的真实准确性。

（2）树立教育孩子就是与孩子一起生活的观念，让他们知道自己是幼儿整体中不可缺少的一员，对教育是很有益处的。幼儿与青少年不同，幼儿几乎没有独立能力，在幼儿心理上客观存在着对别人的依赖性，我们正是借助于他们的这一依赖性，与他们建立起教育感情，让他们在教师的示范中，在其他小朋友的活动影响中，逐步学会自己活动，慢慢走向独立。那种缺乏与孩子共同生活的教育，虽然有可能会"教好"孩子（吓住、管住），但是这样的教育对孩子的身心是无益处的，不可能指望以此转变幼儿的非常行为。

（3）要经常与家长交换意见，掌握孩子的细微变化，和家长一起寻找孩子的闪光点，多给予鼓励，适时指出家长教育中的问题，提供一些有益的教育意见。只有家园配合，教育一致时，才能收到良好的教育效果。

本章小结

本章主要讲述了学前儿童问题行为的概念、类型、形成原因以及矫正与教育方法，具体需要掌握以下知识点。

（1）儿童问题行为是指妨碍儿童身心健康发展和良好品德的形成，给家庭、幼儿园乃至社会带来麻烦的行为。学前儿童问题行为具有行为表现异常、负面的行为结果和影响、行为影响因素的综合性这三个特点。

（2）学前儿童问题行为主要表现为攻击性行为和社会退缩行为两种类型，主要成因既有内部的生理性因素，又有外部的家庭因素、学校教育因素和社会环境因素。

（3）攻击性行为的矫正与教育方法主要有认知矫正、创设良好的家庭氛围、营造良好的传媒环境和培养幼儿的自我控制能力。

（4）学前儿童社会退缩行为的矫正与教育方法有针对安静退缩儿童的游戏疗法、针对焦虑退缩儿童的行为疗法和针对活跃退缩儿童的认知行为疗法。

本章参考课例"不欺负别人"可扫描二维码观看。

中班 不欺负别人

思考与练习

1. 4 岁半的彤彤今年都上中班了，依然有非常严重的入园焦虑，具体表现是每天清晨在家人送她到幼儿园以后，她就会大哭不止，一直持续 10 分钟左右。幼儿教师建议父母让彤彤继续读小班，这让父母很苦恼，如果你是幼儿教师，你会怎么做呢？针对彤彤这种情况，应该采用怎样的矫正方法呢？

2. 在幼儿园针对具有攻击性的男孩，幼儿教师应该采用怎样的教育方法？

参 考 文 献

一、著作

1. 李生兰.学前教育学[M].上海：华东师范大学出版社,2006：110.
2. 徐明.幼儿社会教育[M].北京：中国劳动社会保障出版社,1999：24.
3. 李贵希.幼儿社会教育与活动指导[M].北京：北京师范大学出版社,2013：2.
4. 维果茨基.维果茨基儿童心理与教育论著选[M].龚浩然,译.杭州：杭州大学出版社,1999：182.
5. 刘焱.儿童游戏通论[M].北京：北京师范大学出版社,2008：362.
6. 马卡连珂全集[M].第四卷.北京：人民教育出版社,1957：424.
7. 玛拉·克瑞克维斯基.多元智能理论与学前儿童能力评价[M].李秀湄,等,译.北京：北京师范大学出版社,2002：7,8.
8. Olweus D. Bullying at school：What we know and what we can do[M]. Oxford：Blackwell,1993.
9. K. H. Rubin, J. B. Asendorpf. Social withdrawal, inhibition, and shyness in childhood：Conceptual and definitional issues[A]. J. B. Asendorpf, K. H. Rubin. Social withdrawal, inhibition, and shyness in childhood[M]. Hillsdale, NJ：Lawrence Erlbaum Associates,1993：3-17.
10. 俞国良.社会心理学[M].北京：北京师范大学出版社,2010.
11. 张丽丽,高乐国.学前儿童发展心理学[M].上海：华东师范大学出版社,2016：198.
12. 彭聘龄.普通心理学[M].4版.北京：北京师范大学出版社,2012(5)：603-604.
13. 陈芝荣.学前儿童社会教育活动设计与指导[M].北京：机械工业出版社,2017：101.
14. 黄希庭.心理学导论[M].2版.北京：人民教育出版社,2007：10.
15. 全国十二所重点师范大学联合编写.教育学基础[M].3版.北京：教育科学出版社,2014：39.
16. 李洪亮.幼儿社会教育[M].西安：陕西师范大学出版总社有限公司,2013：8.
17. 梁志燊.学前教育学[M].3版.北京：北京师范大学出版社,2014：1.
18. 郭翔.犯罪学辞典[M].上海：上海人民出版社 1989：186.
19. 黄人颂.学前教育学[M].北京：人民教育出版社,2009：268-271.
20. 陈琦,刘儒德.教育心理学[M].北京：高等教育出版社,2005：114-118.
21. 陈世联.幼儿社会教育[M].海口：南海出版公司,2009：79.
22. 张丽丽.学前儿童发展心理学[M].上海：华东师范大学出版社,2016：232.
23. 陈世联.学前儿童社会教育[M].北京：中国人民大学出版社,2009：164.
24. 王早早.冬至节[M].北京：北京师范大学出版社,2013：10-11.
25. 周世华.学前儿童社会教育[M].北京：高等教育出版社,2014：163.
26. 何新.中外文化知识词典[M].哈尔滨：黑龙江人民出版社,1989.
27. 周宗奎.儿童青少年发展心理学[M].武汉：华中师范大学出版社,2011：197.
28. 林崇德.心理学大词典[M].上海：上海教育出版社,2003.
29. 包丽珍.学前心理学[M].长沙：湖南师范大学出版社,2016.

二、期刊论文

1. 甘剑梅.学前儿童社会教育的内涵、性质与课程地位[J].学前教育研究,2011(1).
2. 秦也雯.美国学前儿童社会能力培养研究——以"强大开端"项目为例[D].延边：延边大学,2018：30.

3. 李生兰.美国儿童社会领域教育的特征[J].山东教育(幼教刊),2006(18)：11-13.

4. 江玲.英国近代幼儿学校运动研究[D].上海：华东师范大学,2011：21-28.

5. 梁斌.英国学前教育课程的设置及其启示[J].学前教育研究,2015(7)：61-63.

6. 于开莲.日本幼儿园社会领域教育思想演进——以日本《幼儿园教育要领》为例[J].学前课程研究,2007(4)：45-48.

7. 王幡.论日本学前教育中的"五个领域"[J].外国教育研究,2014,41(1)：84-92.

8. 嵇珺.我国幼儿园社会领域教育研究[D].南京：南京师范大学,2012：37.

9. 黄丽娟.《3～6岁儿童学习与发展指南》社会领域解读概述[J].儿童发展研究,2015(2).

10. 吴雅婷.我国幼儿园教育纲要政策变迁的文本分析[J].教育现代化,2017,48(4)：379-380.

11. 杨晓萍,韩曜阳.新旧《幼儿园工作规程》内容比较分析[J].今日教育(幼教金刊),2016(4)：6-7.

12. 刘占兰.新《幼儿园工作规程》解读[J].今日教育(幼教金刊),2016(4)：4-5.

13. 于开莲,焦艳.两种学前教育评价新方案的对比——多彩光谱评价方案与作品取样系统[J].学前教育研究,2009(8)：9-12.

14. 吴丽亚.学前儿童问题行为的成因与教育对策[J].考试周刊,2016(86)：194.

15. 寇彧,王磊.儿童亲社会行为及其干预研究述评[J].心理发展与教育,2003(4)：86-91.

16. 赵章留,寇彧.儿童四种典型亲社会行为发展的特点[J].心理发展与教育,2006(1)：117-121.

17. 智银利,刘丽.儿童攻击性行为研究综述[J].教育理论与实践,2003(7)：43-45.

18. 苏科,李菁.儿童攻击性行为研究[J].中北大学学报(社会科学版),2006(5)：86-88,92.

19. 左恩玲.儿童社会退缩的亚型、特征与干预[J].长春师范大学学报,2016,35(3)：22-26.

20. 吴霞波.幼儿攻击性行为的成因及矫正策略[J].学前教育研究,2008(9)：64-65.

21. 左恩玲,张向葵.儿童社会退缩的成因与教育对策[J].现代中小学教育,2016,32(5)：77-81.

22. 范文翼,周萌.矫治幼儿攻击性行为的个案研究[J].幼儿教育,2014(12)：30-34.

23. 郑希付.良性亲子关系创立模式[J].湖南师范大学社会科学学报,1998(1)：73-77.

24. 廖丽英.高瞻课程中的师幼互动[J].早期教育：教师版,2011(1)：12-13.

25. 刘晓红.美国幼儿教育考察：规则教育篇[J].教育导刊,2017(16).

26. 曾莉.幼儿园多元文化启蒙教育[D].上海：华东师范大学,2014(3)：2.

27. 张柳根.我国少数民族语言文字的法律保护研究[D].广州：广东外语外贸大学,2017.

28. 姜艳秋.多元文化背景下幼儿园中外传统节日活动实施的个案研究[D].长春：东北师范大学,2013：27.

29. 桑标.促进儿童自我意识的发展[J].幼儿教育,2004(17)：23.

30. 宋丹.大班儿童自我意识与家长子女教育心理控制源的关系研究[D].上海：华东师范大学,2017.

31. 韩进之,杨丽珠.我国学前期儿童自我意识发展初探[J].心理发展与育,1986(3)：3.

32. 郭慧.苏霍姆林斯基情感教育思想及其对幼儿教育的启示[D].南京：南京师范大学,2015.

33. 高雷.试论幼儿高级情感的培养[J].辽宁师范大学学报,1995(4)：30-31.

三、网址网文

1. 朱觉超.虐童典型案例公布　幼儿园老师这样对待幼童会被判刑.360个人图书馆 http://www.360doc.com/content/17/0603/13/30159286_659526748.shtml,2017.06.03

2. 360百科 https://baike.so.com/doc/28262967-29677529.html

3. 幼教网 http://www.youjiao.com/e/20180912/5b98d9abab4bd_3.shtml

4. 360百科 https://baike.so.com/doc/1197211-1266422.html

5. 百度百科 https://baike.baidu.com/班杜拉

6. 一叶知秋 7299. 幼儿园案例分析. 360 个人图书馆 http://www. 360doc. com/content/13/0715/09/ 9135456_300061251. shtml 2013.07. 15

7. 百度百科 https://baike. baidu. com/亲社会行为

8. 百度百科 https://baike. baidu. com/item/人际关系/49289

9. 百度知道 https://zhidao. baidu. com/question/546240399. html

10. 屈老师教案网 http://www. qulaoshi. com/daban/shehui/17830/

11. 屈老师教案网 http://www. qulaoshi. com/xiaoban/shehui/19236/

12. 教师社区 幼儿教育 http://c. teacher. com. cn/top c/topicDetail/1471755? createrPostId＝11838638

13. 幼教网 http://www. youjiao. com/e/20180701/5b3824eb22c56. shtml

14. 新华网 教育频道 http://education. news. cn/2018-05/04/c_129864410. htm

15. 百度百科 https://baike. baidu. com/item/国家/17205

16. 屈老师教案网 http://m. qulaoshi. com/xiaoban/shehui/14220/

17. 屈老师教案网 http://m. qulaoshi. com/xiaoban/shehui/15306/

18. 幼教网 http://www. youjiao. com/e/20180911/5b9b555512ce9. shtml

19. 屈老师教案网 http://m. qulaoshi. com/zhongban/shehui/17509/

20. 皮亚杰的道德认知理论 http://www. zgjsks. com/html/2018/xlx_0209/284824. html

21. 有用的交通标志 http://www. youjiao. com/e/20170105/586e1d69d28df. shtml

22. 幼教网 http://www. youjiao. com/e/20170829/59a52a025dbf0. shtml

23. 幼教网 http://www. youjiao. com/e/20090702/4b8bcbfa7d6ff. shtml

24. 幼教网 http://www. youjiao. com/e/20091018/4b8bd3edc0ff4. shtml

25. 自己走着去 m. youjiao. com/e/20091205/4b8b15bb20854_2. shtml

26. 我爱我家 http://m. youjiao. com/e/20180713/5b4350c578163. shtml

27. 爱心手语 http://m. youjiao. com/e/20180822/5b7cfefd0d6ee. shtml